신개념한국명리학총서 9

나이로 본 궁합법

(나이로 본 궁합)

김용호 지음

법문북스

머 리 말

   인간이 한 평생을 살아가는 데 자기 힘으로 할 수 있는 일과 할 수 없는 일이 있다.

   사람의 힘으로 어찌할 수 없는 것 중의 한 가지는 과거, 현재, 미래를 연결하는 시간의 흐름이다. 이 시간의 흐름은 밤과 낮으로 이어지고, 밤과 낮이 되풀이 되는 가운데 어느덧 춘·하·추·동의 사시(四時)가 되고 사시가 되풀이 되면서 생·성·쇠·사(生盛衰死)의 과정을 겪게 된다.

   만물은 봄에 태어나서 여름에 왕성하고 가을이면 쇠잔하고 겨울이면 사장되는 것이 자연의 운명이요, 유전법칙(流轉法則)이다. 이것을 옛 성현들은 원·형·리·정(元亨利貞)이라 하였고 이것을 천도지상(天道之常)이라 하였다.

   인간 운명의 물결도 생장병사(生長病死)의 과정을 밟아가며 희로애락(喜怒哀樂), 슬픔과 기쁨, 희망과 절망, 행복과 불행, 빈부 귀천, 선과 악 등 희비의 쌍곡선을 그어가며 유전하여 한 평생을 살아가는 것이 인생 행로(行路)이다. 이러한 시간의 흐름을 멈추게 할 자는 아무도 없다.

   그러나 이러한 불가항력적인 숙명의 원리를 이미 4천년 전

혜안의 성현들이 밝혔으니 그것이 동양철학의 근간인 음양(陰陽)의 조합과 오기(五氣)의 조화이다.

운명의 유전에 인간이 할 수 있는 최상의 대처방안은 그 음양의 원리에 가장 착실하게 적응하고 순응하는 것이요, 오기의 조화의 작용을 가장 현명하게 타고가는 길이다.

궁합을 연구하는 목적도 여기에 있다. 음양이 잘 조합되고, 오기가 상생(相生)하는 궁합에 비하여 상극(相剋)으로 짜여진 궁합의 차이는 불문가지의 사실이다.

상생의 궁합은 상극에 비하여 행복감과 능률, 역량면에서 극대화될 것이요, 상극의 궁합은 그 반대로 극소화나 극악화의 방향으로 역작용을 일으키는 것이다. 그러니 궁합의 중요성은 아무리 강조해도 부족하지 않다.

운명학에는 오성술, 점성학, 구성법, 육임학 그 외 관상, 수상, 사주 추명학 등이 있다. 이 중에서 점성학 등은 고도의 수학적 요소를 필요로 하고 그 외 대부분이 생년·월·일·시의 사과(四課)를 조합해서 추단하는 것이나 그렇기에 생일시의 정확성이 필수조건이나 이것을 정확히 아는 사람은 극소수이며, 그 자체의 조합이나 해석 등의 운용 또한 지극히 복잡하고 난해하다.

이와는 달리 구성학은 생년의 구성을 주로하여 거기에 생월을 참조 해석 운용이 되기에 초심자도 손쉽게 이해할 수 있다.

소인의 임상 경험을 통하여도 그 적중도가 극히 높다고 인정되어 구성학에 입각하여 이 책을 폈다.

인생의 재앙(災殃)도 그 원인이 되는 씨앗은 보지도 느끼지도 못하는 사이에 뿌려지는 것이니 평상시에 적선 적덕(積善積德)할 시기를 놓치지 말고 선공(善功)하면서 감사하는 마음으로 나날을 맞이할 때 행복은 암시를 준다고 생각한다.

끝으로 이 책을 펴내게 해 주신 도서출판 송원문화사 정영배
사장님의 후원에 감사를 드린다.

저자 씀

차   례

살꼬지 궁합

일간신문의 사회면이나 주간지의 기사는 매일같이 세상에서 일어나고 있는 가지각색의 사회악을 보도하면서 고발하고 있다.

살인, 방화, 강도강간, 마약범죄, 교통사고, 사기사건, 부정축재, 아동유괴, 존속상해, 투신자살, 이혼소송 등 그 중에서도 끔찍한 사건은 재산관계로 부모, 형제, 자식까지 자기의 한가족 전원을 살해해서 안마당에 매장한 사건까지 발생했다.

세상은 정말 말세인가? 천륜도 인륜도 없는 약육강식의 동물적인 세상이라면 그것이 말세가 아닐까? 참으로 천인 공노할 일이다.

어느 심리학자는 이러한 현상의 원인은 사람들이 물질 문명에만 매달리는 극단적이고 병적인 자기 중심주의(meism)적인 사고방식 때문이라고 한다. 즉, 사회에 대한 인식이 없고 남을 수용할 줄 모르는 데 있다는 것이다. 그 외 그 사회악의 원인을 좀더 세분하면 결손가정, 불륜관계, 부부간의 불화, 무관심, 남편의 외박, 지나친 질투심, 성격 부조화, 분수를 모르는 물욕에

서 비롯된다고 한다. 그 중에서 성격이나 물욕을 제외하고는 전
부 성적(sex) 불만족의 문제이다.

사람은 가정에서 만족을 얻지 못하면 자연히 밖으로 눈을 돌
리게 마련이다.

그래서 춤바람이 나고 그러다 제비족에 걸려 몸 잃고, 돈 잃
고, 체면 잃고, 결국 패가 망신하게 된다. 이것은 남녀가 다 같
은 처지이다.

그러나 가정에서 만족을 얻는다면, 일시의 불화가 있어도 봄
볕에 눈 녹듯이 가라앉게 마련이다. 그래서 부부 싸움은 칼로
물베기가 된다.

그러면 금술 좋은 부부의 비결은 무엇일까? 그 비결은 바로
창조와 화합과 번영의 비결이니 바로 살꼬지(sex) 궁합이다. 이
것이야말로 가장 현실적이고, 직접적이고, 경험적인 궁합이다.

좋은 살꼬지 궁합의 조건은 첫째, 환경이다. 환경 문제는 부
부간의 정신건강에도 중요하지만 환경이 좋지 못하면 사람은
긴장하게 되고 긴장을 하면 남녀간에 호흡조절이 안되어 만족
스런 성관계를 가질 수 없다.

사람의 눈에 띄기 쉬운 안정되지 않은 장소에서는 테크닉의
구사가 안 된다. 동시에 만족스런 「클라이맥스」에 도달하기 어
려워지고 결국은 남녀간의 어느 한쪽은 성적 불만족에 빠져, 그
거 별거 아니라고 생각하게 되고 다음에는 성관계를 기피하는
현상까지 나타난다. 또한 성관계중 불쑥 방해꾼이라도 나타나면
마음이 약한 사람은 심장마비를 일으킬 수도 있다. 우리는 복상
사(腹上死)란 말을 가끔 듣는다. 남자가 성교중 여자의 배 위에
서 급사하는 것을 말한다. 그 외 더욱 겁나는 것은 여자의 질
(膣)의 경련이다. 성교중 갑작스런 충격을 당하면 여자의 질이

경련을 일으켜 남자의 페니스를 움직이지 못하게 하는 것을 말한다. 결국은 병원 신세를 져야만 되니 망신이요, 골치 아픈 일이다.

때문에 환경과 장소는 마음을 놓을 수 있는 아늑한 장소, 조용한 장소, 시간적 여유를 가질 수 있는 장소, 그리고 깨끗하고 잘 정리된 환경이 되도록 주부되는 사람의 솜씨가 아쉽다.

그러나 남자와 여자의 육체적 조건은 같지 않기에 남자는 충동을 받으면 때와 장소를 가리지 않고 성욕을 발산하려 한다. 그것은 남자는 여자보다 직감적이고 충동적이고 즉흥적이기 때문이다.

일본의 유명한 중앙공론(中央公論)이란 월간지에 성문제에 대한 주부 토론회 내용을 본 적이 있는데 어느 주부가 말하기를 우리 남편은 시도 때도 없이 어떤 때는 주방에까지 와서 갑자기 요구하는 때가 있는데 그것은 병적인 것이 아니냐고 물었다. 그에 대하여 모 지도 교수의 답변이 걸작이다. 그 지도 교수의 답변은 "남자는 언제나 불타고 있다"라고 대답했다. 명답이라고 생각한다. 그러므로 장소나 환경 선정의 책임은 여자에게 있음을 강조하고 싶다.

둘째는 육체적 조건이다.

1950년 전까지만 해도 중국에서는 10대 소녀들이 전족(纏足)이라고 하여 어렸을 때부터 발가락을 가죽신으로 묶어서 발뒤꿈치로 걸어 다니게 하는 풍습을 볼 수 있었다. 이것을 한국사람들은 도망가지 못하게 하기 위해서라고 하나 사실은 그런 것이 아니고 옛날의 고관 대작이나 부호들이 여자의 성감을 발달시키기 위한 것이었다. 전족을 해서 발뒤꿈치로 걸으면 첫째 힙이 발달하고 따라서 성기도 발달되기 때문이다. 그래서 10대(15

~16세)의 처녀들이 긴 머리를 하고 큰 힙을 흔들며 다니는 것을 볼 수 있었다.

그뿐 아니라 예전 우리 궁중에서도 간택을 할 때 반드시 점고하는 부분이 있는데 그것이 바로 발뒤꿈치다. 발뒤꿈치가 계란 모양으로 발달되고 탄력이 있어야 성감도 발달되고 자식도 잘 낳는다는 뜻일 것이다.

육체적 조건은 여자의 경우 그 외 앞가슴과 유두가 잘 발달되어 처지지 않고 탄력이 있어야 하며 어깨는 치솟지 않고 팔자형이라든가 하는 조건이 갖추어져 있다면 오장 육부도 건강함에 틀림없다.

그러나 일반적으로 남성들은 얼굴을 보고 상대를 평하게 된다. 미인이 우선은 보기 좋으나 여화 유독(麗花有毒)이니 반드시 화를 부를 염려가 있고, 미인 명기(美人名器)란 좀처럼 드물다고 한다. 오히려 박색 명기(搏色名器)는 많은 법이니 얼굴은 부부생활에 그리 중요한 것이 못 된다. 속된 말로 돼지 얼굴보고 잡아 먹나!

남자의 육체적 조건은 음소양대(陰小陽大)라 감춰진 곳은 적고 노출된 부분은 큰 것을 말하니 손, 발, 다리, 어깨 등은 크고 가슴, 배, 허리 등은 적은 것을 말한다.

세번째는 기술, 테크닉의 문제이다.

부부생활에서 체면 차리고 위신 생각하며 성관계를 맺는 사람은 자격이 없는 사람이다. 오히려 야할수록 좋다. 가능한 모든 방법을 동원하여 상호간의 성감을 자극해 줌으로써 만족스런 「클라이맥스」에 도달할 수 있다. 사람은 이 정점에 도달할 때 비로소 최고의 쾌감을 얻으며 만족하게 된다.

그러나 스테미너가 약하다면 그림의 떡이 될 수도 있다. 상부

를 하거나 상처를 하는 것은 다른 이유보다도 가장 큰 이유는
성적인 스테미너의 차이 때문이다. 옛날 이야기 중에 전라도 지
방의 색녀(色女) 용녀를 보면 안다. 스테미너가 워낙 강하니 보
통 남자는 감당을 못하고 하나같이 요절하지 않았던가. 그러다
가 꺾쇠라는 워낙 강한 총각을 만나 만족을 얻고서야 수그러지
게 된다.

이런 경우는 요즘 세상에도 얼마든지 그 예를 볼 수 있다.

네번째는 사이즈의 문제다.

궁합이란 한자는 궁(宮)자 자체가 집궁자이다. 사람이 사는
집을 궁이라 하지만 집은 칼집도 집이요, 전기 두꺼비집도 집이
요, 여자의 질(膣)도 집이다. 그러기에 집이 잘 맞아야 칼도 잘
보전이 되고, 전기도 잘 통하게 된다. 마찬가지로 남녀간에도
사이즈가 맞아야 좋은 궁합이 됨은 당연하다. 일반적으로 동양
인의 표준적인 바기나(膣)의 깊이는 7cm 가량이고, 페니스(陰
莖)의 길이는 12cm 정도다. 이것은 사람마다 다르기에 정확한
수치는 알 수 없지만 고맙게도 조물주는 아주 병적인 경우를
제외하고는 조절이 될 수 있도록 만들어 주셨다. 다만 테크닉이
문제가 된다. 사이즈의 차가 있다해도 테크닉의 구사 방법에 따
라서 어느 정도의「오르가즘」은 달성할 수가 있다. 또한 적절한
섭생과 운동을 통해서도 사이즈의 조절이나 스테미너의 증진을
기할 수 있으며 병적인 사람은 현대의 고도로 발달된 의술을
통하여 교정될 수 있다.

다음 장에서 실례를 들어 이야기해 보자.

12

서생원의 경험

　어느 젊은 사람이 고시에 응시를 했으나 여러 번 낙방의 쓴 잔을 마셨다.

　이래서는 안 되겠다싶어 몇 권의 책과 봇짐을 싸들고 산사가 가까운 촌집에 방을 얻어 공부를 하기 시작한 지 며칠이 되었는데 하루는 밤늦게까지 독서를 하다가 살며시 잠이 들어 잠시 눈을 붙였다싶을 때였다. 어디선지 여자의 작은 울음소리 같기도 하고, 아파서 신음하는 소리같은 억지로 참으면서 우는 것같은 소리가 들려 왔다. 이상히 여겨 자리에서 일어나 앉으며 자세히 들어보니 바로 벽 하나 사이를 두고 있는 옆 방에서 나는 소리였다.

　어째서 이렇게 작은 울음소리가 완연하게 들릴까싶어 벽면을 이곳 저곳 살펴보니 촌에 전기가 처음 들어올 때 전기 요금을 아낀다고 벽 윗부분에 네모나게 구멍을 뚫어 놓고 두 방에 전등 하나를 켜도록 해 놓은 아래 윗방이 통하는 공간을 발견했다. 그래서 이 서생은 호기심이 발동하여 그 밑에 이불과 베개

를 올려놓고 올라가서 그 구멍에 귀를 바짝 대고 숨을 죽이고
들어보니 점입 가경이라, 이것은 슬퍼서 우는 것도 아니요, 아
파서 우는 것도 아니고, 좋아서 흐느끼는 소리였다. 그러더니
남자의 숨가쁜 소리가 들리면서 "워쓰, 워쓰"하는 소리가 나고
또 "만만디" "만만디" 하더니, 큰 한숨소리와 함께 잠시 쉬는
것 같더니 이번에는 여자의 아야, 아야하는 소리와 함께 "처우"
"처우"하는 소리가 들린다. 아무것도 모르는 서생은 도대체 그
게 무슨 소린지 알 수가 없었다. 궁금해서 계속 경청을 해보니
남자의 목소리로 이번에는 "베초우" "베초우"하는 소리가 들리
더니 다시 여자의 신음소리가 들리고, 찰떡 주무르는 소리가 난
다. 그러더니 이번에는 옆방 생각같은 것은 아예 잊었는지 본격
적으로 울기 시작한다. 얼마나 시간이 지났는지 서생은 다리가
떨리고, 괜히 혼자 힘을 쓰다보니 팔과 어깨가 자기 것같지 않
고 머리가 흔들리는 것 같았다. 베개 위에서 내려오니, 언젠가
소변도 보지 않았는데 바지 가랑이가 축축하다. 누워서 잠을 청
해도 잠은 오지 않고 공부는 열촌도 넘었고, 그 생각만 자꾸 되
풀이 되면서 머리에 떠오르니 선잠을 자고 늦게 아침을 맞이
했다. 밖에 나가 세수를 하려는 참인데 마침 옆방 그 부부가 문
을 열고 나온다. 보아하니 여자는 아이쿠! 소리가 저절로 나올
만큼 30대 가량의 촌티가 졸졸 흐르는 박색이고 추녀였다. 그러
나 뒷모습을 보니 정말 발뒤꿈치만은 동그라니 크고 둥글며 허
리는 가는데 힙과 대퇴부가 팽팽하게 발달되어 살뭉치가 치마
밖으로 삐져나올 것 같다.

　나중에 안집 할머니에게 물어보니, 여자는 아이가 둘 딸린 과
부같고, 남자는 읍내 중국집 주인인데 이 집에 방을 . 얻어놓고
며칠마다 한 번씩 와서 자고 간다고 했다. 후일 알고보니 "워

쓰"란 말은 나 죽겠다란 말이고, "처우"란 말은 입으로 빤다는 중국말임을 알았다. "베초우"는 빨지 말라는 금지의 명령어다.

이 서생은 그들이 다시 올 날이 기다려졌으나 앞일을 생각하니 공부보다도 말라죽을 것 같아서 다시 방을 옮기고 말았다.

이런 부부라면 살꼬지 궁합으론 100점 만점이 아닐까?

나이로 본 궁합

이 책에서 사용하는
생년·월은 음력으로
사용하였습니다

◆ *1960*(庚子)년생

성 격

이 명운의 사람은 손(巽) 괘의 사람으로 외강 내유(外剛內柔)하여 그 마음이 정하여지지 않아 짐작키 어렵다. 남의 말에 주책없이 추종하다가 내면으로는 남을 비방하는 좋지 못한 성질이 있다.

무슨 일에나 우유 부단하고 결단력이 약하여 동요되기 쉬운 마음씨라서 긴요한 일도 냉철하게 생각하지 않고 덮어놓고 착수하여 결국은 낭패를 당하고서야 수선을 피운다. 또한 만사를 조심스럽게 처리하려고 두루 살피고 생각하다가 그만 꽁무니를 빼고 말기도 한다.

기분이 침울해서 노할 때는 걷잡을 수 없을 정도이다. 그러나 쉽게 풀어지는 편이여서 길게 물고 늘어지지는 않는다.

이 사람은 평상시에도 남에게는 진실을 털어놓지 않고 비밀히 하려는 성질이 있기 때문에 남의 오해를 사기도 한다.

또한 의욕이 분수를 지나쳐서 도리어 손해를 보기도 한다.

생가나 고향을 떠나 장사를 하든가 사업을 하는 사람이 많이 있다.

이 명운의 사람은 자력으로 입신 출세하려고 하는 것보다 유력인의 힘을 빌어 출세길을 여는 것이 훨씬 용이하다. 이 사람은 세상 살이에 부침이 심하여 작은 성공으로는 만족하지 못한다.

운   세

이 명운의 사람 중 자(子)년 생은 중년운은 좋으나 만년운은 침체가 심하기에 중년에 만년을 대비해야 한다.

묘(卯)년 생은 중년기의 호운이 왔을 때 만년의 침체운을 생각지 않으면 후회 막급이다.

오(午)년 생은 47, 48세경부터 52, 53세까지의 호운을 잘 잡아야 만년을 즐긴다.

유(酉)년 생은 47, 48세경부터 53, 54세경까지의 행운을 잘 지켜야 한다.

1960(庚子)년 생의 총괄적 궁합

1960년 생의 남자가 원하는 여성	
최길궁합	1963(癸卯)년생 여성, 1972(壬子)년생 여성으로 상생의 최길 배필이다
중길궁합	1964(甲辰)년생 여성, 1973(癸丑)년생 여성으로 상생의 차길 배필이다
보통궁합	1961(辛丑)년생, 1960(庚子)년생, 1969(己酉)년생, 1970(庚戌)년생의 여성

1960년 생의 여자가 원하는 남성	
최길궁합	1954(甲午)년생, 1945(乙酉)년생 남성으로 최길 배필이다
중길궁합	1955(乙未)년생, 1946(丙戌)년생 남성으로 차길 상생의 좋은 배필
보통궁합	1960(庚子)년생, 1952(壬辰)년생, 1951(辛卯)년생 남성
상극궁합	남녀 불문하고 1958(戊戌)년생, 1956(丙申)년생, 1953(癸巳)년생, 1949(乙丑)년생, 1948(戊子)년생, 1962(壬寅)년생, 1965(乙巳)년생, 1966(丙午)년생, 1967(丁未)년생, 1971(辛亥)년생

※ 남녀 불문하고 상극 궁합은 피함이 좋다.

1960년생의 생월별 궁합

1960년 1월(戊寅)생의 성격과 운세

이 달에 태어난 사람은 간(艮)의 상이다. 간은 산을 뜻하는데 침착하고 육중한 성격이나 의혹심이 많아서 작은 일에도 고민하는 사람이다.

결단력은 비교적 약해서 무슨 일이나 스스로 독자적인 결심을 못하고 타인에게 의존하는 의타심이 많다.

정직, 온순하며 인내심이 강하고 무슨 일에나 그 태도는 열성적이어서 칭찬도 듣는다.

부녀자는 일단 가정에 종사하면 가사에 열의를 보이며 열심이나 기가 강하여 부부 불화의 불씨를 낳기도 한다.

이 명운의 사람은 중년기의 왕성한 성운기를 맞이하나 오래 지속하기 어렵고 만년을 생각하여 성운기에 만년을 대비해야 한다. 직업은 교육자, 의사, 서화가, 농업, 임업 등

궁 합

1월생의 남자가 원하는 여성	
최길궁합	1963(癸卯) 9월생, 1972(壬子) 9월생
중길궁합	1964(甲辰) 8월생, 1973(癸丑) 8월생
보통궁합	1962(壬寅) 3월생, 1965(乙巳) 4월생
1월생의 여자가 원하는 남성	
최길궁합	1954(甲午) 9월생, 1945(乙酉) 9월생
중길궁합	1955(乙未) 8월생, 1946(丙戌) 8월생
보통궁합	1953(癸巳) 1, 10월생, 1956(丙申) 4월생

※ 이외의 궁합은 상극궁합으로 피하는 것이 좋다.

1960년 2월(己卯)생의 성격과 운세

이 명운의 사람은 칠살지기의 사람으로 대개 말을 많이 하는 달변가이다. 사람을 위압하는 어조로, 자기가 직접 하는 것은 싫어하나 말로써 사람을 움직이는 교묘한 능력을 가지고 있다.

외모로 보기에는 쾌활하고 유순하여 접촉하기에 부드럽고 애교가 있어서 친구나 기타 주위 사람으로부터 인기가 있어서 그들의 도움으로 입신 출세가 빠르다.

사주 지지(地支)에 진(辰)이 있다면 좋은 병운을 가진 사람이라고 할 수 있다.

중년기에 몇 차례 호운이 오는 기회가 있으나 오래 지키기 힘들다. 57, 58세에 큰 행운이 올 때 그것을 놓치지 않는다면 만년을 안락하게 보내게 된다. 직업은 요식업, 연예인, 은행, 철물상 등.

궁 합

2월생의 남자가 원하는 여성		
최길궁합	1963(癸卯) 4월생, 1972(壬子) 4월생	
중길궁합	1964(甲辰) 4월생, 1973(癸丑) 5월생	
보통궁합	1966(丙午) 2월생, 1967(丁未) 9월생	
2월생의 여자가 원하는 남성		
최길궁합	1954(甲午) 4월생, 1945(乙酉) 4월생	
중길궁합	1955(乙未) 5월생, 1946(丙戌) 5월생	
보통궁합	1958(戊戌) 9월생, 1957(丁酉) 2, 11월생	

※ 이외의 궁합은 상극궁합으로 피하는 것이 좋다.

1960년 3월(庚辰)생의 성격과 운세

이 명운의 사람은 고상한 기품을 가지고 있다. 봄에 태어났으면 좋은 길운의 사람이라고 할 수 있다. 총명하기 때문에 앞을 내다보는 선견지명이 있는 사람이다. 그렇기 때문에 딴사람의 의사를 무시하는 경향이 있다. 남에게 지기싫어 하는 승벽이 강하여 남의 호감을 사지 못한다.

무슨 일에나 사려 분별이 심중하여 경솔한 행동을 하는 일은 극히 드물다. 그러나 너무 세심하기 때문에 오히려 호기를 놓치는 수가 있다.

이 사람은 중년기에 행운을 얻을 기회가 많으나 자신의 본래의 기질 때문에 놓치기 쉽다. 50대 말부터 60세 후에 오는 운을 잘 잡아야 안락을 누린다. 직업은 교육가, 의사, 금은방, 철공업 등.

궁 합

3월생의 남자가 원하는 여성	
최길궁합	1963(癸卯) 4월생, 1972(壬子) 4월생
중길궁합	1964(甲辰) 5월생, 1973(癸丑) 5월생
보통궁합	1966(丙午) 2, 11월생, 1967(丁未) 9월생
3월생의 여자가 원하는 남성	
최길궁합	1954(甲午) 4월생, 1945(乙酉) 4월생
중길궁합	1955(乙未) 5월생, 1946(丙戌) 5월생
보통궁합	1958(戊戌) 9월생, 1957(丁酉) 2, 11월생, 1949(己丑) 9월생, 1948(戊子) 2, 11월생

※ 이외의 궁합은 상극궁합으로 피하는 것이 좋다.

1960년 4월(辛巳)생의 성격과 운세

이 명운의 사람은 뭇 사람들의 우두머리 격에 해당하는 주성 (主星)을 타고난 사람이다. 그렇기에 이 명운의 사람 중에는 영웅 호걸이나 열사, 걸사들이 많이 배출되었다. 이 사람은 사려가 깊고 일면 강정하여 자신의 의사만을 관철하려 한다. 관대하면서 인망높은 사람도 있으나 자기의 재능만을 과신하고 남을 눈아래로 보고 멸시하는 까다로운 성격을 가진 사람도 있다.

중년기에 성패가 자주 있으나 자기 스스로의 능력으로 만회시킬 수 있는 소질이 있다.

34, 35세경에 큰 재난을 만나는 불운이 있기에 각별한 주의가 필요하다.

56, 57세경에 행운이 오나 이 운을 놓치지 않아야 만년을 편히 지낼 수 있다. 직업은 선원, 무역업, 광산업, 기계업 등.

궁 합

4월생의 남자가 원하는 여성	
최길궁합	1963(癸卯) 9월생, 1972(壬子) 9월생
중길궁합	1964(甲辰) 9월생, 1973(癸丑) 9월생, 1975(乙卯) 2, 11월생, 1976(丙辰) 9월생
보통궁합	1962(壬寅) 1, 10월생, 1965(乙巳) 4월생, 1968(戊申) 7월생, 1971(辛亥) 1, 10월생
4월생의 여자가 원하는 남성	
최길궁합	1954(甲午) 9월생, 1945(乙酉) 9월생
중길궁합	1955(乙未) 9월생, 1946(丙戌) 9월생
보통궁합	1959(己亥) 7월생, 1956(丙申) 4월생

※ 이외의 궁합은 상극궁합으로 피하는 것이 좋다.

1960년 5월(壬午)생의 성격과 운세

이 명운의 사람은 성격이 외강 내유하여 얼핏 보기에 무척 강하게 보이나 속으로는 유순하다.

또한 사계절과 융화가 잘 되는 상이므로 언제나 곤궁하지는 않다.

무슨 일이라도 무리하게 억지로 밀고가려는 성질이 있으므로 우직한 면이 있다. 노할 때는 그 정도가 극심하면서도 쉽게 풀어버린다. 조용하고 침착한 성격이나 그 반면 결단력이 약하기 때문에 무슨 일이나 시작하는 시기를 놓쳐서, 실수를 잘 한다.

운세는 47, 48세경부터 53, 54세까지 행운이 오나 이 운을 놓치지 말아야 만년을 편히 보낼 수 있다. 직업은 정치가, 중개업, 신문기자, 연예인 등.

궁 합

5월생의 남자가 원하는 여성	
최길궁합	1963(癸卯) 8월생, 1972(壬子) 8월생
중길궁합	1964(甲辰) 6월생, 1973(癸丑) 6월생
보통궁합	1960(庚子) 5월생, 1961(辛丑) 3월생, 1969(己酉) 5월생, 1970(庚戌) 3월생
5월생의 여자가 원하는 남성	
최길궁합	1954(甲午) 8월생, 1945(乙酉) 8월생
중길궁합	1955(乙未) 6월생, 1946(丙戌) 6월생
보통궁합	1960(庚子) 5월생, 1952(壬辰) 3월생, 1951(辛卯) 5월생

※ 이외의 궁합은 상극궁합으로 피하는 것이 좋다.

1960년 6월(癸未)생의 성격과 운세

이 명운의 사람은 사교에 대단히 능한 사람으로 화려한 것을 즐기며 무슨 일이라도 다른 사람보다 앞서서 하려는 성질이기 때문에 남의 비난을 사기도 한다.

명운은 만물이 생동을 하는 시기에 해당하므로 활동의 뜻을 지닌다.

본성이 양(陽)의 성질이 있어 용기가 있으나 움직임이 경솔한 면도 있다.

자진하여 타인을 도와 주기를 좋아하지만 너무나 자신감이 강하고 자만하기 때문에 남에게 은혜를 베풀어 주고도 오히려 원망을 듣기도 한다.

33, 34세경 행운을 맞이하나 50세 후에 오는 행운을 잡아야 한다. 직업은 교육자, 의사, 건축가 등.

궁 합

6월생의 남자가 원하는 여성	
최길궁합	1963(癸卯) 8월생, 1972(壬子) 8월생
중길궁합	1964(甲辰) 6월생, 1973(癸丑) 6월생
보통궁합	1960(庚子) 5월생, 1961(辛丑) 3월생, 1969(己酉) 5월생, 1970(庚戌) 3월생
6월생의 여자가 원하는 남성	
최길궁합	1954(甲午) 8월생, 1945(乙酉) 8월생
중길궁합	1955(乙未) 6월생, 1946(丙戌) 6월생
보통궁합	1960(庚子) 5월생, 1952(壬辰) 3월생, 1951(辛卯) 5월생

※ 이외의 궁합은 상극궁합으로 피하는 것이 좋다.

1960년 7월(甲申)생의 성격과 운세

이 명운의 사람은 남에게 도움을 주거나 받아도 그 은혜를 입는 격이다.

순음의 지덕(地德)을 간직하고 있기 때문에 중후한 면이 있다. 사람에 따라서는 큰 사업을 기획하고 호언 장담도 잘 하지만 실속은 별로 없다.

비천하고 하찮은 일도 꺼리지 않기 때문에 주위 사람들로부터 비난을 받기도 하지만 게의치 않고 자기 몸도 돌보지 않는다.

이 사람은 어떠한 어려운 일이라도 충분히 성취시킬 수 있는 능력의 소유자다.

20세 전후에 손윗사람의 덕으로 입신하는 수가 있으나 50세 후의 운이 좋다. 직업은 서화가, 조각가, 건축기사, 의사 등.

궁 합

7월생의 남자가 원하는 여성	
최길궁합	1963(癸卯) 9월생, 1972(壬子) 9월생
중길궁합	1964(甲辰) 9, 11월생, 1973(癸丑) 9월생
보통궁합	1962(壬寅) 1, 10월생, 1965(乙巳) 4월생, 1968(戊申) 7월생, 1971(辛亥) 1, 10월생
7월생의 여자가 원하는 남성	
최길궁합	1954(甲午) 9월생, 1945(乙酉) 9월생
중길궁합	1955(乙未) 9월생, 1946(丙戌) 9월생
보통궁합	1959(己亥) 7월생, 1956(丙申) 4월생

※ 이외의 궁합은 상극궁합으로 피하는 것이 좋다.

1960년 8월(乙酉)생의 성격과 운세

이 명운의 사람은 밖으로 보기에는 유순하고 온화한 듯이 보이나 사실은 내심의 기(氣)는 대단히 강하고 교만하며 남을 내려다보는 성품이다.

때로는 기회를 이용하여 일을 강행해 나가는 그 수단이 대단하다. 또한 내심은 양(陽)의 기질이 있어서 보기보다는 명쾌한 것을 좋아한다.

한편 편굴하고 완고한 기질이 있어서 남의 충고나 도움도 바라지 않는 사람이 많다. 자기의 심정을 좀처럼 털어놓지 않기 때문에 친구가 적으며 홀로 번민하는 성질이다.

이 사람의 운세는 60세 이후의 운이 진운이다. 직업은 연예인, 문필가, 정치가, 모피점 등.

궁 합

8월생의 남자가 원하는 여성	
최길궁합	1963(癸卯) 11월생, 1972(壬子) 11월생
중길궁합	1964(甲辰) 11월생, 1973(癸丑) 11월생, 1969(己酉) 5월생, 1970(庚戌) 3월생
보통궁합	1963(癸卯) 8월생, 1972(壬子) 8월생
8월생의 여자가 원하는 남성	
최길궁합	1954(甲午) 11월생, 1945(乙酉) 11월생
중길궁합	1955(乙未) 11월생, 1946(丙戌) 11월생
보통궁합	1954(甲午) 8월생, 1945(乙酉) 8월생

※ 이외의 궁합은 상극궁합으로 피하는 것이 좋다.

1960년 9월(丙戌)생의 성격과 운세

이 명운의 사람은 외모로 봐서는 영리하고 현명하게 보이나 내면은 의외로 그렇지 못하다. 이것은 역리상 리(離)에 속하는 화(火) 괘이기에 한여름을 뜻한다.

이 사람은 강한 기가 있어 자기 멋대로 하기를 좋아해서 경솔하고, 무엇이든 잘 바꾸는 이변의 기질이 있다.

사치를 좋아하여 주택을 비롯한 주변을 장식하기를 좋아한다.

교재가 능하면서 사람을 사로잡는 기술이 교묘하다. 자신은 괴로우면서도 그렇지 않은듯 보이려는 사람이나 뜻밖의 후원자를 얻을 수도 있다.

35, 36세경 행운이 오기는 하나 실패가 많고 52, 53세경의 행운이 진운이다. 직업은 경관, 미술상, 수직물상, 인쇄업 등.

궁 합

9월생의 남자가 원하는 여성	
최길궁합	1963(癸卯) 5월생, 1972(壬子) 5월생,
중길궁합	1955(乙未) 7월생, 1945(乙酉) 5월생
보통궁합	1964(甲辰) 6월생, 1973(癸丑) 6월생
9월생의 여자가 원하는 남성	
최길궁합	1954(甲午) 5월생, 1945(乙酉) 5월생,
중길궁합	1955(乙未) 7월생, 1946(丙戌) 7월생,
보통궁합	1955(乙未) 6월생, 1946(丙戌) 6월생

※ 이외의 궁합은 상극궁합으로 피하는 것이 좋다.

1960년 10월(丁亥)생의 성격과 운세

이 사람의 성격은 관찰력이나 사물을 살피는 능력이 부족한 우지(愚痴)한 성격이나 남의 일을 돕는 데는 친절하고 힘을 다하는 사람이지만 의혹심이 많아서 고민하는 성질이다.

온순하고 정직하며 인내심이 강하며 열심인 점은 남이 따르지 못한다.

생활은 검소하고 절약가이나 그 정도가 지나쳐서 인색하다는 말을 듣기도 한다.

노력하는 결심으로 적소 성대(積小成大)하는 성격이어서 재운이나 행운을 놓치지 않는다. 중년운은 좋으나 만운은 쇠퇴한다. 직업은 농업, 철공업, 종교가 등.

궁 합

10월생의 남자가 원하는 여성	
최길궁합	1963(癸卯) 9월생, 1972(壬子) 9월생
중길궁합	1964(甲辰) 8월생, 1973(癸丑) 8월생,
보통궁합	1962(壬寅) 1, 10월생, 1965(乙巳) 4월생, 1968(戊申) 7월생, 1971(辛亥) 1, 10월생
10월생의 여자가 원하는 남성	
최길궁합	1954(甲午) 9월생, 1945(乙酉) 9월생
중길궁합	1955(乙未) 8월생, 1946(丙戌) 8월생
보통궁합	1959(己亥) 7월생, 1956(丙申) 4월생

※ 이외의 궁합은 상극궁합으로 피하는 것이 좋다.

1960년 11월(戊子)생의 성격과 운세

이 명운의 사람은 대체로 말이 많은 사람으로 언중 유침(言中有針)격으로 말을 함에 있어서 남을 위압하는 좋지 못한 습성이 있다.

밖으로 봐서는 쾌활하고 유순하기 때문에 접촉하기가 부드러우며 애교가 있어 강기의 사람이라도 결국은 자기 뜻대로 설복시키는 능력이 있다.

주위의 사람이나 친구들의 인기를 얻어서 그들의 도움으로 입신 출세를 하기도 한다. 교만하고 의혹심으로 질투가 심하다.

이 사람의 운세는 중년 시대에 몇 번 행운이 오기는 하나 실패수가 있고 50세 전후에 오는 행운을 노력이 없어서 놓치고, 만년에 극심한 곤란에 함입하는 수가 있으니 세심한 주의가 요구된다. 직업은 농업, 철공업, 법률가, 경관 등.

궁 합

11월생의 남자가 원하는 여성	
최길궁합	1963(癸卯) 7월생, 1972(壬子) 7월생,
중길궁합	1964(甲辰) 5월생, 1973(癸丑) 5월생
보통궁합	1966(丙午) 2, 11월생, 1967(丁未) 9월생
11월생의 여자가 원하는 남성	
최길궁합	1954(甲午) 7월생, 1945(乙酉) 7월생
중길궁합	1955(乙未) 5월생, 1946(丙戌) 5월생
보통궁합	1958(戊戌) 9월생, 1957(丁酉) 2, 11월생

※ 이외의 궁합은 상극궁합으로 피하는 것이 좋다.

1960년 12월(己丑)생의 성격과 운세

이 명운의 사람은 기품이 고상한 사람으로 비천한 업무는 싫어하는 성품이기 때문에 타인과의 교제에 있어서 가끔 오해를 받는 성격이다.

이 사람이 교양이 없으면 완고하고 편굴해서 비뚤어지기 쉽다.

원래 정직하기는 하나 애교가 없고 교제술도 나빠서 인망이 박한 편이다.

머리는 총명하여 선견지명이 있기에 남의 의사를 무시하고 자기에게만 유리하도록 처리하고 자기 의사만을 관철시키려고 한다.

고집은 있으나 친절미가 있어 인망이 높다. 28, 29세부터 35, 36세경에 행운이 찾아오나 실패수가 있고 대체로 이 명운의 사람은 60세 후에 오는 행운을 잡아야 여생이 편하다. 직업은 청과물상, 건어물상, 농업 등.

궁 합

12월생의 남자가 원하는 여성	
최길궁합	1963(癸卯) 4월생, 1972(壬子) 4월생,
중길궁합	1964(甲辰) 5월생, 1973(癸丑) 5월생
보통궁합	1966(丙午) 2, 11월생, 1967(丁未) 9월생
12월생의 여자가 원하는 남성	
최길궁합	1954(甲午) 4월생, 1945(乙酉) 4월생
중길궁합	1955(乙未) 5월생, 1946(丙戌) 5월생
보통궁합	1958(戊戌) 9월생, 1957(丁酉) 2, 11월생

※ 이외의 궁합은 상극궁합으로 피하는 것이 좋다.

◈ 1961(辛丑)년생

성 격

이 명운의 사람은 진(震)괘의 사람으로 사계절 중 중춘(仲春)에 해당하기 때문에 발노하기를 잘 하는가하면 반면에 겸양지덕이 있어서 남을 대하는 데 있어 친절하기도 하다. 다동 소정(多動少靜)하여 타인보다 무엇이나 앞서 하려는 성미 때문에 타인의 비난을 받기도 한다.

한편 사교성이 능하며 승벽성이 있기 때문에 자기 잘못을 자인하면서도 억지로 목적을 달성하려는 성질이 있다.

이 명운의 사람은 활동가이다. 그것은 발동의 시기에 태어났기 때문이다.

하찮은 일이라도 자기 뜻대로 되지 않으면 큰 소란을 피우지만 그 본심은 차분한 편이다.

성질이 이냉 이열(易冷易熱)의 사람이기에 시작은 빨리하나 곧 지쳐버리는 성질이다. 밖으로는 강정하게 보이나 보기보다는 무른 편이어서 상대방이 강하게 나오면 곧 수그러지고 만다.

평소의 마음가짐은 정직하고 악의는 없으면서도 경우에 따라

서는 허무 맹랑한 감언으로 농을하여 결국 뒤에 비난의 대상이
되기도 한다.

그 본성이 지속성이 없어서 장기간을 요하는 일을 기획하거
나 상행위를 하면 결국 실패로 돌아가고 만다.

고요하게 정지 상태를 유지 못하고 여기 저기 간섭하다가 남
의 경멸을 당한다.

운　세

이 명운의 사람 중 축(丑)년 생은 21, 22세경 윗사람의 도움
으로 출세하여 성공하는 수가 있다. 그러나 50세 후는 심한 침
체기가 오기에 대비가 있어야 한다.

진(辰)년 생은 50세 후에 오는 운이 참된 운이다.

미(未)년 생은 20대에 중병의 위험이 있고, 42, 43세경에는
친지 때문에 손재수가 있다.

술(戌)년 생은 33, 34세경에 행운이 오나 50세 후의 참된 행
운을 잡아야 한다.

1961(辛丑)년 생의 총괄적 궁합

1961년 생의 남자가 원하는 여성	
최길궁합	1963(癸卯)년생, 1972(壬子)년생 여성은 상생 최길 궁합이다
중길궁합	1964(甲辰)년생, 1973(癸丑)년생 여성은 차길 상생궁합
보통궁합	1969(己酉)년생, 1970(庚戌)년생, 1979(己未)년생

1961년 생의 여자가 원하는 남성	
최길궁합	1954(甲午)년생, 1945(乙酉)년생 남성으로 최길 상생궁합이다
중길궁합	1955(乙未)년생, 1946(丙戌)년생 남성으로 상생 차길궁합
보통궁합	1961(辛丑)년생, 1960(庚子)년생, 1952(壬辰)년생, 1951(辛卯)년생
상극궁합	1956(丙申)년생, 1953(癸巳)년생, 1950(庚寅)년생, 1949(己丑)년생, 1948(戊子)년생, 1962(壬寅)년생, 1965(乙巳)년생, 1966(丙午)년생, 1967(丁未)년생

※ 남녀 불문하고 상극 궁합은 피함이 좋다.

1961년 생의 생월별 궁합

1961년 1월(庚寅)생의 성격과 운세

이 사람은 오만하며 자기의 고집이 제일이라 쉽사리 남의 말을 듣지 않는 강정한 성격이다. 24, 25세경에 행운이 있겠으나 세심한 주의력을 기울이지 않으면 실패하는 수가 많다.

중년기에는 자주 직업을 바꾸게 되며 친연이 두터워서 장남이나 장녀가 아니라도 그 역할을 맡는 사람이다.

이 상의 사람 중에는 뭇사람의 두령이나 영웅 호걸이 많이 배출되었으나 그 반대로 범인 중에는 악행을 여반장으로 하는 사람도 있다. 성질이 아이같은 면이 있기에 이성간에 매력이 있어서 색정문제로 고민하는 상이다.

57, 58세경에 오는 호운을 놓치지 않고 잡아야 한다. 직업은 잡화상, 변호사, 외교관, 기자 등.

궁 합

1월생의 남자가 원하는 여성	
최길궁합	1963(癸卯) 9월생, 1972(壬子) 9월생
중길궁합	1964(甲辰) 9월생, 1973(癸丑) 9월생
보통궁합	1971(辛亥) 1월생, 1977(丁巳) 8월생, 1974(甲寅) 4월생
1월생의 여자가 원하는 남성	
최길궁합	1954(甲午) 9월생, 1945(乙酉) 9월생
중길궁합	1955(乙未) 9월생, 1946(丙戌) 9월생
보통궁합	1966(丙午) 2월생, 1967(丁未) 9월생, 1962(壬寅) 1, 10월생, 1956(丙申) 4월생, 1959(己亥) 9월생

※ 이외의 궁합은 상극궁합으로 피하는 것이 좋다.

1961년 2월(辛卯)생의 성격과 운세

이 사람은 침착한 성격에 남을 잘 도와주나 너무 세세하게 이것 저것을 간섭하기 때문에 도와 주고도 선공무덕격(善供無德格)으로 도리어 꺼리낌을 받기도 한다. 약소한 은혜를 남에게 베풀고서 그것을 침소봉대격(針小棒大格)으로 지대한 은혜나 베푼 듯이 떠들어대기에 도리어 반감을 사는 수가 많다.

타인의 말에 줏대없이 따라하다 내심 후회하든가 그를 비방하는 좋지 못한 악벽이 있다. 욕망이 자기의 분수를 지나쳐서 도리어 손실을 보기도 한다.

이 사람은 혼자의 힘은 약하나 좋은 배필을 만나면 협조정신이 투철해서 몇배의 힘을 발휘하게 하는 동반자가 될 것이다. 직업은 의사, 교육자, 건축업, 인쇄업, 요식업 등.

궁 합

2월생의 남자가 원하는 여성	
최길궁합	1963(癸卯) 8월생, 1972(壬子) 8월생
중길궁합	1973(癸丑) 6월생, 1964(甲辰) 6월생
보통궁합	1978(戊午) 5월생, 1979(己未) 3월생, 1969(己酉) 5월생 1970(庚戌) 3월생
2월생의 여자가 원하는 남성	
최길궁합	1954(甲午) 8월생, 1945(乙酉) 8월생
중길궁합	1955(乙未) 6월생, 1946(丙戌) 6월생
보통궁합	1952(壬辰) 3, 12월생, 1951(辛卯) 5월생, 1961(辛丑) 3, 12월생, 1960(庚子) 5월생

※ 이외의 궁합은 상극궁합으로 피하는 것이 좋다.

1961년 3월(壬辰)생의 성격과 운세

이 사람은 성질이 모가나서 경솔한 점이 있기는 하나 무슨 일이든 정성껏 하려고 애를 쓰기에 선배나 손윗사람의 신용을 얻어서 출세하는 사람이 많다. 그러나 중년기에는 부침이 심한 생활로 몇 차례의 행운에도 불구하고 오래 지속하지 못한다.

이 사람은 중춘의 양기를 타고난 사람이기에 부지런히 움직이는 활동가이다.

남보다 앞서하려는 성질이 강하기 때문에 자기 뜻대로 관철하려는 무리한 점이 있다. 이런 사람에게는 마음을 차분하게 잡아주는, 그리고 외유 내강한 배필이 필요하다.

중년운의 지속은 어렵고 50세 후의 행운을 잡아야 한다. 직업은 목재상, 사법관, 제지업 등.

궁 합

3월생의 남자가 원하는 여성	
최길궁합	1963(癸卯) 8월생, 1972(壬子) 8월생
중길궁합	1973(癸丑) 6월생, 1964(甲辰) 6월생
보통궁합	1969(己酉) 5월생, 1970(庚戌) 3, 12월생, 1978(戊午) 5월생, 1979(己未) 3월생
3월생의 여자가 원하는 남성	
최길궁합	1954(甲午) 8월생, 1945(乙酉) 8월생
중길궁합	1955(乙未) 6월생, 1946(丙戌) 3월생
보통궁합	1961(辛丑) 3, 12월생, 1960(庚子) 5월생

※ 이외의 궁합은 상극궁합으로 피하는 것이 좋다.

1961년 4월(癸巳)생의 성격과 운세

이 사람은 중후한 멋을 풍기지만 자기 과장이 심하고 호언
장담도 잘 하기에 사람들의 비난을 받는다.

내심은 친절하고 온화한 편이나 비교적 완고하고 자기 마음
대로 하려는 독선적이고 독단적인 면이 있다.

이해하는 지능은 있으나 빨리 잊어버리고 비천한 일도 이익
만 된다면 꺼리낌 없이 손을 대기에 사람들의 경멸을 받기도
한다.

무엇이나 깨끗하고 정리 정돈을 잘하는 결벽증이 있으며 손
아랫사람이나 동료들보다 손윗사람과의 교제를 좋아한다.

이런 사람은 연상의 여인이나 나이 많은 남자를 배우자로 택
함도 좋을 것이다. 직업은 골동품상, 금은방, 교사 등.

궁 합

4월생의 남자가 원하는 여성	
최길궁합	1963(癸卯) 9월생, 1972(壬子) 9월생
중길궁합	1964(甲辰) 9월생, 1973(癸丑) 9월생
보통궁합	1971(辛亥) 1월생, 1977(丁巳) 8월생, 1974(辛亥) 4월생
4월생의 여자가 원하는 남성	
최길궁합	1954(甲午) 9월생, 1945(乙酉) 9월생
중길궁합	1955(乙未) 9월생, 1946(丙戌) 9월생
보통궁합	1962(壬寅) 1, 10월생, 1959(己亥) 7월생, 1956(丙申) 4월생

※ 이외의 궁합은 상극궁합으로 피하는 것이 좋다.

1961년 5월(甲午)생의 성격과 운세

이 사람은 대체로 이익만을 추구하며 쓸데없는 말이 많아서 실패를 잘 한다.

외출과 여행을 즐기는 성질이기 때문에 직업도 자유 분망한 직업을 택해야 성공 가능성이 있다.

이 사람은 일찍이 고향을 떠나 의외의 행운을 만나기도 한다.

외모는 부드럽고 온화하나 내심은 강한 편이어서 좀처럼 자기의 속마음을 털어놓지 않기에 친한 친구가 적다. 또한 보기에는 침울한 듯하나 속으로는 명쾌한 것을 즐기는 사람이다.

또한 심망한 사람으로 겪어야 할 일이 많고 즐거움이 적으며 중년기 이후에는 노고가 더욱 많아진다.

참다운 운은 50세 이후에 행운이 있다. 직업은 은행원, 문학가, 건축업, 서적상 등.

궁 합

5월생의 남자가 원하는 여성	
최길궁합	1963(癸卯) 2월생, 1972(壬子) 2월생
중길궁합	1964(甲辰) 2월생, 1973(癸丑) 2월생
보통궁합	1972(壬子) 8월생, 1981(辛酉) 8월생
5월생의 여자가 원하는 남성	
최길궁합	1954(甲午) 2월생, 1945(乙酉) 2월생
중길궁합	1955(乙未) 2월생, 1946(丙戌) 2월생
보통궁합	1963(癸卯) 8월생, 1954(甲午) 8월생

※ 이외의 궁합은 상극궁합으로 피하는 것이 좋다.

1961년 6월(乙未)생의 성격과 운세

이 명운의 사람은 외면적으로는 수려하고 상당히 강한 인상의 사람이나 내면적 심성은 부드럽고 인정 많은 사람이다. 동시에 우유 부단한 면이 있어 우지한 면도 있다.

말을 잘하는 변재여서 사람의 심정을 잘 살필줄 알며 이성에 대해서도 관심이 많아서 손해를 보는 경우가 있다.

이성간에는 인연이 박해서 부부 해로하기가 힘들고 자식의 인연도 좋지 않은 사람이 많다.

화려한 것을 좋아하고 교제술도 있으나 무엇이나 장식하고 바꾸기를 좋아한다. 57, 58세경에 최고의 행운이 오게 된다. 직업은 종교가, 의사, 농업 등.

궁 합

6월생의 남자가 원하는 여성	
최길궁합	1963(癸卯) 5월생, 1972(壬子) 5월생
중길궁합	1964(甲辰) 7월생, 1973(癸丑) 7월생
보통궁합	1973(癸丑) 6월생
6월생의 여자가 원하는 남성	
최길궁합	1954(甲午) 5월생, 1945(乙酉) 5월생
중길궁합	1955(乙未) 7월생, 1946(丙戌) 7월생
보통궁합	1964(甲辰) 6월생, 1955(乙未) 6월생

※ 이외의 궁합은 상극궁합으로 피하는 것이 좋다.

1961년 7월(丙申)생의 성격과 운세

이 사람은 다방면의 능력이 있는 사람으로 관찰력 또한 뛰어나서 능히 능소능대하는 도량이 있다. 그러나 쉽게 권태를 느껴 중도에서 포기하고 손을 떼는 결점이 있어 이열 이냉의 성격자다.

이 명운의 사람은 중년기에는 아주 왕성한 운기를 맞이하나 만년은 극심한 쇠퇴운에 빠져 곤경에 처해지는 사람이 많다.

원래 이 사람은 침착한 성미이나 의혹심이 많아서 여러 가지 고뇌에 빠져버리는 성질이다. 의지가 약하고 인내심도 부족하여 남이 강력하게 주장하면 주저주저하다가 결국은 좌절하거나 포기해 버린다. 중년기에는 운기가 왕성하나 만년에는 쇠퇴운에 빠지게 되기에 대비가 필요하다. 직업은 교육자, 의사, 기계기사 등.

궁 합

7월생의 남자가 원하는 여성	
최길궁합	1963(癸卯) 9월생, 1972(壬子) 9월생
중길궁합	1964(甲辰) 9월생, 1973(癸丑) 9월생
보통궁합	1971(辛亥) 1월생, 1974(甲寅) 4월생
7월생의 여자가 원하는 남성	
최길궁합	1954(甲午) 9월생, 1945(乙酉) 9월생
중길궁합	1955(乙未) 9월생, 1946(丙戌) 9월생
보통궁합	1959(己亥) 7월생, 1956(丙申) 4월생

※ 이외의 궁합은 상극궁합으로 피하는 것이 좋다.

1961년 8월(丁酉)생의 성격과 운세

이 사람은 교제술이 뛰어나고 말을 잘하는 사람으로 소위 숙살지기를 타고난 사람이다. 그러나 말로 사람을 움직이고 위압도 하지만 자기 자신은 일에 가담하지 않고 꽁무니를 빼고 만다.

무슨 일이든 과대하게 보이려는 악벽이 있어서 의외의 지출과 손재를 보기도 한다. 또 무단히 남을 비평하는 그 정도가 지나쳐서 거짓으로 근거 없는 말을 하면서 여러 가지 물의를 일으키기도 한다.

철학가인 양 말은 잘 하나 실행력이 부족하여 말과 행동이 서로 어긋나게 행동하는 사람도 있다. 자녀와 인연이 없기에 성운기에 노후에 대한 대비가 있어야 한다. 직업은 음악가, 귀금속상, 농업, 음식점 등.

궁 합

8월생의 남자가 원하는 여성	
최길궁합	1963(癸卯) 10월생, 1972(壬子) 10월생
중길궁합	1964(甲辰) 5월생, 1973(癸丑) 5월생
보통궁합	1966(丙午) 2, 11월생 1967(丁未) 9월생
8월생의 여자가 원하는 남성	
최길궁합	1954(甲午) 10월생, 1945(乙酉) 10월생
중길궁합	1955(乙未) 5월생, 1946(丙戌) 5월생
보통궁합	1958(戊戌) 9월생, 1957(丁酉) 2, 11월생

※ 이외의 궁합은 상극궁합으로 피하는 것이 좋다.

1961년 9월(戊戌)생의 성격과 운세

이 사람은 의협심이 강해서 타인의 일을 잘 도와 주기에 분주하며 또한 완고하며 편굴에 가까운 성격이다. 승벽심이 강하고 정직하긴 하나 붙임성이나 애교가 없어서 인망이 박하다.

총명하고 선견지명이 있으나 자기에게 이익이 있는 일이면 체면없이 일을 처리하기 때문에 타인의 비난을 받기도 한다.

이 명운의 사람은 기품이 높은 사람이기에 문필가나 교육자, 사회사업가 등의 영리를 추구하지 않는 비영리 사업계로 진출하여 이름을 떨치는 사람이 많다.

이 사람은 중년에 간간이 주거의 변동을 하게 된다.

50세 후에 오는 행운을 잡아야 한다. 직업은 출판업, 교육가, 문필가, 인쇄업 등.

궁 합

9월생의 남자가 원하는 여성	
최길궁합	1963(癸卯) 4월생, 1972(壬子) 4월생
중길궁합	1964(甲辰) 5월생, 1973(癸丑) 5월생
보통궁합	1975(乙卯) 2월생, 1976(丙辰) 9월생
9월생의 여자가 원하는 남성	
최길궁합	1954(甲午) 4월생, 1945(乙酉) 4월생
중길궁합	1955(乙未) 5월생, 1946(丙戌) 5월생
보통궁합	1956(丙申) 9월생, 1957(丁酉) 2, 11월생

※ 이외의 궁합은 상극궁합으로 피하는 것이 좋다.

1961년 10(己亥)생의 성격과 운세

이 명운의 사람은 사려 분별심이 깊어서 일을 기획하고 실천하는 데 수완이 대단하나 추진 중 그 과정에 세심한 주의를 안 하기에 실패하는 수가 많다.

그러나 일반적으로 이 사람은 모든 일에 열성을 다하기에 손윗사람의 신애나 도움으로 입신 출세하는 사람이 많다.

교양있는 사람은 인망을 얻어 높은 지위에 오르는 사람도 있다. 그러나 그 반대로 교양이 없는 사람 중에는 사람이 교만하고 강정할 뿐 남을 멸시하고 자기의 의사만 관철하려 하기 때문에 결국 좌절하거나 실패하고 만다.

대담 강정하게 보이나 의외로 소심하여 언제나 사물을 빠르게 정돈치 않으면 마음이 불안한 성질이다. 56, 57세경의 호운을 잡아야 한다. 직업은 선원, 무역업, 광산업, 인쇄업 등.

궁   합

10월생의 남자가 원하는 여성	
최길궁합	1963(癸卯) 9월생, 1972(壬子) 9월생
중길궁합	1964(甲辰) 2, 11월생, 1973(癸丑) 9월생,
보통궁합	1962(壬寅) 1, 10월생, 1965(乙巳) 4월생, 1971(辛亥) 1월생, 1977(丁巳) 7월생
10월생의 여자가 원하는 남성	
최길궁합	1954(甲午) 6월생, 1945(乙酉) 6월생
중길궁합	1955(乙未) 9월생, 1946(丙戌) 2, 11월생
보통궁합	1956(丙申) 4월생, 1959(己亥) 7월생

※ 이외의 궁합은 상극궁합으로 피하는 것이 좋다.

1961년 11월(庚子)생의 성격과 운세

이 명운의 사람은 밖으로 보기에는 강하게 보이나 속은 유순한 사람이다. 무슨 일이나 우유 부단하여 결단심이 약하고 동요하는 마음씨라서 긴급한 일도 등한하게 돌아보지 않고 방치하고 있다가 실패를 보고서야 수선을 피운다.

무슨 일이나 억지로 무리하게 추진하려는 경향이 있고 또한 만사 조심스럽게 하려고 두루 생각하고 살피다가 실기(失期)하고 만다.

중년운기가 상당히 왕성하나 만년운은 운기가 침체할 염려가 있다. 때문에 성운기에 노년을 대비해서 계획을 착실하게 세워 나가는 것이 좋다. 직업은 교육자, 건축가, 법률가, 농업 등

궁 합

11월생의 남자가 원하는 여성	
최길궁합	1963(癸卯) 8월생, 1972(壬子) 8월생
중길궁합	1964(甲辰) 6월생, 1973(癸丑) 6월생
보통궁합	1978(戊午) 5월생, 1979(己未) 3월생, 1969(己酉) 5월생, 1970(庚戌) 3월생
11월생의 여자가 원하는 남성	
최길궁합	1954(甲午) 8월생, 1945(乙酉) 8월생
중길궁합	1946(丙戌) 6월생, 1955(乙未) 6월생
보통궁합	1952(壬辰) 3, 12월생, 1951(辛卯) 5월생, 1961(辛丑) 3, 12월생, 1960(庚子) 5월생

※ 이외의 궁합은 상극궁합으로 피하는 것이 좋다.

1961년 12월(辛丑)생의 성격과 운세

이 사람은 자진하여 남을 도와 주기를 좋아하는 사람이나 자신감이 지나쳐서 자만하기 때문에 은혜를 베풀어 주고도 원망을 듣는 경우가 있으며, 일찍이 고향이나 집을 떠나 타향에서 고생하는 사람이 많다.

순음(純陰)과 지덕이 있는 사람이기에 태도가 중후하고 둔중하지만 사교가이면서 활동가이다.

용기가 있는 사람이나 일면 경솔한 면도 있다. 좀 어린아이다운 성격이기에 여성들로부터 호감을 사는 인품이다. 그러나 어리아이 같은 성격이어서 쉽게 변하는 면도 있다.

21, 22세경에 손윗사람의 도움으로 출세도 하나 50세 후에 오는 행운이 진운이다. 직업은 의사, 승려, 교사, 문학자 등.

궁 합

12월생의 남자가 원하는 여성	
최길궁합	1963(癸卯) 8월생, 1972(壬子) 8월생
중길궁합	1973(癸丑) 6월생, 1964(甲辰) 6월생
보통궁합	1969(己酉) 5월생, 1970(庚戌) 3, 12월생, 1978(戊午) 5월생, 1979(己未) 3월생
12월생의 여자가 원하는 남성	
최길궁합	1954(甲午) 8월생, 1945(乙酉) 8월생
중길궁합	1946(丙戌) 6월생, 1955(乙未) 3월생
보통궁합	1961(辛丑) 3, 12월생, 1960(庚子) 5월생

※ 이외의 궁합은 상극궁합으로 피하는 것이 좋다.

◈ 1962(壬寅)년생

성 격

이 명운의 사람은 곤(坤) 괘의 사람으로 지덕(智德)을 형유하고 있는 사람이기 때문에 중후(重厚)한 운기(運氣)가 있다. 그러나 건(乾)의 기품이 있기에 사람을 대하면 우선 상대방을 눈아래로 내려다보는 성질이 있고, 때로는 또 호언 장담으로 허풍을 떠는 성질이다.

어떤 사람은 친절하고 온유하게 보이나 속은 완고하고 독단적인 면이 있어서 자기만이 잘난 사람인 양 남을 멸시하려든다.

이 사람은 인색하여 자기에게 이득이 되는 일이면 수단 방법을 가리지 않고 이익의 방법을 강구한다. 동시에 비천한 일이라도 가리지 않고 하기 때문에 남의 비난을 사기도 한다. 타인으로부터 경멸을 당하여도 별 꺼리낌없이 관심을 두지 않는다.

남과 교제를 하면서도 자기의 이득만을 생각하고 타산적이기 때문에 결국은 절교하고 말든가 사이가 멀어진다.

무슨 일이든 이해가 빠른 반면 잊어버리는 것도 빠르다.

결벽증 때문에 신변 주위의 정리 정돈을 잘 하며 깨끗한 것을 좋아한다.

의타심이 강하며 독립심이 약해서 도와 주는 사람이 없으면 안심하지 못하고 홀로 서지 못하는 약점이 있다.

운 세

이 명운의 사람 중 인(寅)년 생은 초·중년기에 파동이 많고, 35, 36세경에야 행운이 오나 52, 53세경에 오는 호운을 잡아야 한다.

사(巳)년 생은 47, 48세경에 호운이 온다.

신(申)년 생은 청년기에 출세운이 오고 32, 33세경에 명성을 떨칠 기회가 온다.

해(亥)년 생은 중도에 좌절운이 종종있으며 50세 이후에 오는 행운을 확실히 잡아야 노후를 대비할 수 있다.

1962(壬寅)년 생의 총괄적 궁합

1962년 생의 남자가 원하는 여성	
최길궁합	1964(甲辰)년생, 1973(癸丑)년생 여성이 상생 최길궁합이다.
중길궁합	1966(丙午)년생, 1967(丁未)년생, 1975(乙卯)년생, 1976(丙辰)년생 여성
보통궁합	1962(壬寅)년생, 1965(乙巳)년생, 1968(戊申)년생, 1971(辛亥)년생, 1974(甲寅)년생

1962년 생의 여자가 원하는 남성	
최길궁합	1955(乙未)년생, 1946(丙戌)년생 남성이 상생 최길궁합이다.
중길궁합	1958(戊戌)년생, 1957(丁酉)년생, 1949(己丑)년생, 1948(戊子)년생
보통궁합	1962(壬寅)년생, 1959(己亥)년생, 1956(丙申)년생, 1953(癸巳)년생
상극궁합	1961(辛丑)년생, 1960(庚子)년생, 1954(甲午)년생, 1952(壬辰)년생, 1963(癸卯)년생, 1969(己酉)년생, 1970(庚戌)년생, 1972(壬子)년생

※ 상극 궁합은 남녀 불문하고 피함이 좋다.

1962년 생의 생월별 궁합

1962년 1월(壬寅)생의 성격과 운세

이 사람은 성격이 우유 부단(優柔不斷)하여 무슨 일을 하든 간에 주저하며 딱 자르지 못하는 결점이 있다. 청년시대까지는 신고가 많은 운기이나 35, 36세경이면 행운이 온다. 이 때 좋은 행운을 잡지 못하면 극히 어렵다.

이 사람은 능소능대하는 아량이 있으나 한편 화려한 것을 좋아해서 낭비가 많다.

자신을 과장하며 호언 장담하기 때문에 신용을 잃을 수 있으며 이익이 되는 일이라면 수단 방법을 가리지 않는 성품이다.

52, 53세경에 오는 행운을 잘 포착하면 만년의 여생을 안락하게 보낸다. 직업은 경찰관, 의사, 농업, 과학자 등

궁 합

1월생의 남자가 원하는 여성	
최길궁합	1964(甲辰) 6월생, 1973(癸丑) 6월생
중길궁합	1966(丙午) 11월생, 1967(丁未) 9월생
보통궁합	1971(辛亥) 1월생, 1977(丁巳) 8월생, 1974(甲寅) 4월생
1월생의 여자가 원하는 남성	
최길궁합	1955(乙未) 6월생, 1946(丙戌) 6월생
중길궁합	1958(戊戌) 9월생, 1957(丁酉) 9월생
보통궁합	1962(壬寅) 1, 10월생, 1959(己亥) 7월생, 1956(丙申) 4월생

※ 이외의 궁합은 상극궁합으로 피하는 것이 좋다.

1962년 2월(癸卯)생의 성격과 운세

이 사람은 성격이 온화 유순하고 애교도 있으나 실상 내심은 강정하고 교만하여 남을 경멸하는 경향이 있다.

보기에는 침울해 보이나 사실은 명쾌한 것을 좋아한다. 자기 자신의 속셈을 좀처럼 노출시키지 않기에 친한 친구가 적다. 때로는 남을 위하여 자기 몸도 돌보지 않고 동분서주하는 사람도 있다.

이 사람은 타인의 심정을 살피어 마음에 없는 아양과 애교를 부리면서 속으로는 남을 비방하는 좋지 못한 음흉한 성질의 사람이 많으며 완고한 기질이어서 남의 말이나 충고를 들으려 하지 않는다. 결국 독단적으로 행동하다가 실패하고 만다.

50대까지 색정이 염려되니 주의가 필요하다.

직업은 승려, 의사, 음악가, 완구상 등.

궁 합

2월생의 남자가 원하는 여성	
최길궁합	1964(甲辰) 8월생, 1973(癸丑) 8월생
중길궁합	1966(丙午) 5월생, 1967(丁未) 11월생
보통궁합	1972(壬子) 8월생, 1981(辛酉) 8월생
2월생의 여자가 원하는 남성	
최길궁합	1955(乙未) 8월생, 1946(丙戌) 2월생
중길궁합	1958(戊戌) 11월생, 1957(丁酉) 5월생
보통궁합	1963(癸卯) 8월생, 1954(甲午) 8월생

※ 이외의 궁합은 상극궁합으로 피하는 것이 좋다.

1962년 3월(甲辰)생의 성격과 운세

이 사람은 인내력이 대단하여 대 사업을 성취시킬 수 있는 소질이 다분하나 청년기에 이성문제로 실패하기 쉬운 성격자다. 그러므로 40세 이전의 성공은 오래 지키기가 어렵다.

이 사람은 성질이 급하고 강정하여 무엇이든 생각만나면 곧 자기 멋대로 행동하므로 경솔하여 뒤에 실패한 다음 후회하고 만다.

주위 환경이나 주거, 소유물 등을 장식하기 좋아하고 잘 바꾸는 이변의 기질이 있다. 양기인 때는 소란할 만큼 시끄러우나 음기인 때는 곧 침울해져 버린다. 의당히 지켜야 할 비밀도 함부로 노출시켜 경거 망동의 성질이다.

이 사람은 일찍 집을 떠나 타향에서 고독하게 사는 사람이 많다. 직업은 연예인, 변호사, 문학가, 군인 등.

궁 합

3월생의 남자가 원하는 여성	
최길궁합	1964(甲辰) 11월생, 1973(癸丑) 11월생
중길궁합	1966(丙午) 4월생, 1967(丁未) 7월생
보통궁합	1973(癸丑) 6월생
3월생의 여자가 원하는 남성	
최길궁합	1955(乙未) 3월생, 1946(丙戌) 3월생
중길궁합	1958(戊戌)11월생, 1957(丁酉) 7월생
보통궁합	1964(甲辰) 1월생, 1955(乙未) 6월생

※ 이외의 궁합은 상극궁합으로 피하는 것이 좋다.

1962년 4월(乙巳)생의 성격과 운세

이 사람은 사물을 살피는 능력이 좀 부족한 우지한 성격의 사람들이 많다. 그러나 남의 일에 대해서는 친절하게 진력하여 도와 주는 성질이다.

자기 멋대로 행동하는 사람이 많아서 비난을 받기도 한다.

이해하는 데는 빠르나 곧 쉽게 잊어버리는 경향이 있으며, 무슨 일이나 남보다 먼저 하려 하기에 졸속에 끝나고 만다.

근검 절약의 정도가 인색하리 만큼 근검하면서 적소성대하여 부를 쌓아 가기에 재물복이 있는 사람이다.

여자의 명운이라면 좋은 가정의 여성이다. 초·중년에는 운기 왕성하나 만년은 침체의 정도가 심하기에 미리 대비가 있어야 하겠다. 직업은 농업, 철공업, 종교가 등.

궁 합

4월생의 남자가 원하는 여성	
최길궁합	1964(甲辰) 6월생, 1973(癸丑) 6월생
중길궁합	1966(丙午) 2월생, 1967(丁未) 9월생
보통궁합	1971(辛亥) 1월생, 1974(甲亥) 4월생
4월생의 여자가 원하는 남성	
최길궁합	1955(乙未) 6월생, 1946(丙戌) 6월생
중길궁합	1958(戊戌) 9월생, 1957(丁酉) 9월생
보통궁합	1959(己亥) 7월생, 1956(丙申) 4월생

※ 이외의 궁합은 상극궁합으로 피하는 것이 좋다.

1962년 5월(丙午)생의 성격과 운세

이 사람은 교제술이 탁월하며 집을 나가 남과 어울리기를 좋아하고 호언 장담을 하면서 큰일이라도 기획하는 양 허풍을 떨지만 실지 일에 임하면 꽁무니를 빼고 만다. 그러므로 중년기에 호기가 몇 차례 와도 놓쳐 버리는 수가 많다.

언변이 좋아서 말을 많이하는 관계로 병적인 자기 중심주의자가 되기 쉽고 그 때문에 부부간에도 불화가 끊일 사이가 없다. 질투심이 강하여 독선적인 가정주부가 되는 수가 있다. 불로 취득의 근성이 있어서 말로 사람을 위압하고 자기 이득을 얻으려 한다. 이익이 되는 일이면 수단 방법을 가리지 않고 달려드는 성품이다. 57, 58세경에 오는 행운을 잡아야 한다. 직업은 요식업, 연예인, 은행원, 직물업 등.

궁 합

5월생의 남자가 원하는 여성	
최길궁합	1964(甲辰) 1, 10월생, 1973(癸丑) 1, 10월생
중길궁합	1966(丙午) 8월생, 1967(丁未) 5월생
보통궁합	1966(丙午) 2, 11월생, 1967(丁未) 9월생, 1976(丙辰) 9월생
5월생의 여자가 원하는 남성	
최길궁합	1955(乙未) 1월생, 1946(戊戌) 1월생
중길궁합	1958(戊戌) 5월생, 1957(丁酉) 1월생
보통궁합	1958(戊戌) 8월생, 1957(丁酉) 2, 11월생

※ 이외의 궁합은 상극궁합으로 피하는 것이 좋다.

1962년 6월(丁未)생의 성격과 운세

이 사람은 사려 분별이 심중하여 경솔한 행동을 하는 일은 극히 적으나 너무 세심하기 때문에 호기를 놓치는 수가 많은 성격이다. 그러므로 이 사람은 중년기에 자주 행운을 맞이하나 그 본래의 기질 때문에 놓치는 수가 많다.

동시에 사람을 눈아래로 내려다보는 성격이 있어서 사람들의 경멸의 대상이 되기도 한다. 두뇌는 총명하고 선견지명이 있으나 이기심이 강하여 오히려 성공의 장애가 되기 쉽다.

의협심이 있어서 손윗사람이나 선배의 비리를 보면 항거하게 되어 인망이 박한 면도 있다. 그러나 원래 기품이 있는 사람이어서 손아랫사람에 대한 연민심은 깊다. 50대 말기부터 60세 후에 오는 행운이 진운이다. 직업은 교육자, 의사, 금은방, 문학가 등.

궁 합

6월생의 남자가 원하는 여성	
최길궁합	1964(甲辰) 4월생, 1973(癸丑) 4월생
중길궁합	1966(丙午) 4월생, 1967(丁未) 4월생
보통궁합	1975(乙卯) 2월생, 1976(丙辰) 9월생
6월생의 여자가 원하는 남성	
최길궁합	1955(乙未) 4월생, 1946(丙戌) 7월생
중길궁합	1958(戊戌) 5월생, 1957(丁酉) 4월생
보통궁합	1956(丙申) 9월생, 1957(丁酉) 2, 11월생

※ 이외의 궁합은 상극궁합으로 피하는 것이 좋다.

1962년 7월(戊申)생의 성격과 운세

이 사람은 사려 분별심이 심원하여 일을 기획하는 데는 수완이 있으나 그 일의 추진 과정에 세심한 주의를 하지 않으면 실패하는 수가 많다. 그러나 일반적으로 이 사람은 모든 일에 성심을 다하여 근면하게 노력하는 덕으로 손윗사람의 신애가 두터워 입신 출세하는 사람이 많다.

교양이 있는 사람이면 인망을 얻어 높은 지위에 오르기도 되나, 교양이 없다면 교만하고 강정할 뿐, 남을 멸시하고 자기의 의사만 관철하려 하기 때문에 결국 좌절하거나, 실패하게 된다.

이 사람은 장남, 장녀가 아니라도 친연이 깊기에 가정내의 주도적 인물이 되는 경우가 많다. 56, 58세경의 행운을 잘 잡아야 여생이 안락하다. 직업은 철공, 금은세공, 변호사, 외교관 등.

궁 합

7월생의 남자가 원하는 여성	
최길궁합	1964(甲辰) 6월생, 1973(癸丑) 6월생
중길궁합	1966(丙午) 3월생, 1967(丁未) 9월생
보통궁합	1962(壬寅) 1, 10월생, 1965(乙巳) 4월생, 1971(辛亥) 1월생, 1977(丁巳) 7월생
7월생의 여자가 원하는 남성	
최길궁합	1946(丙戌) 6월생, 1955(乙未) 6월생
중길궁합	1958(戊戌) 9월생, 1957(丁酉) 3월생
보통궁합	1956(丙申) 4월생, 1959(己亥) 7월생

※ 이외의 궁합은 상극궁합으로 피하는 것이 좋다.

1962년 8월(己酉)생의 성격과 운세

이 명운의 사람은 외견은 강정하게 보이나 내심은 유순하다. 무슨 일에나 우유 부단하며 결단력이 조금 약하고 다소 동요하는 마음씨라서 긴급한 일도 등한하게 돌아보지 않고 방치하고 있다가 낭패를 보고서야 수선을 피운다.

남의 말에 줏대없이 추종을 하고 그를 이용하려 하다가 후회하든가 그를 비방하는 좋지 못한 악벽이 있다.

무슨 일이나 무리하게 억지로 하려고 드는 경향이 있고, 또한 만사 조심스럽게 하려고 두루 생각하고 살피다가 꽁무니를 빼고 말기도 한다. 평상시 진실을 밝히기 싫어하고 숨어서 하려는 성벽이 있기에 타인의 오해를 사는 수가 있다. 47세부터 54세 사이의 행운을 잡아야 여생이 평안하다. 직업은 정치가, 숙박업, 신문기자, 변호사, 연예인 등.

궁 합

8월생의 남자가 원하는 여성	
최길궁합	1964(甲辰) 5월생, 1973(癸丑) 5월생
중길궁합	1966(丙午) 9월생, 1967(丁未) 6월생
보통궁합	1978(戊午) 5월생, 1979(己未) 3월생, 1969(己酉) 5월생, 1970(庚戌) 3월생
8월생의 여자가 원하는 남성	
최길궁합	1955(乙未) 5월생, 1946(丙戌) 6월생
중길궁합	1958(戊戌) 6월생, 1957(丁酉) 9월생
보통궁합	1952(壬辰) 3, 12월생, 1951(辛卯) 5월생, 1961(辛丑) 3, 12월생, 1960(庚子) 5월생

※ 이외의 궁합은 상극궁합으로 피하는 것이 좋다.

1962년 9월(庚戌)생의 성격과 운세

이 명운의 사람은 의협심과 실행력이 강하여 자진하여 남을 도와 주기를 좋아하지만 너무나 경솔하고 자만하기에 은혜를 베풀어 도와 준 사람에게 도리어 원망을 듣기도 한다. 이 사람 중에는 일찍이 소년시기에 고향이나 집을 떠나서 고생하는 사람이 많다.

지덕(地德)이 있기에 인품이 중후하지만 활동가이면서 사교가이다. 또한 용기가 있는 사람이기 때문에 거동이 다소 경솔한 면이 있다. 쉽게 뜨겁고 쉽게 식는 성격 때문에 성쇠 부침이 있음을 참작하여 깊은 관계를 맺을 때는 한번 더 생각해 보기를 ……

33, 34세경에 행운이 오기는 하나 50세 후의 행운을 잡아야 한다. 직업은 승려, 교육자, 의사, 약사, 건축가 등.

궁 합

9월생의 남자가 원하는 여성	
최길궁합	1964(甲辰) 5월생, 1973(癸丑) 5월생
중길궁합	1966(丙午) 9월생, 1967(丁未) 6월생
보통궁합	1969(己酉) 5월생, 1970(庚戌) 3, 12월생, 1978(戊午) 5월생, 1979(己未) 3월생
9월생의 여자가 원하는 남성	
최길궁합	1955(乙未) 5월생, 1946(丙戌) 6월생
중길궁합	1958(戊戌) 6월생, 1957(丁酉) 9월생
보통궁합	1961(辛丑) 3, 12월생, 1960(庚子) 5월생

※ 이외의 궁합은 상극궁합으로 피하는 것이 좋다.

1962년 10월(辛亥)생의 성격과 운세

이 사람은 보통이 아닌 강기의 사람이며 정직하다. 그러므로 어떠한 어려움일지라도 충분히 성취시킬 수 있는 아주 강한 기질의 소유자다. 그러나 이 사람은 그 급한 성미가 결점이라 힘써서 착수한 일을 중도에서 종종 좌절하는 수가 있다.

20세 전후에 손윗사람의 도움으로 입신 출세하는 수가 있으나 그것도 그 성질 때문에 실패로 끝날 가능성이 있다.

이 사람은 최길이나 중길 궁합의 배필을 만나야 출세의 길이 평탄할 것이다.

이 사람은 불로 취득하기를 선호하며 손윗사람과의 교제를 즐기므로 동료나 친구들과의 친분이 적다.

젊을 때의 성공은 오래도록 지키기 어려우나 50세 이후의 행운을 잘 포착하면 안락한 여생을 보낸다. 직업은 철금속상, 외교관, 회사원 등.

궁 합

10월생의 남자가 원하는 여성	
최길궁합	1964(甲辰) 6월생, 1973(癸丑) 6월생
중길궁합	1966(丙午) 2월생, 1967(丁未) 6월생
보통궁합	1971(辛亥) 1월생, 1977(丁巳) 8월생, 1974(甲寅) 4월생
10월생의 여자가 원하는 남성	
최길궁합	1955(乙未) 6월생, 1946(丙戌) 6월생
중길궁합	1958(戊戌) 9월생, 1957(丁酉) 2, 11월생
보통궁합	1962(壬寅) 1, 10월생, 1956(丙申) 4월생, 1959(己亥) 7월생

※ 이외의 궁합은 상극궁합으로 피하는 것이 좋다.

1962년 11월(壬子)생의 성격과 운세

이 사람은 기위(氣位)가 높고 좋지 못한 이론을 늘어놓기 때문에 타인의 비난이나 공격을 받기 쉬운 기질은 있으나 일면 자신을 반성하기도 하며 남의 괴로운 일을 도와 주기에 동분서주하는 성질도 있어서 그만큼 호감을 얻는 장점도 있다.

이 사람은 중년기에 간간이 거주지나 직업을 변동하는 운이다.

자기의 마음을 좀처럼 남에게 털어 놓지 않는 성미여서 친구가 적고 일을 당하면 혼자 번민에 빠진다.

이런 사람에겐 말도 잘 하고 개방적인 배필이 아쉽다.

27, 28세경은 다소 침체운이 있으나 34세경에는 가장 좋은 대호운이 온다. 이 운을 확실히 잡도록. 직업은 의사, 식료품상, 금은방, 목재상 등.

궁 합

11월생의 남자가 원하는 여성		
최길궁합	1964(甲辰) 8월생, 1973(癸丑) 8월생	
중길궁합	1966(丙午) 6월생, 1967(丁未) 2월생	
보통궁합	1972(壬子) 8월생, 1981(辛酉) 8월생	
11월생의 여자가 원하는 남성		
최길궁합	1955(乙未) 8월생, 1946(丙戌) 8월생	
중길궁합	1958(戊戌) 2월생, 1957(丁酉) 6월생	
보통궁합	1963(癸卯) 8월생, 1954(甲午) 8월생	

※ 이외의 궁합은 상극궁합으로 피하는 것이 좋다.

1962년 12월(癸丑)생의 성격과 운세

이 사람은 사려가 깊은 성품인 동시에 영리하고 현명한 외모의 사람이나 내심은 좀 우직한 편이다.

말을 잘하기 때문에 사람의 심정을 잘 읽을 줄 알며 사로잡을 줄도 안다. 때문에 이성에 대한 관심도 높아서 「플레이보이」의 대명사도 얻는 사람이다.

그러나 이 사람은 일찍 고향이나 집을 떠나 객지 생활을 하는 사람이 많고 고독한 사람이 많으며, 개중에는 교양이 높아서 뭇사람의 인망을 얻어 두령이 되는 사람도 있다.

화려한 것을 즐기며 교제술이 뛰어나 쉽게 더웠다 쉽게 식는 소위 이변(異變)의 기질이 있는 사람이다.

47, 48세경부터 실패수가 있고, 60세 후의 행운이 진운이다.

직업은 농업, 직물업, 문필가, 소설가 등.

궁 합

12월생의 남자가 원하는 여성	
최길궁합	1964(甲辰) 2월생, 1973(癸丑) 12월생
중길궁합	1966(丙午) 4월생, 1967(丁未) 4월생
보통궁합	1973(癸丑) 6월생
12월생의 여자가 원하는 남성	
최길궁합	1955(乙未) 12월생, 1946(丙戌) 12월생
중길궁합	1958(戊戌) 4월생, 1957(丁酉) 4월생
보통궁합	1964(甲辰) 6월생, 1955(乙未) 6월생

※ 이외의 궁합은 상극궁합으로 피하는 것이 좋다.

◆ *1963*(癸卯)년생

성 격

이 명운의 사람은 감(坎)괘의 사람으로 밖으로 보기에는 유순하고 온화한 듯 하나 내심은 기가 대단히 강하여 교만하며 남을 업신여겨 멸시하려 한다. 속으로는 양기가 있어서 보기 보다는 화려하고 명쾌한 것을 즐기는 사람이다.

편굴하기도 하고 완고한 기질이어서 남의 충고나 조언을 들으려 하지 않는다. 때문에 무슨 일이나 독단으로 실시하다가 실패하는 수가 많다.

또한 자기의 심정을 좀처럼 남에게 털어 놓지 않기 때문에 진정한 친구가 적으며 혼자서 번민하는 성질이다.

중년기부터는 더욱 고난과 신고를 초래하여 희열하는 일이 드물다.

이 명운의 사람 중에는 남의 일 때문에 동분서주하면서 자기의 여가를 희생시키며 행동하는 사람도 있다.

사회적으로 높은 지위에 있을지라도 어쩐지 그 행동거지가

62

비굴하게 보이고 고생만 많이 한다.

청소년 시절부터 떠돌아 다니는 수가 많으며 더러는 이성문제로 인하여 실패하는 수가 있다.

거주지를 자주 옮기게 되고 직업도 자주 바꾸는 편인데 이것은 본인이 가지고 있는 성벽 때문이다.

운 세

이 명운을 가지고 태어난 사람 중 자(子)년 생인 사람은 27, 28세경 운기가 다소 쇠퇴하는 운이나 34세경에는 가장 좋은 대호운을 맞을 것이니 이때 만년을 대비해야 한다.

묘(卯)년 생인 사람은 20대에 출세운이 있으나 실패운이 있고 50대에도 색정으로 실패운이 있다.

오(午)년 생은 50세 이후의 운이 참다운 운이 될 것이니 이 기회를 잘 잡아야 한다.

유(酉)년 생은 초년운은 유지하기 어렵고 60세 이후의 운이 중요하다.

1963(癸卯)년생의 총괄적 궁합

1963년 생의 남자가 원하는 여성	
최길궁합	1966(丙午)년생, 1967(丁未)년생, 1975(乙卯)년생, 1976(丙辰)년생의 여성
중길궁합	1969(己酉)년생, 1970(庚戌)년생, 1978(戊午)년생, 1979(己未)년생의 여성
보통궁합	1963(癸卯)년생, 1972(壬子)년생, 1981(辛酉)년생의 여성

1963년 생의 여자가 원하는 남성	
최길궁합	1958(戊戌)년생, 1957(丁酉)년생, 1949(己丑)년생, 1948(戊子)년생 남성
중길궁합	1961(辛丑)년생, 1960(庚子)년생, 1952(壬辰)년생, 1951(辛卯)년생 남성
보통궁합	1963(癸卯)년생, 1972(壬子)년생의 남성
상극궁합	1962(壬寅)년생, 1959(己亥)년생, 1955(己未)년생, 1953(癸巳)년생, 1964(甲辰)년생, 1968(戊申)년생, 1971(辛亥)년생, 1973(癸丑)년생의 남성

※ 상극 궁합은 남녀 불문하고 피함이 좋다.

64

1963년 생의 생월별 궁합

1963년 1월(甲寅)생의 성격과 운세

이 명운의 사람은 편굴(偏屈)하고 강정(强情)한 사람이지만 타인의 괴로움을 잘 알고 도와 주는 성질이 있다. 또한 매사를 방심하지 않고 걱정을 하는 성격인이라 무슨 일이든지 남에게 맡기지 않고 때로는 손해를 보는 성격이다.

작은 돈도 꾸준히 모아가는 소위 적소성대(積小成大)해 가는 알뜰한 사람이다.

부녀자라면 가정일을 잘 해나가는 성품이니 좋은 명운이다.

만년에 가서는 운기가 침체하게 되는 운이니 40대나 50대의 성운기에 노후의 일을 생각하고 대비할 필요가 있다. 직업은 미술, 음악, 외교관, 종교가, 농업 등.

궁 합

1월생의 남자가 원하는 여성	
최길궁합	1966(丙午) 9월생, 1967(丁未) 6월생
중길궁합	1969(己酉) 11월생, 1970(庚戌) 9월생
보통궁합	1971(辛亥) 1월생, 1974(甲寅) 4월생, 1965(乙巳) 4월생, 1968(戊申) 7월생
1월생의 여자가 원하는 남성	
최길궁합	1958(戊戌) 6월생, 1957(丁酉) 9월생
중길궁합	1961(辛丑) 9월생, 1960(庚子) 11월생
보통궁합	1962(壬寅) 1월생, 1965(己巳) 4월생, 1959(己亥) 7월생

※ 이외의 궁합은 상극궁합으로 피하는 것이 좋다.

1963년 2월(乙卯)생의 성격과 운세

이 사람은 온화 유순하고 애교가 있으나 모든 일을 자기 멋대로 하려 하지만 결단력이나 박력이 부족하기에 무슨 일이든지 착수하면서 주저하다가 그 기회를 놓쳐 실패하는 수가 많다. 이 사람은 20대에 윗사람의 도움으로 출세하는 수가 있으나 중도에서 실패하기 때문에 유종의 미를 거두기는 상당히 어렵다.

이 사람은 화술에 소질이 있어서 토론이나 언쟁을 하면 좀처럼 이 사람을 당하지 못한다. 동시에 극단적인 자기 중심주의자도 있어서 남의 의사를 수용하지 못한다.

두뇌는 좋으나 행동에 옮김에 있어서는 꽁무니를 빼고 만다.

50대에는 색정으로 곤란한 일이 생길 염려가 있어 주의가 필요하다. 직업은 승려, 의사, 음악가, 양복점, 완구상 등.

궁 합

2월생의 남자가 원하는 여성	
최길궁합	1966(丙午) 10월생, 1967(丁未) 10월생,
중길궁합	1969(己酉) 8월생, 1970(庚戌) 5월생
보통궁합	1971(辛亥) 1월생, 1974(甲寅) 9월생
2월생의 여자가 원하는 남성	
최길궁합	1958(戊戌) 10월생, 1957(丁酉) 10월생
중길궁합	1961(辛丑) 5월생, 1960(庚子) 8월생
보통궁합	1962(壬寅) 1월생, 1965(己巳) 4월생, 1959(己亥) 7월생

※ 이외의 궁합은 상극궁합으로 피하는 것이 좋다.

1963년 3월(丙辰)생의 성격과 운세

이 사람은 기품은 있으나 좀 교만하며 남에게 지는 것을 제일 싫어한다. 그러므로 자기의 실책이나 실패로 생긴 비리를 옳다고 강변하기 때문에 연장자나 선배는 말할 것도 없이 친구까지도 반감을 사는 수가 많아서 세인의 동정을 받을 길이 없다.

이 명운의 사람은 비천한 일이나 직업은 싫어한다.

이런 사람 중에는 비영리직인 교육가나 사회 사업가, 종교가로 이름을 떨치는 사람이 많으며 상당한 수입이 있어도 친척이나 형제 등의 도움을 주기 위해 지출이 많다.

46, 47세경에 찾아 드는 행운을 놓치면 그 후에 침체운이 온다는 것을 알고 성운기에 노후를 대비해야 한다.

직업은 공무원, 식당, 농산물상회, 종교가 등.

궁 합

3월생의 남자가 원하는 여성	
최길궁합	1966(丙午) 10월생, 1967(丁未) 10월생
중길궁합	1969(己酉) 8월생, 1970(庚戌) 5월생
보통궁합	1975(乙卯) 2월생, 1976(丙辰) 9월생
3월생의 여자가 원하는 남성	
최길궁합	1958(戊戌) 7월생, 1957(丁酉) 7월생
중길궁합	1961(辛丑) 5월생, 1960(庚子) 8월생
보통궁합	1966(丙午) 1월생, 1967(丁未) 9월생, 1958(戊戌) 9월생, 1957(丁酉) 2, 11월생

※ 이외의 궁합은 상극궁합으로 피하는 것이 좋다.

1963년 4월(丁巳)생의 성격과 운세

이 사람은 내심이 대단히 강정하여 시기심이 적지 않은 경향이 있다. 그러나 모든 일에 성심 성의를 다하여 근면하게 노력하는 덕으로 손윗사람으로부터의 신애가 두터워서 의외로 입신출세하는 사람도 있다. 그러나 주색 등의 외도로 실패를 자초하여 그 행운을 오래 보존하기 어렵게 되는 수가 있다.

이 사람이 교양이 있다면 높은 지위에 오를 것이나 교양이 없는 사람이면 악행을 여반장으로 하는 극악인이 될 수도 있다. 큰 일은 대담하게 잘 대처할 줄 아는 사람이나 의외로 가정사의 사소한 일도 일일이 간섭하고 확인하려 한다.

43, 44세경에 의외로 행운을 맞이하게 될 때 만년을 대비해야 한다. 직업은 종교인, 의사, 변호사, 문학가, 교사 등.

궁 합

4월생의 남자가 원하는 여성	
최길궁합	1966(丙午) 9월생, 1967(丁未) 6월생
중길궁합	1969(己酉) 2월생, 1970(庚戌) 9월생
보통궁합	1971(辛亥) 1월생, 1977(丁巳) 7월생
4월생의 여자가 원하는 남성	
최길궁합	1958(戊戌) 6월생, 1957(丁酉) 9월생
중길궁합	1961(辛丑) 9월생, 1960(庚子) 2월생
보통궁합	1968(戊申) 7월생, 1965(乙巳) 4월생, 1962(壬寅) 1, 10월생, 1959(己亥) 7월생

※ 이외의 궁합은 상극궁합으로 피하는 것이 좋다.

1963년 5월(戊午)생의 성격과 운세

이 사람은 애교가 있어서 타인과의 교제가 능하며 교묘한 재주가 있기는 하나 가벼이 타인의 감언 이설이나 꼬임을 믿다가 의외의 손해를 당하는 수가 있다. 무슨 일에나 우유 부단하며 결단력이 약하고 억지로 하려고 드는 마음의 소유자다.

이 사람은 평상시 진실을 토로하지 않고 숨어서 하려는 성벽이 있기 때문에 잘못하면 타인으로부터 오해를 받기 쉬운 기질이다. 또한 욕심이 지나쳐서 분수를 잃은 행동으로 도리어 손실을 보게 된다.

이 사람은 일찍이 생가나 고향을 떠나서 상업이나 사업을 하는 사람도 많다. 중년운은 성운이나 놓치게 되고 52세경에 행운을 잡아야 한다. 직업은 전기업, 인쇄업, 기계공업 등.

궁 합

5월생의 남자가 원하는 여성	
최길궁합	1966(丙午) 8월생, 1967(丁未) 5월생
중길궁합	1969(己酉) 9월생, 1970(庚戌) 6월생
보통궁합	1969(己酉) 5월생, 1970(庚戌) 3월생, 1978(戊午) 5월생, 1979(己未) 3월생
5월생의 여자가 원하는 남성	
최길궁합	1958(戊戌) 5월생, 1957(丁酉) 8월생
중길궁합	1961(辛酉) 6월생, 1960(庚子) 9월생
보통궁합	1951(辛卯) 5월생, 1952(壬辰) 3, 12월생, 1960(庚子) 5월생, 1961(辛丑) 3, 12월생

※ 이외의 궁합은 상극궁합으로 피하는 것이 좋다.

1963년 6월(己未)생의 성격과 운세

이 사람은 생각이 깊으며 무슨 일이나 착실하게 시작하기에 큰 실패는 없으나 큰 발전을 기대할 수도 없는 성격이다.

이 사람은 활동적인 인물로서 잠시도 조용하게 정지해 있지를 못하고 움직이는 활동가이다.

무슨 일이나 생각나는 대로 곧 착수는 하나 바로 지쳐 버리며, 성격이 어린아이 같아서 무엇이나 자기 멋대로 행동하기 때문에 경솔한 면이 있다.

27, 28세경에 중병에 시달리는 수가 있으며 42, 43세경에는 친척이나 친구 때문에 적지 않은 손실을 보는 수가 있다. 만년은 자손의 덕으로 살아 간다.

직업은 미술가, 서화골동품상, 문학가, 승려 등.

궁 합

6월생의 남자가 원하는 여성	
최길궁합	1966(丙午) 8월생, 1972(壬子) 8월생, 1967(丁未) 5월생
중길궁합	1969(己酉) 9월생, 1970(庚戌) 6월생
보통궁합	1969(己酉) 5월생, 1970(庚戌) 3, 12월생, 1978(戊午) 5월생, 1979(己未) 3월생
6월생의 여자가 원하는 남성	
최길궁합	1958(戊戌) 5월생, 1957(丁酉) 8월생
중길궁합	1961(辛丑) 6월생, 1960(庚子) 9월생
보통궁합	1960(庚子) 5월생, 1961(辛丑) 3, 12월생

※ 이외의 궁합은 상극궁합으로 피하는 것이 좋다.

1963년 7월(庚申)생의 성격과 운세

이 사람은 능소능대(能小能大)하는 아량이 있으나 일면 너무
나 화려한 것을 좋아해서 금전을 낭비하는 수가 많다. 그러나
교제 수단이 비상하여 세인으로부터 애호를 받아 일찍이 청년
기에 출세하는 사람도 있다. 또한 32, 33세경에 명성을 떨칠 기
회가 찾아 든다.

외유 내강한 바탕 위에 중후한 지덕을 겸비하였으니 밖으로
는 부드러우면서 내면적으로는 흔들림이 없이 주관이 확고한
사람이다.

무슨 일이나 남보다 앞당겨 먼저 하기를 좋아하기에 남의 눈
총을 받기도 한다.

여러 가지 일을 기획하고 고안해 내는 면은 교묘하나 착수해
서 실행에 옮기는 일은 주저하다가 기회를 놓치고 만다. 56, 57
세경의 대호운을 기대하시라. 직업은 금속상, 외교관, 회사원 등.

궁 합

7월생의 남자가 원하는 여성	
최길궁합	1966(丙午) 9월생, 1967(丁未) 6월생
중길궁합	1969(己酉) 3월생, 1970(庚戌) 9월생
보통궁합	1971(辛亥) 1월생, 1974(甲寅) 4월생, 1977(丁巳) 8월생
7월생의 여자가 원하는 남성	
최길궁합	1958(戊戌) 6월생, 1957(丁酉) 9월생
중길궁합	1961(辛酉) 9월생, 1960(庚子) 3월생
보통궁합	1956(丙申) 4월생, 1959(己亥) 7월생, 1962(壬寅) 1, 10월생

※ 이외의 궁합은 상극궁합으로 피하는 것이 좋다.

1963년 8월(辛酉)생의 성격과 운세

이 사람은 사려 분별이 깊은 사람이나 부모로부터 전승한 가업이나 자기가 수득한 직업으로 생계를 보전하기는 힘들다. 또 눈앞의 이득에만 너무 집착하기 때문에 도리어 손실을 초래하는 예가 허다하다.

자기의 마음을 남에게 나타내 보이지 않기 때문에 친한 친구가 적고 어려운 일을 당하면 혼자 번민하거나 고뇌에 쌓인다.

지식이 풍부하지 못한 사람은 편굴하고 완고해서 남의 조언을 들으려 하지 않기에 일에 실패를 가져온다. 때로는 직업의 비천함도 가리지 않고 객지에서 고생하는 사람도 있다. 초·중년의 행운을 길이 보전키는 어렵고 60세 이후의 행운을 잡아야 노후가 평안하다. 직업은 정치가, 연예인, 요식업, 문필가 등.

궁 합

8월생의 남자가 원하는 여성	
최길궁합	1966(丙午) 2, 11월생, 1967(丁未) 9월생
중길궁합	1969(己酉) 5월생, 1970(庚戌) 3월생
보통궁합	1972(壬子) 8월생, 1981(辛酉) 8월생
8월생의 여자가 원하는 남성	
최길궁합	1957(丁酉) 2월생, 1958(戊戌) 9월생
중길궁합	1961(辛丑) 3월생, 1960(庚子) 4월생
보통궁합	1954(甲午) 8월생, 1963(癸卯) 8월생

※ 이외의 궁합은 상극궁합으로 피하는 것이 좋다.

1963년 9월(壬戌)생의 성격과 운세

이 사람은 성격이 교만하여 자신이 괴로우면서도 그렇지 않은 것처럼 보이려는 사람이기에 심로만 많다. 그러나 견실하게 대처하면 뜻밖의 후원자를 얻을 수가 있다.

말재주가 있어서 교제에 능하고 사람의 마음을 끌게 하는 면이 있으며, 사람에 따라서는 뭇사람의 인망을 얻어 두령이 되는 사람도 많다. 그러나 재능만 믿고 수양이 되지 않은 사람은 가산을 탕진하고 고생하는 사람도 있다.

여자의 경우는 질투심이 강해서 부부해로 하지 못하고 독신으로 살아가는 사람도 있다. 35, 36세경에 행운을 얻게 되나 신용관계로 실패수가 있고, 52, 53세경의 행운을 잡아야 한다. 직업은 경찰관, 미술가, 인쇄업, 공무원 등.

궁 합

9월생의 남자가 원하는 여성	
최길궁합	1966(丙午) 5월생, 1967(丁未) 3월생
중길궁합	1969(己酉) 4월생, 1970(庚戌) 4월생
보통궁합	1973(癸丑) 6월생
9월생의 여자가 원하는 남성	
최길궁합	1957(丁酉) 5월생, 1958(戊戌) 3월생
중길궁합	1961(辛丑) 4월생, 1960(庚子) 4월생
보통궁합	1955(乙未) 6월생, 1964(甲辰) 6월생

※ 이외의 궁합은 상극궁합으로 피하는 것이 좋다.

1963년 10월(癸亥)생의 성격과 운세

이 사람은 성격이 '푸른 대나무를 쪼갠 듯한 아주 담백한 성질이다. 무슨 일이나 앞뒤를 생각하지 않고 경솔하게 착수하고 후에 실패하고서야 당황하는 수가 많다.

성격 자체는 온순하고 정직하며 인내심이 강해서 일에 대한 열성은 대단하다. 자의가 강해서 분별없이 자기 의사만을 관철하려 하기에 주위 사람의 비난도 받으나 욕심은 많지 않기에 적은 돈을 모아 소위 적소성대(積小成大)하기에 재물 복은 있는 사람이다.

중년기에 행운이 있으나 오래 보존하기 어렵고 50세 후에 행운을 잡아야 한다. 직업은 건축가, 미술가, 농업, 여관운영 등.

궁 합

10월생의 남자가 원하는 여성	
최길궁합	1966(丙午) 9월생, 1967(丁未) 6월생
중길궁합	1969(己酉) 11월생, 1970(庚戌) 8월생
보통궁합	1971(辛亥) 1월생, 1974(甲寅) 4월생
10월생의 여자가 원하는 남성	
최길궁합	1957(丁酉) 9월생, 1958(戊戌) 6월생
중길궁합	1961(辛丑) 8월생, 1960(庚子) 2월생
보통궁합	1959(己亥) 7월생, 1962(壬寅) 1월생, 1965(乙巳) 4월생

※ 이외의 궁합은 상극궁합으로 피하는 것이 좋다.

1963년 11월(甲子)생의 성격과 운세

이 사람은 애교가 있어서 남과 쉽게 사귀지만 속마음을 주지 않는 결점이 있고, 입담이 좋아서 말을 많이 하는 동시에 말에 뼈가 있는 것이 흠이다.

교만한 성격에 승벽심이 강해서 부부간에도 질투 때문에 불화가 끊이지 않는다. 자녀와의 인연이 박하고 무엇이나 자기 중심적이기에 남을 이해하고 수용할 줄 모르는 면이 있는가 하면 무단히 근거없는 말까지 하여 물의를 일으키는 수가 있다.

중년기에 몇 번 행운이 오기는 하나 주색 때문에 실패하는 수가 있고 50세 전후에 오는 행운을 잡아야 노후에 침체운기를 대비할 수가 있다. 직업은 농업, 철공업, 법률가, 경찰관 등.

궁 합

11월생의 남자가 원하는 여성	
최길궁합	1966(丙午) 7월생, 1967(丁未) 8월생
중길궁합	1969(己酉) 8월생, 1970(庚戌) 5월생
보통궁합	1975(乙卯) 2월생, 1976(丙辰) 9월생
11월생의 여자가 원하는 남성	
최길궁합	1957(丁酉) 7월생, 1958(戊戌) 7월생
중길궁합	1961(辛丑) 5월생, 1960(庚子) 8월생
보통궁합	1957(丁酉) 2, 7월생, 1958(戊戌) 8월생, 1966(丙午) 2월생, 1967(丁未) 9월생

※ 이외의 궁합은 상극궁합으로 피하는 것이 좋다.

1963년 12월(乙丑)생의 성격과 운세

이 사람은 기품이 있으며 강정하고 영리하면서 친절하기 때문에 대체로 지지해 주는 사람이 많고 인망도 높다.

승벽심이 강하기에 자연 언어에도 모가 나서 다정치 못하다. 또한 손위 선배의 말에 순종하지 않고 항거하는 기질이 있는가 하면 손아랫사람은 사랑하는 마음이 깊어서 존경을 받기도 한다.

또한 성질이 급해서 노기를 띠는 때가 많고 타인으로부터 자기 결점을 지적당하거나 충고를 들으면 바로 안색에 그 빛을 나타내어 자기 비리를 감추며 극력 변명하는 성격이다. 35, 36세경에 행운이 찾아드나 오래 보존하기 힘들고 60세 이후의 행운이라야 여생이 안락하다. 직업은 농업, 광산업, 건어물상, 교육자, 의사 등.

궁 합

12월생의 남자가 원하는 여성	
최길궁합	1966(丙午) 4월생, 1967(丁未) 4월생
중길궁합	1969(己酉) 8월생, 1970(庚戌) 5월생
보통궁합	1975(乙卯) 2월생, 1976(丙辰) 9월생
12월생의 여자가 원하는 남성	
최길궁합	1957(丁酉) 8월생, 1958(戊戌) 4월생
중길궁합	1961(辛丑) 5월생, 1960(庚子) 8월생
보통궁합	1956(丙申) 9월생, 1957(丁酉) 2, 11월생, 1966(丙午) 1월생, 1967(丁未) 9월생

※ 이외의 궁합은 상극궁합으로 피하는 것이 좋다.

◈ *1964*(甲辰)년생

성 격

이 사람은 이(離)괘의 사람으로 화(火)성을 지녀서 밖으로 보기에는 퍽이나 현명하고 영리한 듯하나 내심은 의외로 우둔한 편이어서 열등한 행동을 한다. 또한 발랄하고 밝은 듯 하지만 바깥치장 뿐 생각이 경솔하고 강하기 때문에 무엇이나 자주 바꾸는 이변의 기질이 있다.

문필, 서화가로 소질이 있으며 아름다운 것을 좋아하고, 밝은 것을 선호하는 성질이 있다.

변설의 재능이 있어서 교제가 능하여 사람을 사로잡는 기술도 교묘하다.

때로는 기분이 상기되면 소란스럽지만 내키지 않으면 우울증에 빠져버리는 경향이 있다. 태양의 뜻이 있어서 유순하고 남에게 베푸는 마음으로 살면 길한 운이 온다.

무슨 일이나 생각이 나면 앞뒤를 재보지 않고 곧 착수를 하나 금방 지쳐버리고 만다.

의당히 지켜야 할 비밀도 함부로 발설하다 나중에는 후회하는 경향이 있다.

결혼문제도 심사 숙고없이 결정하고 말기 때문에 후일 이혼하는 사람도 있다.

한편 수양을 쌓아서 남의 두령이 되기도 한다. 그래서 남자라면 중년에 여난(女難)을 당하고 여자라면 초혼으로 일생을 보내기가 극히 어렵다. 만약 초혼으로 한평생 해로한다 하더라도 자기 멋대로 하려는 성격 때문에 시종 불화가 끊이지 않는다. 그렇기 때문에 남편대신 가업을 지켜가던가 과부가 되어 홀로 가산을 늘려가는 여인도 많이 있다.

운 세

이 명운의 사람중 축(丑)년 생인 사람은 47, 48세경부터 53, 54세 사이에 여난의 운이 있고 60세 후에 행운을 잡는 만운의 사람이다.

진(辰)년 생의 사람은 40세 이전의 성공은 오래가지 못하고 60세 후의 만운을 잡아야 한다.

미(未)년 생은 초년운은 신고가 많으나 중년부터 점차 행운을 맞이하여 57, 58세경에 최고의 운이 온다.

술(戌)년 생은 건실하다면 35, 36세의 행운보다 52, 53세경의 행운을 잡아야 한다.

1964(甲辰)년 생의 총괄적 궁합

1964년생 남자가 원하는 여성	
최길궁합	1969(己酉)년생, 1970(庚戌)년생, 1978(戊午)년생, 1979(己未)년생 여성으로 상생 최길 궁합
중길궁합	1965(乙巳)년생, 1971(辛亥)년생, 1974(甲寅)년생의 여성으로 상생 차길 궁합
보통궁합	1964(甲辰)년생, 1973(癸丑)년생

64년생 여자가 원하는 남성	
최길궁합	1951(辛卯)년생, 1952(壬辰)년생, 1960(庚子)년생, 1961(辛丑)년생으로 상생 최길 궁합
중길궁합	1953(癸巳)년생, 1956(丙申)년생, 1959(己亥)년생, 1962(壬寅)년생으로 상생 차길 궁합
보통궁합	1964(甲辰)년생, 1955(乙未)년생
상극궁합	1954(甲午)년생, 1957(丁酉)년생, 1958(戊戌)년생, 1963(癸卯)년생, 1966(丙午)년생, 1967(丁未)년생, 1972(壬子)년생

※ 상극 궁합은 남녀 불문하고 피함이 좋다.

1964년 생의 생월별 궁합

1964년 1월(丙寅)생의 성격과 운세

이 명운은 화생토(火生土)로 상생의 상이니 조화가 잘 이루어진 역상(易象)이다. 교양과 정상적인 교육을 받은 사람이면 관대한 아량이 있고 또한 대담성을 겸전하였으니 비범한 인물이 될 소양과 운기가 있다고 본다.

한편 어변이 좋아서 교제술도 능하기에 사람을 끌어 들이는 능력도 있다. 다만, 교양이나 교육이 없다면 그 반대의 역현상이 일어날 수 있다. 그 외에 이 사람은 호만(豪慢)하며 고집이 있어 쉽사리 남의 충고를 듣지 않는다.

24, 25세의 행운은 놓치기 쉽고 57, 58세경의 행운을 명심해서 잡아야 한다. 직업은 외교관, 기자, 전기업, 변호사 등.

궁 합

1월생의 남자가 원하는 여성	
최길궁합	1969(己酉) 9월생, 1970(庚戌) 6월생
중길궁합	1965(乙巳) 5월생, 1971(辛亥) 5월생
보통궁합	1971(辛亥) 1월생, 1977(丁巳) 7월생
1월생의 여자가 원하는 남성	
최길궁합	1951(辛卯) 9월생, 1952(壬辰) 6월생
중길궁합	1953(癸巳) 5월생, 1956(丙申) 5월생
보통궁합	1959(己亥) 7월생, 1962(壬寅) 1, 10월생, 1965(乙巳) 4월생, 1968(戊申) 7월생

※ 이외의 궁합은 상극궁합으로 피하는 것이 좋다.

1964년 2월(丁卯)생의 성격과 운세

이 사람은 외면적으로는 대단히 강건하고 억세게 보이나 속 마음은 온유한 성품의 사람이다.

마음이 유하여 무슨 일에나 결단력있게 행동하지 못하고 주 저하다가 일에 실패한 다음에야 당황하는 기질이다.

일단 기분이 상하고 노할 때는 대단한 노기이나 곧 수그러지 는 성미이다.

이 사람은 운기의 부침(浮沈)이 심하여 때로는 신고를 겪는 다. 앞뒤를 헤아리고 행동하지 않고 경솔하게 생각나는 대로 행 동하므로 실패를 하는 경우가 많다.

중년기에는 왕성한 행운도 몇 차례 찾아오나 오래 보전하기 는 어렵고 50세 이후에 찾아 오는 행운을 잡아서 놓치지 않아 야 만년이 안락하다. 직업은 의사, 교육자, 원예가, 인쇄업 등.

궁 합

2월생의 남자가 원하는 여성	
최길궁합	1969(己酉) 8월생, 1970(庚戌) 5월생
중길궁합	1965(乙巳) 6월생, 1971(辛亥) 12월생
보통궁합	1978(戊午) 5월생, 1979(己未) 3월생
2월생의 여자가 원하는 남성	
최길궁합	1951(辛卯) 8월생, 1952(壬辰) 5월생
중길궁합	1953(癸巳) 3월생, 1956(丙申) 12월생
보통궁합	1969(己酉) 5월생, 1970(庚戌) 3월생

※ 이외의 궁합은 상극궁합으로 피하는 것이 좋다.

1964년 3월(戊辰)생의 성격과 운세

이 명운은 중춘, 약동의 계절을 뜻한다. 지상의 만물이 생성 발육하는 시기이므로 도약하려는 기상이다. 때문에 이 사람은 부지런히 움직이는 활동가이다.

노하기를 잘 하지만 비상한 사교가 이기에 그 뒷끝이 길지는 않는다.

성질이 어린아이처럼 무슨 일이나 자기 멋대로 하려 하기 때문에 경솔하다는 말도 듣는다.

10세 전후까지 신병으로 고생하는 사람이 있고 중년기에 행운이 오나 오래도록 보전하기는 어렵다. 50세 후의 침체운에 대비가 요구된다. 직업은 사법관, 농업, 목재상, 제지업, 공업 등.

궁 합

3월생의 남자가 원하는 여성	
최길궁합	1969(己酉) 8월생, 1970(庚戌) 5월생
중길궁합	1965(乙巳) 3월생, 1971(辛亥) 3월생
보통궁합	1978(戊午) 5월생, 1979(己未) 3월생
3월생의 여자가 원하는 남성	
최길궁합	1951(辛卯) 8월생, 1952(壬辰) 5월생
중길궁합	1953(癸巳) 3월생, 1956(丙申) 3월생
보통궁합	1961(辛丑) 3월생, 1960(庚子) 5월생

※ 이외의 궁합은 상극궁합으로 피하는 것이 좋다.

1964년 4월(己巳)생의 성격과 운세

이 명운의 특징은 화생토(火生土), 상생의 역상(易象)으로 길
상이다. 외유 내강한 바탕 위에 지덕을 지녔으니 내면적으로나
외면적으로나 중후한 면이 있는 사람이다. 토성이라서 신체의
동작이 어딘지 모르게 가볍지 못하고 둔중하나 영리하고 현명
한 인품이다.

언변이 능하여 타인의 마음을 잘 헤아려서 자기 사람으로 만
드는 교묘한 매력이 있으며, 무슨 일이나 남보다 앞서 하길 좋
아하고 결벽증이 있어서 소유물의 정리정돈 및 미화에 신경을
쓴다. 여러 가지 일을 기획하고 고안하는 일은 지극히 교묘하나
일을 착수하게 되면 주저하다가 좋은 기회를 놓치고 마는 사람
이다. 47, 48세경의 행운을 잡아야 만년이 평안하다. 직업은 교
육자, 군인, 경찰관, 금은 세공업 등.

궁 합

4월생의 남자가 원하는 여성	
최길궁합	1969(己酉) 9월생, 1970(庚戌) 6월생
중길궁합	1965(乙巳) 5월생, 1971(辛亥) 5월생
보통궁합	1971(辛亥) 1월생, 1974(甲寅) 4월생, 1977(丁巳) 8월생
4월생의 여자가 원하는 남성	
최길궁합	1951(辛卯) 9월생, 1952(壬辰) 6월생
중길궁합	1953(癸巳) 5월생, 1956(丙申) 5월생
보통궁합	1959(己亥) 7월생, 1962(壬寅) 1, 10월생

※ 이외의 궁합은 상극궁합으로 피하는 것이 좋다.

1964년 5월(庚午)생의 성격과 운세

이 상(象)의 특징은 밖으로 보기에는 아주 유순하고 온화하면서도 강한 면이 있고 안으로는 굳은 의지가 숨겨져 있는 상이다. 그렇기 때문에 남이 접촉하기에 부드러우면서도 깊이 파고들 수 없는 인물이며, 좀처럼 속마음을 남에게 보이지 않기 때문에 깊은 교우가 힘들고 그만큼 친한 친구도 적다.

중년에 들어서면 어려운 일이 많고 기쁨은 별로 찾을 수 없다. 고향을 떠나 객지에서 생활하는 사람이 많다.

조용한 것을 싫어하고 외출이나 여행을 즐기는 성질이기 때문에 자유 분망한 직업이어야 성공하는 수가 많다.

청년시기의 행운은 오래 보전하기는 힘들고 50세 후의 행운을 놓치지 말아야 한다. 직업은 은행원 무역업, 건축업, 서적상 등.

궁 합

5월생의 남자가 원하는 여성	
최길궁합	1969(己酉) 2월생, 1970(庚戌) 9월생
중길궁합	1965(乙巳) 8월생, 1971(辛亥) 6월생
보통궁합	1972(壬子) 8월생, 1981(辛酉) 8월생
5월생의 여자가 원하는 남성	
최길궁합	1951(辛卯) 2월생, 1952(壬辰) 9월생
중길궁합	1953(癸巳) 9월생, 1956(丙申) 9월생
보통궁합	1954(甲午) 8월생, 1963(癸卯) 8월생

※ 이외의 궁합은 상극궁합으로 피하는 것이 좋다.

1964년 6월(辛未)생의 성격과 운세

이 명운의 특징은 외면적으로는 강건하고 수려한데 반하여 내적으로는 음(陰)으로 공허하고 우지한 상이다.

이 사람은 주변의 사치스러움을 좋아하기 때문에 무엇이나 자주 바꾸는 이변(移變)의 기질이 있으며, 언변의 재주가 있어서 교제에 능하고 사람의 마음을 끌게 하는 면이 있다.

사람에 따라서는 뭇사람의 인망을 얻어 두령이 되는 사람도 많다. 그러나 재능만 믿고 수양이 되지 않은 사람은 가산을 탕진하고 신고하는 사람도 있다. 여자의 경우는 질투심이 강해서 부부간에 평생 해로를 하지 못하고 독신으로 고독하게 살아가는 사람이 있다.

중년부터 점차 행운을 맞이하여 57, 58세경에 그 운세가 최고에 달한다. 직업은 종교가, 의사, 약품상, 농업 등.

궁 합

6월생의 남자가 원하는 여성	
최길궁합	1969(己酉) 5월생, 1970(庚戌) 3월생
중길궁합	1971(辛亥) 8월생, 1965(乙巳) 4월생
보통궁합	1973(癸丑) 6월생
6월생의 여자가 원하는 남성	
최길궁합	1951(辛卯) 5월생, 1952(壬辰) 3월생
중길궁합	1953(癸巳) 4월생, 1956(丙申) 4월생, 1968(戊申) 7월생
보통궁합	1955(乙未) 6월생, 1964(甲辰) 6월생

※ 이외의 궁합은 상극궁합으로 피하는 것이 좋다.

1964년 7월(壬申)생의 성격과 운세

이 명운의 특징은 산을 상징하는 간(艮)괘로서 사람이 대단히 침착하고 동요되지 않는 인상이나 의혹심이 많아서 사소한 일에도 고민하는 성격이다.

결단력과 과단성은 부족하지만 인내심이 강하고 온순, 정직하며 일에 대한 열성만은 특별한 점이 있다.

마음 속으로는 투쟁하는 기운이 용솟음쳐서 시비를 잘 일으키며 이치에 맞지 않는 말을 하여 항거하는 성질도 있다. 경제적인 면에서는 재복이 있는 사람으로 구두쇠에 가깝다.

중년기에는 아주 왕성운이나 성운기에 만년을 대비해야 한다. 직업은 교육가, 의사, 기계 기사, 서화가 등.

궁 합

7월생의 남자가 원하는 여성	
최길궁합	1969(己酉) 9월생, 1970(庚戌) 6월생
중길궁합	1965(乙巳) 6월생, 1971(辛亥) 6월생
보통궁합	1965(乙巳) 4월생, 1968(戊申) 7월생, 1971(辛亥) 1월생, 1974(甲寅) 4월생
7월생의 여자가 원하는 남성	
최길궁합	1951(辛卯) 9월생, 1952(壬辰) 6월생
중길궁합	1953(癸巳) 6월생, 1956(丙申) 6월생
보통궁합	1959(己亥) 7월생, 1962(壬寅) 1월생, 1965(己巳) 4월생

※ 이외의 궁합은 상극궁합으로 피하는 것이 좋다.

1964년 8월(癸酉)생의 성격과 운세

이 명운은 역상(易象) 자체가 일음(陰)이 이 양(陽) 위에 있으니 천상 입(口)의 상이다. 그러므로 이 명운의 사람은 입과 말의 상관 관계에 큰 의미가 있다. 소위 입담이 좋거나 언중유골(言中有骨)이라든가, 소중 유침(笑中有針)이란 뜻이 있다.

말이 많기에 변설로써 사람을 다루든가 사람을 위압하는 말로 제압하려는 좋지 못한 기질이 있다. 따라서 그 위에 자의가 강하여 옳고 그른 것에 대한 분별 능력을 길러야 성공한다.

밖으로는 유순하나 속은 교만하여 부부간의 질투 등으로 불화가 끊이지 않는다. 이 사람은 자녀와의 인연이 박하니 평소 노후의 일을 생각하고 계획을 세우지 않으면 안 된다. 직업은 음악가, 귀금속상, 농업, 음식업 등.

궁 합

8월생의 남자가 원하는 여성	
최길궁합	1969(己酉) 7월생, 1970(庚戌) 7월생
중길궁합	1971(辛亥) 11월생, 1965(乙巳) 11월생
보통궁합	1975(乙卯) 2월생, 1976(丙辰) 9월생
8월생의 여자가 원하는 남성	
최길궁합	1951(辛卯) 4월생, 1952(壬辰) 4월생
중길궁합	1953(癸巳) 11월생, 1956(丙申) 11월생
보통궁합	1957(丁酉) 2, 11월생, 1958(戊戌) 9월생, 1966(丙午) 2월생, 1967(丁未) 9월생

※ 이외의 궁합은 상극궁합으로 피하는 것이 좋다.

1964년 9월(甲戌)생의 성격과 운세

이 명운의 사람은 천품이 가장 고귀한 상(象)을 타고 났기에 높은 교양과 정서를 갖게 된다. 그러므로 비천한 직업이나 업무를 기피하는 경향이 있어서 타인과의 교제상 자주 오해를 받기 쉬운 성격이다.

인품이 총명하여 사리 판단에 어긋남이 없고 선견지명이 뛰어나서 남보다 앞서 생각하고 행동하므로 이기주의적인 면으로 흐르기 쉽다. 따라서 타인으로부터 질시를 받는다.

이 사람은 비영리적인 문필가, 교육가, 사회사업 등으로 진출하면 이름을 떨치게 된다.

중년시대의 행운이 몇번 있으나 놓치기 쉽고 50세 후에 오는 행운을 잡아야 노후가 평안하다. 직업은 서점, 출판업, 교육자, 문필가 등.

궁 합

9월생의 남자가 원하는 여성	
최길궁합	1969(己酉) 4월생, 1970(庚戌) 4월생
중길궁합	1971(辛亥) 11월생, 1965(乙巳) 11월생
보통궁합	1975(乙卯) 1월생, 1976(丙辰) 9월생
9월생의 여자가 원하는 남성	
최길궁합	1951(辛卯) 4월생, 1952(壬辰) 4월생
중길궁합	1953(癸巳) 4월생, 1956(丙申) 11월생
보통궁합	1957(丁酉) 2, 11월생, 1958(戊戌) 9월생, 1966(丙午) 1월생, 1967(丁未) 9월생

※ 이외의 궁합은 상극궁합으로 피하는 것이 좋다.

88

1964년 10월(乙亥)생의 성격과 운세

이 명운의 특징은 생월, 생년운이 화생토(火生土)의 좋은 배합으로 이루어졌다.

교양이 있는 사람이면 도량이 있어서 관대하고 공명 정대하며 대담성도 있어서 큰 인물이 될 소지가 있으나 교양이 없다면 독선적이고 편굴해져서 나쁜길로 갈 수도 있다.

이 명운의 사람은 남자라면 좋은 연애의 대상이 되겠으나 여자라면 여걸이나 여장군이 될 만하다.

비범한 면이 있는가 하면 사소한 가정내의 일까지 간섭해서 자기가 직접 확인하지 않으면 직성이 안 풀리는 사람이다.

34, 35세경에 큰 불행을 당할 운기가 있고 56, 57세경에 대호운을 놓치지 않도록 해야 한다. 직업은 무역업, 광산, 인쇄업 등.

궁 합

10월생의 남자가 원하는 여성	
최길궁합	1969(己酉) 9월생, 1970(庚戌) 6월생
중길궁합	1971(辛亥) 7월생, 1965(乙巳) 12월생
보통궁합	1971(辛亥) 1월생, 1977(丁巳) 7월생
10월생의 여자가 원하는 남성	
최길궁합	1951(辛卯) 9월생, 1952(壬辰) 6월생
중길궁합	1953(癸巳) 6월생, 1956(丙申) 6월생
보통궁합	1959(己亥) 7월생, 1962(壬寅) 1, 10월생, 1965(乙巳) 4월생, 1968(戊申) 7월생

※ 이외의 궁합은 상극궁합으로 피하는 것이 좋다.

1964년 11월(丙子)생의 성격과 운세

이 명운의 사람은 기강하여 대업을 이룩하고자하나 결단성있게 대처하지 못하고 마음마저 야무지지 못하고 실력이 따라주지 못하니 동요되어 주저하고 있다가 일에 낭패가 있음을 알고서야 당황하고 수선을 피운다.

노할 때는 물불을 가리지 않는 성미이나 곧 수그러진다.

전형적인 여성상으로 이런 사람에게는 필히 최길궁합이나 중길궁합의 배필을 맞을 필요가 있다.

이 사람은 처세에 부침(浮沈)이 심하기 때문에 유력인의 도움을 얻어 입신 출세를 꾀하는 것이 현명한 방법이다.

청년기에 행운을 맞이하나 주색이나 유혹에 빠져 실패하기 쉽고 중년기에 다시 성운이 올 때 확실히 잡아야 노후를 평안히 보내게 된다. 직업은 교육자, 잡화상, 음식점 등.

궁 합

11월생의 남자가 원하는 여성		
최길궁합	1969(己酉) 8월생, 1970(庚戌) 5월생	
중길궁합	1965(乙巳) 12월생, 1971(辛亥) 12월생	
보통궁합	1969(己酉) 5월생, 1970(庚戌) 3, 12월생	
11월생의 여자가 원하는 남성		
최길궁합	1951(辛卯) 8월생, 1952(壬辰) 5월생	
중길궁합	1953(癸巳) 12월생, 1956(丙申) 12월생	
보통궁합	1960(庚子) 5월생, 1961(辛丑) 3, 12월생	

※ 이외의 궁합은 상극궁합으로 피하는 것이 좋다.

1964년 12월(丁丑)생의 성격과 운세

이 명운의 특징은 동적인 발육의 상이기 때문에 사람이 활동적인 인물이다. 무슨 일이나 남보다 부지런하게 앞서서 일하는 사람으로 남의 비난도 사지만 뛰어난 사교가이기에 모든 것을 순조롭게 처리할 줄 안다.

승벽심도 강해서 남에게 지는 것은 질색이고 자기의 잘못을 알면서도 자기 뜻대로 관철하려고 하며 성미가 어린아이 같아서 무엇이든 자기 멋대로 하려 하고 큰소리를 잘 치며 모든 일에 착수는 빨리하나 오래 끌지는 못하고 곧 지쳐버린다.

21, 22세경에 윗사람의 도움으로 입신 출세하는 수가 있다. 그러나 50세 후는 운기가 침체되기 쉬우니 미리 노후를 대비해야 한다. 직업은 승려, 교사, 의사, 농업, 은행원, 요식업 등.

궁 합

12월생의 남자가 원하는 여성	
최길궁합	1969(己酉) 8월생, 1970(庚戌) 5월생
중길궁합	1971(辛亥) 3월생, 1965(乙巳) 3월생
보통궁합	1978(戊午) 5월생, 1979(己未) 3월생
12월생의 여자가 원하는 남성	
최길궁합	1951(辛卯) 8월생, 1952(壬辰) 5월생
중길궁합	1953(癸巳) 3월생, 1956(丙申) 3월생
보통궁합	1960(庚子) 5월생, 1961(辛丑) 3, 12월생

※ 이외의 궁합은 상극궁합으로 피하는 것이 좋다.

◆ 1965(乙巳)년생

성 격

이 명운의 사람은 간(艮)괘의 사람으로 성질은 침착하나 의 혹심이 많아서 사소한 일에도 고민하는 성질이 있다. 그러므로 결단력이 부족하기 때문에 혼자 일을 결행하지 못하고 남에게 의뢰하는 성질이다.

온순하고 정직하며 인내심이 강하여 일에 열성인 점은 남이 따르지 못한다.

항상 마음속에는 투쟁하는 기운이 용솟음쳐서 시비를 잘 일 으키며 도리에 맞지 않는 말을 늘어놓으며 항거하는 성질의 사 람이 많다.

일상 생활은 대단히 절약가고 검소하나 그 정도가 지나쳐서 인색한 사람이란 말도 듣는다.

이해도 빠르고 권태도 빠르기에 빨리 달아오르고 빨리 식는 형이지만 참고 견디는 노력 덕으로 적소성대하여 재운을 놓치 지 않는다.

부녀자인 경우는 가정일에 열중하는 편이나 부드럽지 못한 결점이 있다.

이 사람은 한가하고 조용한 것을 선호하는 성질이라 종교 등의 신앙심이 두터우며 사람에 따라 종교가로 명성을 날리는 사람도 있다.

재복이 많아 금전, 재화가 많이 들어오나 그 기질 때문에 오래 지니지를 못한다. 친척들과 화합하고 지내지를 못하며 초연으로 일생을 지내는 사람은 아주 희소하다.

운　세

이 명운 중 인(寅)년 생은 만년의 운기가 쇠퇴하기 때문에 40대, 50대의 성운기에 노후의 대비를 요한다.

사(巳)년 생은 초·중년 시기의 운기는 좋으나 만년운은 침체가 극심하다.

신(申)년 생은 중년기는 왕성한 운이나 만년은 기우는 운이므로 미리 대비하는 것이 바람직하다.

이 명운의 사람은 일반적으로 노년의 운기가 그리 좋지 않은 편이다.

1965(乙巳)년 생의 총괄적 궁합

1965년생 남자가 원하는 여성	
최길궁합	1973(癸丑)년생, 1982(壬戌)년생 상생 최길 궁합
중길궁합	1966(丙午)생, 1967(丁未)생, 1975(乙卯)년생 1976(丙辰)년생 상생 차길 궁합.
보통궁합	1965(乙巳)년생, 1968(戊申)년생 1971(辛亥)년생

1965년생 여자가 원하는 남성	
최길궁합	1955(乙未)년생, 1964(甲辰)년생 상생 최길 궁합.
중길궁합	1949(己丑)년생, 1957(丁酉)년생, 1958(戊戌)년생으로 상생 차길 궁합.
보통궁합	1956(丙申)년생, 1959(己亥)년생, 1962(壬寅)년생
상극궁합	1954(甲午)년생, 1960(庚子)년생, 1961(辛丑)년생, 1963(癸卯)년생, 1969(己酉)년생, 1970(庚戌)년생

※ 상극 궁합은 남녀 불문하고 피함이 좋다.

1965년 생의 생월별 궁합

65년 1월(戊寅)생의 성격과 운세

이 명운은 곤(坤)괘로서 지(地)를 뜻한다. 따라서 이 명운의 사람은 온건한 사상과 중후하고 자중하는 성품을 지닌다.

비천한 것과 고귀한 것을 가리지 않고 수용하며 주어진 여건을 그대로 감수해 가는 사람이다.

과단성과 결단력이 약하고 인정이 많아 은혜를 입으면 마음이 약해지는 사람이다. 특히 여성 중에는 이런 성품 때문에 쉽게 정조를 잃는 사람이 있다.

이 사람은 청년기까지 신고가 많으나 35, 36세경에야 행운이 온다. 그러나 오래 지속하기 곤란하고 52, 53세경에 오는 행운을 잡아야 한다. 직업은 농업, 의사, 경찰관, 이학자 등.

궁 합

1월생의 남자가 원하는 여성	
최길궁합	1973(癸丑) 6월생, 1982(壬戌) 6월생
중길궁합	1966(丙午) 11월생, 1967(丁未) 11월생
보통궁합	1971(辛亥) 4월생, 1977(丁巳) 8월생
1월생의 여자가 원하는 남성	
최길궁합	1955(乙未) 6월생, 1964(甲辰) 6월생
중길궁합	1958(戊戌) 9월생, 1957(丁酉) 11월생
보통궁합	1962(壬寅) 1, 10월생, 1965(乙巳) 4월생, 1968(戊申) 7월생

※ 이외의 궁합은 상극궁합으로 피하는 것이 좋다.

1965년 2월(己卯)생의 성격과 운세

이 명운의 성질은 한국여성의 성품을 잘 나타내는 상(象)이다. 상하에 두 개의 음 사이에 일양이 함입 되었으니 밖으로는 유순하고 온화하나 안으로 양이 있어 굳건함을 나타낸다.

이 사람은 좀처럼 자기의 속셈을 드러내 보이지 않는다. 때문에 남이 근접하기 어렵고 동시에 친한 친구도 많지 않다. 「프로포즈」를 해도 이런 사람은 즉각적인 반응을 기대할 수는 없다.

고향을 떠나 타향에서 유리하거나 주거를 옮기기도 한다. 남을 위해서 동분서주하며 헌신적이기도 하다.

결단력이 부족하여 기회를 놓쳐 실패하는 수가 있다. 50대에 이성문제를 조심해야 되겠다. 직업은 승려, 의사, 무용가, 의복상 등.

궁 합

2월생의 남자가 원하는 여성	
최길궁합	1973(癸丑) 9월생, 1982(壬戌) 9월생
중길궁합	1966(丙午) 5월생, 1967(丁未) 11월생
보통궁합	1972(壬子) 8월생, 1981(辛酉) 8월생
2월생의 여자가 원하는 남성	
최길궁합	1955(乙未) 9월생, 1964(甲辰) 9월생
중길궁합	1958(戊戌) 12월생, 1957(丁酉) 5월생
보통궁합	1954(甲午) 8월생, 1963(癸卯) 8월생

※ 이외의 궁합은 상극궁합으로 피하는 것이 좋다.

1965년 3월(庚辰)생의 성격과 운세

음이 양 사이에 위치하여 수려하게 보이는 상으로 한여름의 성하(盛夏)를 뜻한다. 지표면은 타는 듯이 덥지만 땅속은 천수나 정수와 같이 서늘하고 차가운 법이다. 따라서 외모는 강하고 수려하게 보이지만 내면은 우지하고 공허한 성품이다.

사치스럽고 미화하는 것을 좋아하고 구변이 능해서 사람을 다루는 솜씨가 있다. 이 사람은 의당히 지켜야 할 비밀을 예사로 노출하고 후회하는 경솔함이 있다.

이 명운의 사람 중에는 고향을 떠나 타향에서 고생하는 사람이 많다. 반면 세인으로부터 인망을 얻어 두령이 되는 사람도 허다하다. 40세 전의 행운은 오래가지 못하고 60세 후의 행운이 진운이다. 직업은 농업, 직물업, 은행원 등.

궁 합

3월생의 남자가 원하는 여성	
최길궁합	1973(癸丑) 3월생, 1982(壬戌) 3월생
중길궁합	1966(丙午) 4월생, 1967(丁未) 4월생
보통궁합	1973(癸丑) 6월생
3월생의 여자가 원하는 남성	
최길궁합	1955(乙未) 3월생, 1964(甲辰) 3월생
중길궁합	1958(戊戌) 4월생, 1957(丁酉) 4월생
보통궁합	1964(甲辰) 6월생, 1955(乙未) 6월생

※ 이외의 궁합은 상극궁합으로 피하는 것이 좋다.

1965년 4월(辛巳)생의 성격과 운세

이 명운은 가장 적합한 여성다운 상(象)을 부각시키고 있다. 밖으로는 강한 상이나 안으로는 부드럽고 온화한 성품을 지니고 있으며 침착하고 어려운 일에 봉착하면 인내심을 가지고 유연하게 대처해 나갈 줄 아는 사람이다.

정직하고 인내심 있게 일에 열성인 점은 타인의 추종을 불허한다. 그 반면 외관을 장식하고 허세를 부리므로 천복을 감하는 면도 있다.

금전상으로는 근검 절약하여 저축도 하며 적소성대하는 고로 재복이 있다.

종교에 대한 신앙심도 깊은 사람이 많이 있다.

중년에 몇 번 행운이 있으나 50세 후에 오는 행운이 진운이다. 직업은 교육자, 외교관, 미술가, 건축가 등.

궁 합

4월생의 남자가 원하는 여성	
최길궁합	1973(癸丑) 6월생, 1982(壬戌) 6월생
중길궁합	1966(丙午) 2월생, 1967(丁未) 9월생
보통궁합	1971(辛亥) 1월생, 1974(甲寅) 4월생
4월생의 여자가 원하는 남성	
최길궁합	1955(乙未) 6월생, 1964(甲辰) 6월생
중길궁합	1957(丁酉) 2, 11월생, 1958(戊戌) 9월생,
보통궁합	1959(己亥) 7월생, 1962(壬寅) 1월생, 1965(乙巳) 4월생

※ 이외의 궁합은 상극궁합으로 피하는 것이 좋다.

1965년 5월(壬午)생의 성격과 운세

이 명운의 사람은 사교술이 탁월하며 집을 나가 돌아다니기를 즐긴다. 또한 말을 과장하거나 호언 장담은 잘 하지만 실제 일에 임하면 슬그머니 꽁무니를 빼는 사람이 많다.

자의(自意)가 강하여 옳고 그른 것에 대한 분별없이 자기 의사를 끝까지 관철시키려는 무리함이 있다.

근검 절약가로 적소성대하여 재물을 모으는 관계로 재복이 있는 사람이다.

중년기에 몇 번 행운이 있으나 오래 지속하기는 어렵고 57, 58세경에 찾아오는 행운을 잘 포착해야 노후가 편안하다.

직업은 연예인, 은행원, 직물업, 요식업 등.

궁 합

5월생의 남자가 원하는 여성	
최길궁합	1973(癸丑) 1월생, 1982(壬戌) 1월생
중길궁합	1966(丙午) 1월생, 1967(丁未) 5월생
보통궁합	1975(乙卯) 2월생, 1976(丙辰) 9월생
5월생의 여자가 원하는 남성	
최길궁합	1955(乙未) 1월생, 1964(甲辰) 4월생
중길궁합	1958(戊戌) 5월생, 1957(丁酉) 8월생
보통궁합	1958(戊戌) 9월생, 1957(丁酉) 2, 11월생, 1967(丁未) 9월생, 1966(丙午) 2월생

※ 이외의 궁합은 상극궁합으로 피하는 것이 좋다.

1965년 6월(癸未)생의 성격과 운세

이 명운의 사람은 기품이 높은 사람으로 높은 교양과 고상한 취미를 즐기는 사람이다. 반대로 이 사람에게 지식이 없으면 성품이 완고하여 고집불통의 사람이 되든가 편굴해져서 일그러지기 쉬운 사람이다.

일반적으로 선천적인 총명함과 선견지명이 있으나 자기에게만 유리하도록 일을 처리하기 때문에 남의 비난을 듣기도 한다. 비영리사업인 교육가, 사회사업가, 문필가 등으로 이름을 떨치는 사람이 많다.

이 사람은 사려 분별이 심중하여 경솔한 행동을 하는 일은 극히 적으나 너무 세심하기 때문에 호기를 놓치는 수가 많다. 50대 말기부터 60세기를 지난 다음에 오는 행운을 잡아야 한다.

직업은 교육가, 의사, 문학가, 사회사업가 등.

궁 합

6월생의 남자가 원하는 여성	
최길궁합	1973(癸丑) 4월생, 1982(壬戌) 4월생
중길궁합	1966(丙午) 4월생, 1967(丁未) 5월생
보통궁합	1975(乙卯) 2월생, 1976(丙辰) 9월생
6월생의 여자가 원하는 남성	
최길궁합	1955(乙未) 4월생, 1964(甲辰) 4월생
중길궁합	1958(戊戌) 5월생, 1957(丁酉) 8월생
보통궁합	1957(丁酉) 2, 11월생, 1958(戊戌) 9월생, 1966(丙午) 1월생, 1967(丁未) 9월생

※ 이외의 궁합은 상극궁합으로 피하는 것이 좋다.

1965년 7월(甲申)생의 성격과 운세

이 명운은 간(艮)과 오황(五荒)의 역상(易象)으로 조합된 운기이니 귀상이라고 할 수 있다.

교양이 있고 정상적인 교육을 받은 사람이면 아량이 있고 관대하며 대담성이 있어서 큰 인물이 될 소지가 다분히 있다. 한편 자의(自意)가 강하여 약간 무분별하게 자기 의지를 관철하려고 하는 점이 있으나 인망이 있어서 사리 판단을 잘 할 수 있다.

종교에 대한 신앙심도 깊고 적은 것을 소중히 아는 적소성대하는 저축가이기에 재복도 충분히있다. 중년에 직업을 변경하는 수도 있겠고 57, 58세경의 행운을 놓치지 말고 잡아야 한다. 직업은 회사원, 외교관, 변호사, 전기업 등.

궁 합

7월생의 남자가 원하는 여성	
최길궁합	1973(癸丑) 6월생, 1982(壬戌) 6월생
중길궁합	1966(丙午) 3월생, 1967(丁未) 9월생
보통궁합	1965(乙巳) 4월생, 1968(戊申) 7월생, 1971(辛亥) 1월생, 1977(丁巳) 7월생
7월생의 여자가 원하는 남성	
최길궁합	1955(乙未) 6월생, 1964(甲辰) 6월생
중길궁합	1957(丁酉) 2, 11월생, 1958(戊戌) 9월생
보통궁합	1959(己亥) 7월생, 1962(壬寅)1, 10월생, 1965(乙巳) 4월생, 1968(戊申) 7월생

※ 이외의 궁합은 상극궁합으로 피하는 것이 좋다.

1965년 8월(乙酉)생의 성격과 운세

이 명운의 사람은 밖으로는 대단히 강정하고 억센 모습으로 보이나 내심은 유순하고 온화한 심성을 지닌 사람이다.

무슨 일에나 과단성있게 대처하지 못하고 마음마저 동요되어 미루고 있다가 낭패를 보고서야 수선을 피우는 기질이다.

발노(發怒)할 때는 정도가 지나칠 정도로 신경과민이 되지만 곧 누그러지고 노기는 오래 가지 않는다.

이 사람은 운명의 부침(浮沈)이 심한 사람이기에 혼자의 힘으로 일을 꾀하는 것보다 좋은 궁합의 배필을 만나든지 어느 유력인의 도움을 받는 것이 긴요하다.

47, 48세경부터 53, 54세 사이에 행운이 올 때 노후대비를 해야 한다. 직업은 정치가, 변호사, 미술가, 외교관 등.

궁 합

8월생의 남자가 원하는 여성	
최길궁합	1973(癸丑) 5월생, 1982(壬戌) 5월생
중길궁합	1966(丙午) 8월생, 1967(丁未) 6월생
보통궁합	1978(戊午) 5월생, 1979(己未) 3월생
8월생의 여자가 원하는 남성	
최길궁합	1955(乙未) 5월생, 1964(甲辰) 5월생
중길궁합	1958(戊戌) 6월생, 1957(丁酉) 9월생
보통궁합	1960(庚子) 5월생, 1961(辛丑) 3월생

※ 이외의 궁합은 상극궁합으로 피하는 것이 좋다.

1965년 9월(丙戌)생의 성격과 운세

이 명운의 사람은 지상 만물이 생성 발육하는 계절의 운기를 뜻하는 시기의 상이기에 부지런하게 움직이는 활동가이다.

발노(發怒)하기를 잘 하지만 비상한 사교가이기 때문에 뒷끝이 길지는 않다.

성질이 어린아이 같아서 무엇이나 자기 멋대로 하려 하기에 경솔한 면이 있다.

잠시도 조용하게 있지 못하고 남의 일에 간섭하기 때문에 사람들로부터 경원시 되기도 한다. 이 사람은 일찍이 소년시절에 고향이나 집을 떠나서 고생하는 사람이 많다.

33, 34세경에 행운이 오기는 하나, 대체로 50세 후에 오는 행운을 잡아야 만년을 안락하게 보낼 수 있다. 직업은 승려, 교육자, 의사, 약사, 요리업, 건축가 등.

궁 합

9월생의 남자가 원하는 여성		
최길궁합	1973(癸丑) 5월생, 1982(壬戌) 5월생	
중길궁합	1966(丙午) 8월생, 1967(丁未) 6월생	
보통궁합	1978(戊午) 5월생, 1979(己未) 3월생	
9월생의 여자가 원하는 남성		
최길궁합	1955(乙未) 5월생, 1964(甲辰) 5월생	
중길궁합	1958(戊戌) 6월생, 1957(丁酉) 9월생	
보통궁합	1969(己酉) 5월생, 1970(庚戌) 3월생	

※ 이외의 궁합은 상극궁합으로 피하는 것이 좋다.

1965년 10월(丁亥)생의 성격과 운세

이 명운의 특징은 순음(純陰)에 지덕(地德)을 형유하고 있는
것이다. 따라서 인품이 중후(重厚)하여 몸동작이 어딘지 둔중해
보인다.

사람을 눈 아래로 내려다보는 좋지 못한 품성과 무엇인가 큰
사업을 기획하는 양 호언 장담을 하다가 식언을 하여 신용을
잃는 수가 있다.

사물을 이해하는 것은 빠르나 쉽게 잊어버리고 또 결벽증이
있어서 주위 환경이나 주변 소유물을 정리 정돈하는데 신경과
민이다. 젊어서도 젊은이들과 어울리지 않고 손윗사람들과 어울
리기를 좋아한다.

20세 전후에 입신 출세하는 사람도 있으나 대체로 오래 보전
하기 어렵고 50세 후의 행운을 잡아야 여생이 편하다. 직업은
서화가, 조각가, 의사, 건축 기사 등.

궁 합

10월생의 남자가 원하는 여성		
최길궁합	1973(癸丑) 6월생, 1982(壬戌) 6월생	
중길궁합	1966(丙午) 9월생, 1967(丁未) 6월생	
보통궁합	1971(辛亥) 1월생, 1974(甲寅) 4월생, 1977(丁巳) 8월생	
10월생의 여자가 원하는 남성		
최길궁합	1955(乙未) 6월생, 1964(甲辰) 6월생	
중길궁합	1957(丁酉) 2, 11월생, 1958(戊戌) 9월생	
보통궁합	1962(壬寅) 1, 10월생, 1965(乙巳) 4월생, 1968(戊申) 7월생	

※ 이외의 궁합은 상극궁합으로 피하는 것이 좋다.

1965년 11월(戊子)생의 성격과 운세

이 명운의 사람은 외면적으로는 온유하나 내면은 상당히 강한 천품의 사람으로 적소성대하여 큰 희망을 달성하는 끈질긴 인내심을 가진 사람이다.

한편 청죽(靑竹)과 같은 면도 있어서 명쾌한 것을 좋아한다.

자기의 생각이나 마음을 좀처럼 나타내지 않고 타인의 충언이나 충고도 잘 받아들이지 않는다. 동시에 독선적이고 독단적인 면이 있어서 실패를 하는 수가 많다.

남의 일을 도와주기 위해서 동분서주하면서 능숙한 교제술도 발휘한다.

이 사람은 중년기에 직업이나 주거를 옮기는 운이 있고 27, 28세경에 운기가 다소 쇠퇴하나 34세경부터 대 호운이 오는 운이므로 이 운을 놓치지 않도록. 직업은 의사, 식료품상, 목재상, 요식업 등.

궁 합

11월생의 남자가 원하는 여성		
최길궁합	1973(癸丑) 8월생, 1982(壬戌) 8월생	
중길궁합	1966(丙午) 11월생, 1967(丁未) 11월생	
보통궁합	1972(壬子) 8월생, 1981(辛酉) 8월생	
11월생의 여자가 원하는 남성		
최길궁합	1955(乙未) 8월생, 1964(甲辰) 8월생	
중길궁합	1958(戊戌) 11월생, 1957(丁酉) 6월생	
보통궁합	1954(甲午) 8월생, 1963(癸卯) 8월생	

※ 이외의 궁합은 상극궁합으로 피하는 것이 좋다.

1965년 12월(己丑)생의 성격과 운세

이 명운의 사람은 외모로 보기에 강정하고 수려하게 보이나 내면은 사상이 우지하고 공허한 인품이며, 사치하고 미화를 좋아하며 언변이 좋아서 사교에 능한 면이 있다.

이해는 빨리하나 오래 끌지 못하고 빨리 권태를 느낀다. 그러나 신의(信義)를 존중하며 신앙심도 있어서 종교에 귀의하는 사람도 많다. 근검, 절약의 정도가 지나쳐서 인색하다는 말도 듣는다. 개중에는 말솜씨가 좋기 때문에 사기(詐欺) 등의 죄를 짓고 법망에 걸려 드는 사람도 있다. 그러나 원래 인망이 있어서 뭇사람의 두령이 되는 사람도 많다.

47세부터 54세 사이에 색정으로 실패수가 있으니 조심해야 하고 60세 후의 행운을 잘 잡아야 여생이 편하다.

직업은 농업, 직물업, 요식업, 문필가, 소설가 등.

궁 합

12월생의 남자가 원하는 여성	
최길궁합	1973(癸丑) 3월생, 1982(壬戌) 3월생
중길궁합	1966(丙午) 4월생, 1967(丁未) 4월생
보통궁합	1973(癸丑) 6월생
12월생의 여자가 원하는 남성	
최길궁합	1955(乙未) 12월생, 1964(甲辰) 12월생
중길궁합	1958(戊戌) 4월생, 1957(丁酉) 4월생
보통궁합	1955(乙未) 6월생, 1964(甲辰) 6월생

※ 이외의 궁합은 상극궁합으로 피하는 것이 좋다.

◈ *1966*(丙午)년생

성 격

이 명운의 사람은 태(兌)괘의 사람으로 가을철의 금(金)기를 타고 난 사람이다. 이런 사람을 숙살지기의 운기라고 한다. 한 마디로 웃음 속에 바늘이라는 격으로 이 사람은 대체로 말이 많은 사람이다. 혀를 가지고 사람을 위압하는 변설가라고 할 수 있다.

밖으로 보기에는 쾌활하고 유하게 보이면서 교제상 접촉하기가 부드럽고 또한 두뇌의 재질이 뛰어난 사람이다.

기가 강해서 그른 것을 옳은 것이라고 우겨대는 사람이라도 잘 설복시켜 굴복시키는 교묘한 재주가 있다.

친구사이나 주변사람사이에 인기가 좋아서 그들의 후원으로 입신 출세를 빨리한다. 이 사람은 말로는 잘 하나 실행력이 없어서 경박하게 보인다.

무슨 일이나 과장하고 과대하게 보이려는 습성 때문에 의외의 손재를 보기도 한다.

유순하고 온화하지만 속은 기가 강하고 교만한데다 의혹심이 깊어서 부부간에 질투가 끊이질 않는다.

큰 결점은 남의 일을 비평하는 그 정도가 지나쳐서 거짓이라도 근거없는 말을 함부로 하면서 여러 가지 물의를 일으킨다.

식솔에게는 듣기 싫을 정도로 잔소리를 하나 영리하기 때문에 남을 잘 깨우쳐 주기도 하나 무엇이든 오래가지 못한다.

운 세

이 명운의 사람 중 자(子)년 생은 중년에 몇 번 행운이 있으나 50세 전후의 행운을 잘 잡아야 된다.

묘(卯)년 생인 37, 38세경 병에 걸릴 염려가 있고 63, 64세경의 행운을 잘 지켜야 한다.

오(午)년 생은 중년 호운이 있으나 57, 58세의 대행운을 포착해야 한다.

유(酉)년 생은 중년시기에 들어오는 행운을 잘 지켜야 한다.

1966(丙午)년생의 총괄적 궁합

	1966년생 남자가 원하는 여성
최길궁합	1968(戊申)년생, 1971(辛亥)년생, 1977(丁巳)년생, 1974(甲寅)년생의 여성으로 상생 최길 궁합.
중길궁합	1972(壬子)년생, 1981(辛酉)년생의 여성.
보통궁합	1966(丙午)년생, 1967(丁未)년생, 1975(乙卯)년생, 1976(丙辰)년생의 여성.

	1966년생 여자가 원하는 남성
최길궁합	1962(壬寅)년생, 1965(乙巳)년생 남성으로 상생 최길 궁합.
중길궁합	1954(甲午)년생, 1963(癸卯)년생 남성.
보통궁합	1957(丁酉)년생, 1958(戊戌)년생, 1966(丙午)년생,
상극궁합	1964(甲辰)년생, 1961(辛丑)년생, 1960(庚子)년생, 1955(乙未)년생, 1952(壬辰)년생, 1969(己酉)년생, 1970(庚戌)년생, 1973(癸丑)년생, 1978(戊午)년생, 1979(己未)년생

※ 상극 궁합은 남녀 불문하고 피함이 좋다.

1966년 생의 생월별 궁합

1966년 1월(庚寅)생의 성격과 운세

이 명운의 사람은 뛰어난 두뇌의 소유자로 언변이 능하여 수십년 전에 있었던 사소한 일도 잊지 않는 기억력을 갖고 있다.

침착한 성품으로 차분한 면이 있으나 의혹심이 많아서 홀로 고뇌에 빠지기도 한다. 자의는 강하지만 내심의 의지는 약해서 무슨 일이나 말 뿐이고 직접 나서서 문제 해결을 해야 할 때는 꽁무니를 빼고 만다. 지나친 욕심은 없고 분수를 알아 적소성대하는 절약가로 재복이 있다. 가정적이여서 현모양처로 훌륭한 내조자가 될 수 있는 소양이 있다.

이 사람은 중년기에 운기가 왕성하나 만년에는 극심한 쇠퇴운에 빠질 염려가 있기에 성운기에 만년을 대비해야겠다.

직업은 교육자, 의사, 기계 기사, 서화가 등.

궁 합

1월생의 남자가 원하는 여성	
최길궁합	1968(戊申) 12월생, 1971(辛亥) 12월생
중길궁합	1972(壬子) 11월생, 1981(辛酉) 11월생
보통궁합	1971(辛亥) 1월생, 1974(甲辰) 4월생
1월생의 여자가 원하는 남성	
최길궁합	1965(乙巳) 12월생, 1962(壬寅) 12월생
중길궁합	1954(甲午) 11월생, 1963(癸卯) 12월생
보통궁합	1962(壬寅) 1월생, 1965(乙巳) 4월생

※ 이외의 궁합은 상극궁합으로 피하는 것이 좋다.

1966년 2월(辛卯)생의 성격과 운세

이 명운은 원래 언(言), 희(喜), 미(媚)의 성질이 있어서 말이
많으면서 기쁨을 간직하고 아름다움의 상징을 나타내는 말이다.
이 사람은 외견이 쾌활하고 부드러우며 사람을 말로써 움직
이는 교묘한 기술이 있다. 따라서 친구나 동료들에게 인기가 있
어서 그들의 도움으로 출세하는 사람도 있다.

외적으로는 유순하나 교만하고 의혹심이 많다. 질투심도 대단
하여 부부간에 불화가 끊일 사이 없다. 무단히 타인의 일을 비
평하는 그 정도가 지나쳐서 거짓으로 근거 없는 말을 하면서
여러 가지 물의를 일으키기도 한다.

37, 38세경에 변난이 있고, 63, 64세경에 행운을 맞이한다.

직업은 은행원, 의사, 예술가, 농업 등.

궁 합

2월생의 남자가 원하는 여성	
최길궁합	1968(戊申) 10월생, 1971(辛亥) 1, 10월생
중길궁합	1972(壬子) 8월생, 1981(辛酉) 8월생
보통궁합	1975(乙卯) 2월생, 1976(丙辰) 9월생
2월생의 여자가 원하는 남성	
최길궁합	1965(乙巳) 4월생, 1962(壬寅) 10월생
중길궁합	1963(癸卯) 8월생, 1954(甲午) 8월생
보통궁합	1966(丙午) 2월생, 1967(丁未) 9월생

※ 이외의 궁합은 상극궁합으로 피하는 것이 좋다.

1966년 3월(壬辰)생의 성격과 운세

이 명운의 사람은 엄숙한 숙살지기와 고상한 천품을 지닌 사람이다.

총명한 두뇌와 앞을 내다보는 선견지명이 있는 사람으로 혜안(慧眼)을 가졌다고 할 수 있다. 그러나 정직할 뿐 애교나 붙임성이 적어서 인망은 박한 편이다. 만약 교양이 없고 무식한 사람이면 완고하기만 하고 편굴해서 무법인간이 되기도 한다.

이 명운의 사람은 사사로운 개인의 영달이나 이익만을 추구하는 직업보다 비영리적인 교육사업, 사회사업, 문필가 등의 직업을 가진 사람 중에 이름을 떨치는 사람이 많다.

46, 47세경에 행운이 찾아오겠으나 그 행운을 포착하지 못하면 만년에는 침체운이 되어 행운을 잡기 힘들다.

직업은 공무원, 농산물상, 제조업 등.

궁 합

3월생의 남자가 원하는 여성	
최길궁합	1968(戊申) 10월생, 1971(辛亥) 4월생
중길궁합	1972(壬子) 8월생, 1981(辛酉) 8월생
보통궁합	1975(乙卯) 8월생
3월생의 여자가 원하는 남성	
최길궁합	1965(乙巳) 4월생, 1962(壬寅) 7월생
중길궁합	1963(癸卯) 4월생, 1954(甲午) 8월생
보통궁합	1966(丙午) 11월생, 1967(丁未) 9월생

※ 이외의 궁합은 상극궁합으로 피하는 것이 좋다.

1966년 4월(癸巳)생의 성격과 운세

이 명운은 팔괘의 주성(主星)에다 태궁(兌宮)의 숙살지기가 있으니 모든 면에 능력이 있는 운기이다. 고집이나 아집이 대단하여 자기의 의사를 철저하게 관철시키려 하는 추진력이 있고 언변도 좋아서 수단도 있다.

그러나 교양이 없는 사람은 남을 멸시하는 기질이 있어서 오히려 경원시되어 고립될 수도 있다.

교양이 있고 덕망이 있는 사람이 많으니 뭇사람이 따를 것이고 소속 직장에서나 가족 내에서도 주도적 인물이 된다. 최길궁합의 배필을 만나 내조만 잘 된다면 큰 인물이 배출될 수 있다.

근면, 노력하는 사람이니 손윗사람의 도움으로 출세도 하고 43, 44세에는 행운도 있으니 이때에 노후대비가 필요하다.

직업은 종교가, 연구가, 변호사, 교사 등.

궁 합

4월생의 남자가 원하는 여성	
최길궁합	1968(戊申) 2월생, 1971(辛亥) 3월생
중길궁합	1972(壬子) 2월생, 1981(辛酉) 2월생
보통궁합	1971(辛亥) 1월생, 1977(丁巳) 7월생
4월생의 여자가 원하는 남성	
최길궁합	1965(乙巳) 3월생, 1962(壬寅) 3월생
중길궁합	1954(甲午) 2월생, 1963(癸卯) 2월생
보통궁합	1959(己亥) 7월생, 1962(壬寅) 1, 10월생, 1965(乙巳) 4월생, 1968(戊申) 7월생

※ 이외의 궁합은 상극궁합으로 피하는 것이 좋다.

1966년 5월(甲午)생의 성격과 운세

이 명운은 일음(一陰)이 이양(二陽) 밑에 있는 상(象)이기 때문에 외견으로는 대단히 강정하게 보이나 내면은 유순한 사람이다.

무슨 일에나 과단성있게 처리하지 못하고 마음마저 흔들려서 일이 잘못되고 나서야 수선을 피우는 기질이다. 그러다가 자기 의사대로 밀고가지 못하고 남의 의사 결정에 맹목적으로 따라가 그를 이용하려다가 실패를 본다.

이 사람은 일찍 고향을 떠나 타향에서 고생하는 사람도 많다. 자기의 분수를 알고 적소성대하는 마음가짐이 필요하다. 한편 교제가 능하고 사람을 많이 알기에 감언 이설에 넘어가서 손해를 보기 쉽다. 중년운은 남이 부러울 만큼 좋으나 52, 53세경의 행운을 잡아야 한다. 직업은 농업, 전기 기사, 인쇄업 등.

궁 합

5월생의 남자가 원하는 여성	
최길궁합	1968(戊申) 1월생, 1971(辛亥) 2월생
중길궁합	1972(壬子) 6월생, 1981(辛酉) 9월생
보통궁합	1978(戊午) 5월생, 1979(己未) 3월생
5월생의 여자가 원하는 남성	
최길궁합	1965(乙巳) 2월생, 1962(壬寅) 2월생
중길궁합	1954(甲午) 9월생, 1963(癸卯) 9월생
보통궁합	1969(己酉) 5월생, 1970(庚戌) 3월생

※ 이외의 궁합은 상극궁합으로 피하는 것이 좋다.

1966년 6월(己未)생의 성격과 운세

이 명운의 사람은 무슨 일이나 남보다 앞서 하기를 좋아하는 활동가이다. 중춘(仲春)의 기질을 타고나서 양기(陽氣)의 사람으로 노하기도 잘 하지만 비상한 사교가이다. 성질이 어린아이 같아서 무엇이나 자기 멋대로 하기를 좋아하고 승벽심이 강해서 절대로 남에게 안지려 한다.

연애를 해도 처음은 불 타듯이 열렬하지만 곧 식어버리기 때문에 변덕이 심하다. 고요하게 정지 상태를 유지 못하고 남의 일에 말참견을 하기 때문에 경원시 되기도 한다. 이 사람은 27, 28세경에 중병에 걸릴 염려가 있고 42, 43세경에는 친척이나 친구 때문에 재산상에 손실도 볼 수 있다.

직업은 미술가, 승려, 문학가, 농산물 상회 등.

궁 합

6월생의 남자가 원하는 여성	
최길궁합	1968(戊申) 2월생, 1971(辛亥) 2월생
중길궁합	1972(壬子) 8월생, 1981(辛酉) 9월생
보통궁합	1978(戊午) 5월생, 1979(己未) 3월생
6월생의 여자가 원하는 남성	
최길궁합	1965(乙巳) 2월생, 1962(壬寅) 2월생
중길궁합	1954(甲午) 9월생, 1963(癸卯) 9월생
보통궁합	1960(庚子) 5월생, 1961(辛丑) 3, 12월생

※ 이외의 궁합은 상극궁합으로 피하는 것이 좋다.

1966년 7월(丙申)생의 성격과 운세

이 명운의 사람은 은인자중하고 성품이 중후하며 주어진 환경과 여건에 잘 순응하고 귀천을 가리지 않는 성품이다. 때문에 동시에 사람들의 비판을 사기도 한다.

그러면서도 말을 잘하고 사치하면서 딴 사람을 눈 아래로 내려다 보는가 하면 큰 사업을 도모하는 양 호언 장담도 하면서 남을 희롱하는 좋지 못한 성벽이 있다.

이해심은 빠르나 쉽게 잊어버리고 결벽증이 있어서 주변 환경이나 소유물을 항상 정돈하고 정리하는 데 과민하다.

이 사람은 아량이 능소능대하고 교제성이 있어서 청년기에 출세도 하나 56세 이후의 대행운이 진운이다. 직업은 강철상회, 외교관, 회사원 등.

궁 합

7월생의 남자가 원하는 여성	
최길궁합	1968(戊申) 3월생, 1971(辛亥) 3월생
중길궁합	1972(壬子) 11월생, 1981(辛酉) 3월생
보통궁합	1971(辛亥) 1월생, 1974(甲寅) 4월생, 1977(丁巳) 8월생
7월생의 여자가 원하는 남성	
최길궁합	1965(乙巳) 3월생, 1962(壬寅) 3월생
중길궁합	1954(甲午) 3월생, 1963(癸卯) 3월생
보통궁합	1962(壬寅) 1, 10월생, 1965(乙巳) 4월생

※ 이외의 궁합은 상극궁합으로 피하는 것이 좋다.

1966년 8월(丁酉)생의 성격과 운세

이 명운은 태(兌)의 숙살지기와 감(坎)·수(水)의 상이니 철저하게 외유 내강의 기질이다.

자존심이 강하여 남의 도움이나 충고 등은 들으려 하지 않으며 독선적인 기질이 강하여 독단에 치우친다. 자기의 내심은 좀처럼 토로하는 법이 없기에 친구나 동료와의 교류가 적고, 친한 친구가 적다. 그러나 성질이 내강하여 무엇이나 명쾌한 것을 좋아한다. 사랑하는 사람도 사소한 일에 비위가 틀리면 단호하게 절교하고 마는 성미이다.

눈앞의 이득에만 집착하기 때문에 도리어 손실을 초래한다. 초, 중년의 행운을 길이 보전하기는 힘들고, 다만 60세 이후의 행운 만이 만년의 기반이 될 것이니, 이 성운기에 노후를 대비해야 한다. 직업은 정치가, 연예인, 문필가, 요리업 등.

궁 합

8월생의 남자가 원하는 여성	
최길궁합	1968(戊申) 6월생, 1971(辛亥) 6월생
중길궁합	1972(壬子) 6월생, 1981(辛酉) 6월생
보통궁합	1972(壬子) 8월생, 1981(辛酉) 8월생
8월생의 여자가 원하는 남성	
최길궁합	1965(乙巳) 6월생, 1962(壬寅) 6월생
중길궁합	1954(甲午) 5월생, 1963(癸卯) 6월생
보통궁합	1954(甲午) 8월생, 1963(癸卯) 8월생

※ 이외의 궁합은 상극궁합으로 피하는 것이 좋다.

1966년 9월(戊戌)생의 성격과 운세

일음이 이양 사이에서 수려하게 보이는 상(象)으로 성하(盛夏)를 뜻한다. 이 계절은 지상은 타는 듯이 뜨겁지만 땅속은 천수(泉水)나 정수(井水)같이 서늘하고 차갑다. 따라서 이 사람은 외모는 강하고 좋게만 보이지만 속은 우지하고 공허한 성질의 사람이다.

사치나 미화를 좋아하고 언변이 능하여 사람을 잘 다루는 솜씨가 있지만 재능만을 과신하고 수양을 게을리하는 사람은 재물을 잃고 도산하는 사람도 있다. 그러나 건실한 사람은 뜻밖에 후원자를 얻는다.

이 사람은 35, 36세경에 행운을 만나나 오래 보전하기는 어렵고 52, 53세경의 행운을 잡아서 노후에 대비하지 않으면 노후가 불안하다. 직업은 경찰, 미술상회, 인쇄업, 수직물 상회 등.

궁 합

9월생의 남자가 원하는 여성	
최길궁합	1968(戊申) 3월생, 1971(辛亥) 5월생
중길궁합	1972(壬子) 4월생, 1981(辛酉) 4월생
보통궁합	1973(癸丑) 6월생
9월생의 여자가 원하는 남성	
최길궁합	1965(乙巳) 8월생, 1962(壬寅) 9월생
중길궁합	1954(甲午) 5월생, 1963(癸卯) 4월생
보통궁합	1955(乙未) 6월생, 1964(甲辰) 6월생

※ 이외의 궁합은 상극궁합으로 피하는 것이 좋다.

1966년 10月(己亥)년생의 성격과 운세

이 명운은 가장 좋은 여성다운 상(象)을 가지고 있다고 생각한다. 두음(陰) 위에 양(陽)이 있으니 속마음은 부드럽고 침착하며 어려운 일에 봉착하면 인내심을 발휘하여 유연하게 대처해 나갈 줄 안다.

온순하고 정직하며 인내심 있게 일에 열성인 점은 누구도 못당한다. 그런가하면 투쟁심도 강하여 자기 잘못을 인정 하면서도 끝내 항쟁하는 억척같은 면도 있다.

근검, 절약가로서 인색하리만큼 저축도 하여 적소성대하는 재복이 있으며, 종교가로 이름을 날리기도 한다. 청죽(青竹)을 쪼갠 듯한 아주 담백한 성질이다. 중년에 몇 번 행운이 오지만 오래 보전하기는 어렵고 50세 후에 오는 행운을 잡아 노후를 지켜야 한다. 직업은 건축가, 미술가, 여관업, 은행원 등.

궁 합

10月생의 남자가 원하는 여성	
최길궁합	1968(戊申) 12월생, 1971(辛亥) 12월생
중길궁합	1972(壬子) 2월생, 1981(辛酉) 12월생
보통궁합	1971(辛亥) 1월생, 1974(甲寅) 4월생
10月생의 여자가 원하는 남성	
최길궁합	1965(乙巳) 12월생, 1962(壬寅) 12월생
중길궁합	1954(甲午) 11월생, 1963(癸卯) 11월생
보통궁합	1962(壬寅) 1월생, 1965(乙巳) 4월생

※ 이외의 궁합은 상극궁합으로 피하는 것이 좋다.

1966년 11월(庚子)생의 성격과 운세

이 명운의 사람은 애교나 친밀감이 있어서 쉽게 남과 사귈 수 있지만 속마음의 참모습을 나타내 보이지 않는 것이 결점이다. 말로 위엄이나 위압을 가하여 사람을 움직이려 하지만 자기 스스로는 실행력이 없어 꽁무니를 뺀다 무슨 일이나 과장하려 하고 무단히 남을 비평하거나 근거없는 말로 여러 가지 물의를 일으키기도 한다. 외유 내강하고 의혹심이 많아서 사소한 일에도 질투심을 일으켜 부부간에 불화가 끊이지 않는다. 이 명운의 사람은 침묵을 지키는 법과 남의 의견을 존중하는 자기 수양이 있어야 사회나 가정생활이 원활할 것이다. 자식과의 인연이 박하여 노후에 고독한 생활을 보내는 사람이 많다. 중년에 오는 행운은 오랜 보전이 어렵고 50세 후의 행운이 진운이다.

직업은 농업, 철공업, 법률가, 경찰관 등.

궁 합

11월생의 남자가 원하는 여성	
최길궁합	1968(戊申) 7월생, 1971(辛亥) 7월생
중길궁합	1972(壬子) 8월생, 1981(辛酉) 8월생
보통궁합	1975(乙卯) 2월생, 1976(丙辰) 9월생
11월생의 여자가 원하는 남성	
최길궁합	1965(乙巳) 1월생, 1962(壬寅) 7월생
중길궁합	1954(甲午) 8월생, 1963(癸卯) 8월생
보통궁합	1967(丁未) 9월생, 1966(丙午) 2월생, 1958(戊戌) 9월생, 1957(丁酉)2, 11월생

※ 이외의 궁합은 상극궁합으로 피하는 것이 좋다.

1966년 12월(辛丑)생의 성격과 운세

이 명운의 사람은 건(乾) 괘의 높은 기품을 지니고 있다. 조용한 성품의 소유자이나 사물을 그릇 추측하는 경향이 있고 교우관계에 따라 운세의 성쇠가 있게 된다. 또한 상대를 구하는데도 앞뒤가 분명치 못한 사람은 질색이다.

무식하거나 교양이 없는 사람은 오히려 완고하고 나쁜짓을 서슴지 않는 사람도 있다. 일반적으로 머리는 총명하고 사물을 꿰뚫어보는 눈이 빨라서 자기에게 이익이 되는 일이라면 수단과 방법을 가리지 않기 때문에 타인의 비난도 산다.

수입이 많아도 친척, 동기간 때문에 출비가 많고 중년기에는 주거 때문에 이동이 있다. 28, 29세경부터 36세 사이에 행운이 찾아 오나 실패수가 있고 60세 후의 재운을 잡아야 한다.

직업은 농업, 건어물상, 광산업, 공무원 등.

궁 합

12월생의 남자가 원하는 여성		
최길궁합	1968(戊申) 7월생, 1971(辛亥) 7월생	
중길궁합	1972(壬子) 4월생, 1981(辛酉) 8월생	
보통궁합	1975(乙卯) 2월생, 1976(丙辰) 9월생	
12월생의 여자가 원하는 남성		
최길궁합	1965(乙巳) 4월생, 1962(壬寅) 4월생	
중길궁합	1963(癸卯) 8월생, 1954(甲午) 8월생	
보통궁합	1957(丁酉) 2, 11월생, 1958(戊戌) 9월생, 1966(丙午) 1월생, 1967(丁未) 9월생	

※ 이외의 궁합은 상극궁합으로 피하는 것이 좋다.

◆ *1967*년(丁未)년생

성 격

이 명운의 사람은 건(乾) 괘의 사람으로 기품이 높은 사람이다. 비천한 일은 싫어하는 성품이어서 남과의 교제상 자주 오해를 받는 성격이다.

이 사람이 교양이 없으면 완고하고 편굴해져서 일그러지기 쉽다.

원래 정직하기는 하나 애교가 없고 교제술도 없기에 인망이 박한 편이다.

머리는 총명하여 선견지명이 있기에 일처리를 하는데 있어 남의 의사를 모르는 체 자기편에 유리하도록 처리한다.

남의 손가락질을 받으면서도 자기의 의사를 굽힐 줄 모른다.

남에게 지는 것은 질색이고 언어에 모가 있어서 다정치 못하다는 평을 듣기도 한다.

손윗사람의 말에 순종치 않고 거역하는 기질이 상당히 강한 반면 손아랫사람에게는 잘 대해주는 관계로 호감을 산다.

성질이 급해서 노기를 잘 띠고 남으로부터 자기 결점을 지적 당하거나 호의적인 충고를 받으면 즉시 안색에 나타내며 자기 의 비리를 감추고 극력 변명하는 기질의 사람이다.

자제심이 강하여 색정으로 인한 실패는 없다. 영리를 추구하 지 않는 교육가, 문예, 종교, 사회사업 등의 방면에 의외로 명성 을 날리는 사람이 많다.

운   세

이 명운의 사람 중 축(丑)년 생은 28, 29세경부터 35, 36세경 까지의 사이에 행운이 찾아드나 60세 후의 행운이 진운이다.

진(辰)년 생은 46, 47세경의 행운을 유지하도록 노력해야 한 다.

술(戌)년 생은 중년기 행운은 실패하기 쉽고 50세 후에 오는 행운을 잡아야 한다.

미(未)년 생은 60세를 지난 다음에 오는 행운을 잡아야 만년 을 안락하게 지낼 수 있는 기초가 된다.

1967(丁未)년 생의 총괄적 궁합

1967년 생의 남자가 원하는 여성	
최길궁합	1968(戊申)년생, 1971(辛亥)년생, 1974(甲寅)년생, 1977(丁巳)년생의 여성으로 최길 상생
중길궁합	1972(壬子)년생, 1981(辛酉)년생 차길 궁합
보통궁합	1966(丙午)년생, 1967(丁未)년생, 1975(乙卯)년생, 1976(丙辰)년생

1967년생 여자가 원하는 남성	
최길궁합	1962(壬寅)년생, 1965(乙巳)년생, 1959(己亥)년생, 1956(丙申)년생 남성으로 최길 상생 궁합
중길궁합	1963(癸卯)년생, 1954(甲午)년생
보통궁합	1957(丁酉)년생, 1958(戊戌)년생, 1966(丙午)년생
상극궁합	1964(甲辰)년생, 1961(辛丑)년생, 1960(庚子)년생, 1955(乙未)년생, 1969(己酉)년생, 1970(庚戌)년생, 1973(癸丑)년생, 1978(戊午)년생

※ 상극 궁합은 남녀 불문하고 피하는 것이 좋다.

1967년 생의 생월별 궁합

1967년 1월(壬寅)생의 성격과 운세

이 명운은 기품이 높은 건(乾)괘에 팔괘의 주성(主星)인 오황(五荒)의 토(土)성이 결합되었으니 귀상이다.

교양에 힘쓰며 옳고, 바르고, 어진 일에 힘을 쓴다면 좋은 결과를 낳을 것이다.

이 사람은 정직하고 총명하며 선견지명은 있으나 이기적인 성질이 있어서 인망을 얻지 못하는 경향이 있다.

중년 시기는 자주 직업을 바꾸게 되며 57, 58세경에 오는 행운을 잡아야 한다.

직업은 변호사, 기자, 외교관, 금은 세공, 문필가, 교육자 등.

궁 합

1월생의 남자가 원하는 여성	
최길궁합	1968(戊申) 6월생, 1971(辛亥) 12월생
중길궁합	1972(壬子) 12월생, 1981(辛酉) 12월생
보통궁합	1971(辛亥) 1월생, 1977(丁己) 8월생
1월생의 여자가 원하는 남성	
최길궁합	1962(壬寅) 12월생, 1965(乙巳) 12월생
중길궁합	1963(癸卯) 12월생, 1954(甲午) 12월생
보통궁합	1959(己亥) 7월생, 1962(壬寅) 1, 10월생, 1965(乙巳) 4월생, 1968(戊申) 7월생

※ 이외의 궁합은 상극궁합으로 피하는 것이 좋다.

1967년 2월(癸卯)생의 성격과 운세

이 명운의 사람은 총명한 두뇌에 외강 내유하고 의협심이 강해서 비리를 보면 항거하고 만다. 승벽심이 있기 때문에 남에게 지는 것은 질색이다. 일단 발노하면 그 정도가 지나쳐서 걷잡을 수 없을 만큼 흥분하기에 실수를 저지를 수 있다. 그러나 쉽게 누그러진다.

한편 결단력은 약해서 남의 도움을 바라든가 또는 그의 의견을 추종하고 행동하다가 불리해지면 원망만 한다.

이 사람은 처세의 부침이 심하여 일찍 고향을 떠나 객지에 유리하며 고생하게 된다. 독자적인 사업보다는 유력인의 도움을 얻어 사업을 착수하는 것이 손쉬운 성공 방법이다.

중년기에 행운이 있으니 그 행운을 잘 잡아야 노년이 편안하다. 직업은 의사, 교육자, 건축업, 직물업 등.

궁 합

2월생의 남자가 원하는 여성	
최길궁합	1968(戊申) 2월생, 1971(辛亥) 2월생
중길궁합	1972(壬子) 9월생, 1981(辛酉) 9월생
보통궁합	1978(戊午) 5월생, 1979(己未) 3월생
2월생의 여자가 원하는 남성	
최길궁합	1962(壬寅) 11월생, 1965(乙巳) 11월생
중길궁합	1963(癸卯) 9월생, 1954(甲午) 9월생
보통궁합	1960(庚子) 5월생, 1961(辛丑) 3월생

※ 이외의 궁합은 상극궁합으로 피하는 것이 좋다.

1967년 3월(甲辰)생의 성격과 운세

이 명운의 사람은 한봄의 운기로 양기가 솟아나고 만물이 소생하고 활동하는 기상이며 개척하려는 의지가 충만하다.

활동적인 인물인 동시에 친절미가 있어 교제술이나 사교에 뛰어나다. 그러나 무슨 일이든 남보다 앞서하려는 성질 때문에 비난의 소리도 듣는다.

시작은 빨리하나 쉽게 지쳐버리니 이열 이냉(易熱易冷)의 사람이다.

시초는 강하게 출발하나 곤란에 처해버리면 속수무책 주저앉고 만다. 또한 남의 일에 간섭하기를 좋아해서 타인으로부터 경원시되기도 한다.

중년기의 행운은 오랜 지속이 어렵고 50세 후의 행운을 잘 잡아야 한다. 직업은 목재, 농업, 사법관, 법률가, 공업 등.

궁 합

3월생의 남자가 원하는 여성	
최길궁합	1968(戊申) 12월생, 1971(辛亥) 11월생
중길궁합	1972(壬子) 9월생, 1981(辛酉) 9월생
보통궁합	1978(戊午) 5월생, 1979(己未) 3월생
3월생의 여자가 원하는 남성	
최길궁합	1962(壬寅) 2월생, 1965(乙巳) 2월생
중길궁합	1963(癸卯) 9월생, 1954(甲午) 9월생
보통궁합	1960(庚子) 5월생, 1961(辛丑) 3월생

※ 이외의 궁합은 상극궁합으로 피하는 것이 좋다.

1967년 4월(乙巳)생의 성격과 운세

이 명운의 사람은 건(乾)괘와 곤(坤)괘의 결합으로 음과 양의 조화가 잘 이루어진 상이니 귀상이다.

성품이 온인 자중하여 중후한 편이며 주어진 여건대로 생활을 감수하는 담백한 성품이다. 비천한 일이나 고귀한 일을 꺼리지 않고 하기에 주위 사람의 비난도 듣는다.

사물의 이해도 빠르지만 잊는 것도 빠르다. 때로는 거짓과 사치 등이 과하여 타인의 비난의 대상이 되기도 한다.

청년기에 윗사람의 도움으로 입신 출세도 하는 수가 있다. 47, 48세경에 찾아드는 행운을 주의깊게 잡아야 한다.

직업은 골동품상, 교육자, 금은 세공업 등.

궁 합

4월생의 남자가 원하는 여성	
최길궁합	1968(戊申) 3월생, 1971(辛亥) 3월생
중길궁합	1972(壬子) 2, 3월생, 1981(辛酉) 9월생
보통궁합	1971(辛亥) 1월생, 1974(甲寅) 4월생, 1977(丁巳) 8월생
4월생의 여자가 원하는 남성	
최길궁합	1962(壬寅) 6월생, 1965(乙巳) 3월생
중길궁합	1963(癸卯) 2월생, 1954(甲午) 2월생
보통궁합	1962(壬寅) 1, 10월생, 1959(己亥) 7월생, 1965(乙巳) 4월생

※ 이외의 궁합은 상극궁합으로 피하는 것이 좋다.

1967년 5월(丙午)생의 성격과 운세

이 명운의 사람은 자의(自意)가 강하여 추진력이 대단하고 또한 대담하다. 외견상으로는 부드럽고 온화하나 내면은 양(陽)을 감추고 있어서 강정한 사람이다.

여자라면 좀처럼 남자에게 마음의 문을 열어 주지 않으며, 작은 잘못도 용서하지 않는 여성이다.

침묵을 지키는 사람이기에 남이 접근하기 힘들고 때문에 친한 친구가 많지 않다.

이 사람은 직업도 자주 바꾸고 고향을 떠나 객지에서 유리하며 살아간다.

27, 28세경에는 운기가 다소 쇠퇴하나 34세경에는 가장 좋은 대 호운이 올 수 있으니 이 때 실기하지 말고 행운을 포착해야 만년을 편히 지낸다. 직업은 의사, 금은상, 목재상, 문필가 등.

궁 합

5월생의 남자가 원하는 여성	
최길궁합	1968(戊申) 5월생, 1971(辛亥) 6월생
중길궁합	1972(壬子) 3월생, 1981(辛酉) 5월생
보통궁합	1972(壬子) 8월생, 1981(辛酉) 8월생
5월생의 여자가 원하는 남성	
최길궁합	1962(壬寅) 9월생, 1965(乙巳) 2, 11월생
중길궁합	1963(癸卯) 5월생, 1954(甲午) 5월생
보통궁합	1954(甲午) 8월생, 1963(癸卯) 8월생

※ 이외의 궁합은 상극궁합으로 피하는 것이 좋다.

1967년 6월(丁未)생의 성격과 운세

이 명운의 사람은 고상한 기품에 외강하여 모가 있는 미남 미녀의 사람이다.

성질이 급하기 때문에 앞뒤를 재보지도 않고 첫인상에 좋으면 곧 애인을 삼고 싶어서 쉽게 속을 드러내 보이는 사람이다. 그러나 예의와 위신을 중히 여기기에 비천한 행동은 하지 않는다.

말이 능하여 상대방을 잘 사로잡을 줄 알며 때로는 시무룩하여 곧잘 우울증에 빠진다. 이변의 성질이 있어서 애인이나 주변 환경을 바꾸기를 좋아하기에 남자는 여난(女難), 여자는 남난(男難)의 화를 입을 소지가 있다.

초년은 고생이 많으나 중년부터 점차 행운을 맞이하여 57, 58세경에 그 운세가 최고에 다다르니 이 때 노년을 대비해야 한다. 직업은 종교가, 의사, 약사, 농업 등.

궁 합

6월생의 남자가 원하는 여성	
최길궁합	1968(戊申) 8월생, 1971(辛亥) 8월생
중길궁합	1972(壬子) 5월생, 1981(辛酉) 4월생
보통궁합	1973(癸丑) 6월생
6월생의 여자가 원하는 남성	
최길궁합	1962(壬寅) 8월생, 1965(乙巳) 8월생
중길궁합	1963(癸卯) 7월생, 1954(甲午) 4월생
보통궁합	1964(甲辰) 6월생, 1955(乙未) 6월생

※ 이외의 궁합은 상극궁합으로 피하는 것이 좋다.

1967년 7월(戊申)생의 성격과 운세

이 명운의 사람은 약토에 속하는 간(艮)괘에 해당하는 사람
으로 차분하고 침착한 성질이 있다. 동시에 의혹심이 많아 좀처
럼 얼른 결단을 내리지 못한다.

마치 수줍음을 타는 요조숙녀 형이어서 리(離)괘를 타고난
최길궁합의 사람을 만나면 금술이 좋고 사랑을 받으며 행복한
결혼생활이 될 것이다. 자의도 강하고 온순하며 정직하고 인내
심이 대단해서 무엇이나 열심으로 일을 해나가는 태도는 타인
의 추종을 불허한다.

욕심을 부리지 않고 적소성대하여 재산을 모아가는 재복이
있다. 중년기는 아주 왕성한 운기이나 만년에 들어 서면 쇠운이
기에 미리 대비해야 한다. 직업은 교육가, 의사, 기계 기사, 서화
가 등.

궁 합

7월생의 남자가 원하는 여성	
최길궁합	1968(戊申) 12월생, 1971(辛亥) 3월생
중길궁합	1972(壬子) 11월생, 1981(辛酉) 3월생
보통궁합	1971(辛亥) 1월생, 1974(甲辰) 4월생
7월생의 여자가 원하는 남성	
최길궁합	1962(壬寅) 3월생, 1965(乙巳) 3월생
중길궁합	1963(癸卯) 3월생, 1954(甲午) 3월생
보통궁합	1962(壬寅) 1월생, 1965(乙巳) 4월생

※ 이외의 궁합은 상극궁합으로 피하는 것이 좋다.

1967년 8월(己酉)생의 성격과 운세

이 명운의 사람은 오황(五荒)의 주성과 숙살지기(肅殺之氣)
의 칠적(七赤)이 결합되어 삼엄한 상이다.

이 명운은 교양이 문제가 된다. 교양이 있는 사람이면 위인이
나 열사, 걸사도 될 수 있으나 교양이 없다면 그 반대로 극악한
사람이 될 수도 있다.

이 명운의 사람은 질투심이 강해서 부부간에도 불화가 끊일
사이가 없으니 불행하다. 자녀와의 인연이 박하니 배우자 선정
에서는 필히 최길궁합을 택하도록 노력이 있어야 겠다. 중년기
에 행운이 있으나 놀기 좋아하는 한량이라 오래가지 못하니 성
운기에 노후를 대비해야 한다. 직업은 음악가, 귀금속상, 농업,
음식업 등.

궁 합

8월생의 남자가 원하는 여성	
최길궁합	1968(戊申) 7월생, 1971(辛亥) 1, 10월생, 1974(甲寅) 4월생
중길궁합	1972(壬子) 8월생, 1981(辛酉) 8월생
보통궁합	1966(丙午) 2, 11월생, 1967(丁未) 9월생, 1975(乙卯) 2월생, 1976(丙辰) 9월생
8월생의 여자가 원하는 남성	
최길궁합	1962(壬寅) 7월생, 1965(乙巳) 7월생
중길궁합	1963(癸卯) 8월생, 1954(甲午) 8월생
보통궁합	1967(丁未) 9월생, 1966(丙午) 2월생, 1958(戊戌) 9월생, 1957(丁酉) 2, 11월생

※ 이외의 궁합은 상극궁합으로 피하는 것이 좋다.

1967년 9월(庚戌)생의 성격과 운세

이 명운의 사람은 천품이 고상하여 비천하거나 지저분한 직업 등은 질색이고 남녀가 상대를 택하는 데도 태도, 언어, 복장 등이 깨끗하고 단정치 못한 사람은 싫어한다.

총명하고 또한 선견지명이 있어서 이기주의적인 면도 있다. 정직할 뿐 애교가 없고 붙임성이 적어서 인망이 박하다. 그러나 정의감이 강해서 불의에 대해서는 절대 용납하지 않고 항거한다.

수입이 있어도 친척이나 형제 등에 의해서 손재수가 있고, 주거를 옮기는 운수이다. 비영리 사업가로 이름을 떨치는 사람이 많다.

중년 시기에 몇 번 행운이 있으나 50세 후에 오는 행운을 잘 잡아서 노후에 대비해야 한다. 직업은 교육가, 사회사업가, 출판업 등.

궁 합

9월생의 남자가 원하는 여성	
최길궁합	1968(戊申) 7월생, 1971(辛亥) 1월생
중길궁합	1972(壬子) 8월생, 1981(辛酉) 8월생
보통궁합	1975(乙卯) 2월생, 1976(丙辰) 9월생
9생의 여자가 원하는 남성	
최길궁합	1962(壬寅) 7월생, 1965(乙巳) 7월생
중길궁합	1963(癸卯) 8월생, 1954(甲午) 8월생
보통궁합	1966(丙午) 11월생, 1967(丁未) 9월생

※ 이외의 궁합은 상극궁합으로 피하는 것이 좋다.

1967년 10월(辛亥)생의 성격과 운세

이 명운의 사람은 장남이나 장녀가 아니더라도 장남의 품격을 가지게 되고 둘째나 셋째 며느리가 되어도 가문의 주도적 역할을 맡는 사람이 많다.

그것은 팔괘의 주성(主星)을 타고났기 때문이다. 이 사람은 큰일에 대담하게 대처하는 능력이 있으나 의외의 작은 일에도 신경을 써서 스스로 확인하지 않으면 마음을 놓지 못한다.

이 명운의 사람 중에는 큰 인물이 많이 배출 되었으나 그 반대 인물도 많다. 이 사람은 사려가 심중하고 강정하며 자의만을 관철 시키고자 하기에 배우자가 될 사람은 그런 성질을 수용하는 아량이 있어야 한다.

56, 57세경의 호운을 놓치지 말고 잘 잡아야만 만년이 안락하다. 직업은 무역업, 인쇄업, 광산업 등.

궁　합

10월생의 남자가 원하는 여성	
최길궁합	1968(戊申) 12월생, 1971(辛亥) 3월생
중길궁합	1972(壬子) 11월생, 1981(辛酉) 11월생
보통궁합	1971(辛亥) 1월생, 1977(丁巳) 7월생
10월생의 여자가 원하는 남성	
최길궁합	1962(壬寅) 12월생, 1965(乙巳) 12월생
중길궁합	1963(癸卯) 10월생, 1954(甲午) 2월생
보통궁합	1968(戊申) 7월생, 1965(乙巳) 4월생

※ 이외의 궁합은 상극궁합으로 피하는 것이 좋다.

134

1967년 11월(壬子)생의 성격과 운세

이 명운의 사람은 외강 내유하여 타인이 접하기가 교묘하다. 무슨 일에나 우유 부단하며 결단력이 약하고 동요하는 마음씨라서 급한 일도 주의깊게 돌보지 않고 있다가 낭패를 보고서야 수선을 피운다. 남의 말에 줏대없이 따라가는 성질이어서 여자라면 일찍 정조를 잃기 쉽다. 만사를 조심스럽게 하려고 두루 생각하고 살피다가 꽁무니를 빼고 말기도 한다.

이 사람은 진실을 터놓치 않고 숨어서 하려는 성벽이 있기 때문에 잘못하면 타인으로부터 오해를 받기가 쉬운 기질이다. 또한 애교가 있고 사교에 탁월하기에 청년기 손윗사람의 도움으로 의외의 출세도 하나 실패되고 만다. 중년기 왕성운인 때에 노후를 대비해야 한다. 직업은 교육자, 서비스업, 외교관 등.

궁 합

11월생의 남자가 원하는 여성	
최길궁합	1968(戊申) 2월생, 1971(辛亥) 2월생
중길궁합	1972(壬子) 9월생, 1981(辛酉) 9월생
보통궁합	1978(戊午) 5월생, 1979(己未) 3월생
11월생의 여자가 원하는 남성	
최길궁합	1962(壬寅) 12월생, 1965(乙巳) 2월생
중길궁합	1963(癸卯) 9월생, 1954(甲午) 9월생
보통궁합	1969(己酉) 5월생, 1970(庚戌) 3월생

※ 이외의 궁합은 상극궁합으로 피하는 것이 좋다.

1967년 12월(癸丑)생의 성격과 운세

이 명운의 사람은 화려한 것을 즐기며 무슨 일이든 남보다 먼저하려는 성질이어서 남의 비난을 받기 쉽다. 그러나 비상한 사교의 재능이 있다.

승벽심이 강해서 자기 잘못인 줄 알면서도 비(非)를 관철하려 하는 무리가 있다.

발동하는 시기에 태어났기에 활동한다는 상징적 뜻이 있다.

양기가 있어 용기가 있는 사람이나 거동이 소란하다. 어린아이 같은 천진 담백한 성품이다. 빨리 끓고 빨리 식는 성격이어서 곧 지쳐버린다. 그러므로 장기간을 요하는 일은 불가하다. 21, 22세경에는 윗사람의 후원으로 출세하는 수가 있으나 진운은 50세 이후이다. 직업은 승려, 의사, 농업, 문학자, 요식업 등.

궁 합

12월생의 남자가 원하는 여성	
최길궁합	1968(戊申) 2월생, 1971(辛亥) 11월생
중길궁합	1972(壬子) 9월생, 1981(辛酉) 9월생
보통궁합	1978(戊午) 5월생, 1979(己未) 3월생
12월생의 여자가 원하는 남성	
최길궁합	1962(壬寅) 2월생, 1965(乙巳) 2월생
중길궁합	1963(癸卯) 9월생, 1954(甲午) 9월생
보통궁합	1969(己酉) 5월생, 1970(庚戌) 3월생, 1961(辛丑) 3, 12월생, 1960(庚子) 5월생

※ 이외의 궁합은 상극궁합으로 피하는 것이 좋다.

◈ *1968*(戊申)년생

성   격

이 명운의 사람은 오황(五黃) 주성인으로 중인의 두령격으로 유덕한 위치를 점한다. 옛부터 위인이나 걸사, 영웅 호걸로 칭하는 사람들 중에는 이 명운을 타고 난 사람들이 많다.

그 반면 악행을 서슴지 않는 사람도 많다.

교만하고 강정하여 자기 자신의 재능만을 과신하고 무조건 남을 멸시하는 좋지 못한 성격을 가진 사람도 있다.

자기의 뜻만을 고집하는 승벽심이 강하여 남의 원한이나 혐오를 받아서 손해를 보는 성격이다.

이 사람은 대담한 심장을 가진 사람으로 아무리 큰 일에도 놀라지 않으나 도리어 작은 일에 낭패하고 고심한다.

표면으로는 부드럽고 유순하게 보이나 속은 강하고 편굴하기도 해서 남에게 회포를 푸는 일이 없다. 시기심도 강하여 타인이 도움을 요청하든가 하면 힘을 다하여 도와 주려고 애를 쓴다.

인망이 있어서 타인의 원조를 받는 일이 많다. 이 사람은 영리하면서도 우둔한 일을 하기 때문에 남이 그 마음을 알기 어렵다.

대담 강건하게 보이지만 의외로 소심하여 무슨 일이든 그냥 두지 못하고 자그마한 일에까지 신경을 쓴다.

친연이 두터워서 분가 후에도 본가를 도와 주는 사람이 많다.

운 세

이 명운 중 인(寅)년 생인 사람은 중년기에 자주 직업을 옮기고 57, 58세경에 호운이 온다.

해(亥)년 생은 중년의 실패를 자력으로 만회하고 56, 57세경의 호운을 놓치지 않도록 해야 한다.

사(巳)년 생은 30세 전후에 병액이 있고 43, 44세경의 행운을 확실히 잡아야 한다.

신(申)년 생은 57, 58세경의 호운을 놓치지 말아야 만년이 평안하다.

1968(戊申)년 생의 총괄적 궁합

1968년 생의 남자가 원하는 여성	
최길궁합	1973(癸丑)년생, 1982(壬戌)년생 여성
중길궁합	1975(乙卯)년생, 1976(丙辰)년생, 1984(甲子)년생, 1985(乙丑)년생 여성
보통궁합	1968(戊申)년생, 1971(辛亥)년생, 1974(甲寅)년생, 1977(丁巳)년생 여성

1968년생 여자가 원하는 남성	
최길궁합	1955(乙未)년생, 1964(甲辰)년생의 남성
중길궁합	1967(丁未)년생, 1966(丙午)년생, 1958(戊戌)년생, 1957(丁酉)년생 남성
보통궁합	1965(乙巳)년생, 1962(壬寅)년생, 1956(丙申)년생, 1953(癸巳)년생
상극궁합	1961(辛丑)년생, 1963(癸卯)년생, 1952(壬辰)년생 1954(甲午)년생, 1969(己酉)년생, 1970(庚戌)년생 1972(壬子)년생, 1978(戊午)년생

※ 상극 궁합은 남녀 불문하고 피함이 좋다.

1968년 생의 생월별 궁합

1968년 1월(甲寅)생의 성격과 운세

이 명운은 역상(易象) 중 팔괘를 관할하는 주성에 지덕을 겸비하였으니 음양 겸전하여 귀상이다.

몸가짐이나 심성이 중후하고 사려깊은 면이 있으나 큰일을 기획하면서 호언 장담도 하지만 실속은 변변치 못한 사람이다.

성격은 내면적으로 친절하고 온화하나 자가 당착에 빠져 완고한 사람도 있다.

청년기까지 신고가 많으며 35, 36세경에는 행운이 오나 지키기는 힘들고 52, 53세경에 오는 행운을 잡아야 한다.

직업은 경찰관, 의사, 농업, 이학자 등.

궁 합

1월생의 남자가 원하는 여성	
최길궁합	1973(癸丑) 6월생, 1982(壬戌) 6월생
중길궁합	1975(乙卯) 2, 3월생, 1976(丙辰) 9월생
보통궁합	1971(辛亥) 1월생, 1977(丁巳) 8월생
1월생의 여자가 원하는 남성	
최길궁합	1964(甲辰) 6월생, 1955(乙未) 6월생
중길궁합	1966(丙午) 2월생, 1967(丁未) 9월생
보통궁합	1968(戊申) 7월생, 1965(乙巳) 4월생

※ 이외의 궁합은 상극궁합으로 피하는 것이 좋다.

1968년 2월(乙卯)생의 성격과 운세

이 명운의 사람은 년운이 주성이기에 대담한 기질이 있고 교양인 중에는 큰 인물이 될 소지가 있는 사람이다. 그러나 비천한 사람은 마음이 비뚤어 질 염려가 있어 악행을 서슴지 않는 사람도 있다. 밖으로 보기에는 유순하고 온화한 성품이나 월운이 감(坎)궁이니 속은 강정한 기질에 좀처럼 자기 속을 남에게 보이지 않는다. 따라서 친한 친구가 적으며 때로는 가난과 신고를 속으로 씹으며 묵묵히 참아가는 성품이기도 하다. 그래도 외모보다는 내강하고 양기가 있어서 명쾌한 것을 좋아 한다.

이 사람은 일찍 20대에 출세길도 있으나 중도에 실패수가 있고 해서 유종의 미를 거두기 어렵고 50대까지 여난(女難) 등 이성과의 문제로 고민한다. 직업은 승려, 의사, 음악가, 완구상 등.

궁 합

2월생의 남자가 원하는 여성	
최길궁합	1973(癸丑) 9월생, 1982(壬戌) 9월생, 1975(乙卯) 5월생
중길궁합	1970(庚戌) 3월생, 1976(丙辰) 11월생
보통궁합	1972(壬子) 8월생, 1981(辛酉) 8월생
2월생의 여자가 원하는 남성	
최길궁합	1964(甲辰) 9월생, 1955(乙未) 12월생
중길궁합	1966(丙午) 6월생, 1967(丁未) 2월생
보통궁합	1972(壬子) 8월생

※ 이외의 궁합은 상극궁합으로 피하는 것이 좋다.

1968년 3월(丙辰)생의 성격과 운세

이 명운은 포부가 크고 대담하며 따라서 뭇사람의 수장이 될 수 있는 바탕을 가지고 있다. 그런가 하면 외면은 영리하고 현명하며 퍽 세련된 사람으로 보이나 내면은 다소 우지한 마음에 우열한 행동을 하는 사람이다.

이 명운에 교양이 없는 사람은 자신의 재능만을 과신한 나머지 자만에 빠져 결국은 큰 손실을 입고 재산을 탕진하는 사람도 있다. 그러나 교양인 중에는 덕망이 있어 그 인망으로 큰 인물이 된 사람도 있다.

이 사람 중에는 일찍 고향을 떠나 타향에서 고생하든가 홀로 고독하게 만년을 보낼 수 있으며, 40세 이전의 성공은 오래가기 힘들고 60세 후의 행운을 잘 잡아야 한다. 직업은 은행원, 연예인, 변호사, 문예가, 농업, 전기공업 등.

궁 합

3월생의 남자가 원하는 여성	
최길궁합	1973(癸丑) 3월생, 1982(壬戌) 3월생
중길궁합	1975(乙卯) 4월생, 1976(丙辰) 4월생, 1977(丁巳) 7월생
보통궁합	1973(癸丑) 6월생
3월생의 여자가 원하는 남성	
최길궁합	1964(甲辰) 3월생, 1955(乙未) 8월생
중길궁합	1966(丙午) 4월생, 1967(丁未) 4월생
보통궁합	1964(甲辰) 6월생

※ 이외의 궁합은 상극궁합으로 피하는 것이 좋다.

1968년 4月(丁巳)생의 성격과 운세

이 명운은 ·간(艮) 괘로서 약토(弱土)에 속하는 역상(易象)으로 사람이 침착하나 의혹심이 많아 혼자 고민하는 상이다.

대담한 기질이 있으면서도 작은 일에 일일이 신경쓰다가 실기하여 결국 낭패를 보는 경우가 있다.

밖으로 보기에는 자의(自意)가 강한 듯 하나 내심은 의지가 약하고 우유 부단하면서도 선후를 가리지 않고 분별없이 덤벼서 자기 의사를 관철하려다 오히려 손해를 본다. 근검, 절약의 정도가 지나쳐서 주위로부터 인색하다는 소리를 듣는다.

사물을 이해하는 데는 빠르나 권태를 느끼는 것도 빨라서 쉽게 뜨겁고 쉽게 식는 기질이 있다. 원래 재복이 있어서 적소성대하는 사람도 있다. 초, 중년기에는 운기왕성하나 만년은 쇠퇴운이기에 노년을 대비하는 주의가 필요하다. 직업은 미술가, 종교가, 외교관, 직물업 등.

궁 합

4월생의 남자가 원하는 여성	
최길궁합	1973(癸丑) 1월생, 1982(壬戌) 6월생
중길궁합	1975(乙卯) 2월생, 1976(丙辰) 9월생
보통궁합	1971(辛亥) 1월생, 1974(甲寅) 4월생
4월생의 여자가 원하는 남성	
최길궁합	1964(甲辰) 6월생, 1955(乙未) 6월생
중길궁합	1966(丙午) 2월생, 1967(丁未) 9월생
보통궁합	1962(壬寅) 1월생, 1965(乙巳) 4월생

※ 이외의 궁합은 상극궁합으로 피하는 것이 좋다.

1968년 5월(戊午)생의 성격과 운세

이 명운은 뭇사람의 두령격인 큰 아량이 있는 사람이나 숙살지기가 겸비되어 사람으로부터 경원시 될 가능성이 있다. 이 사람의 특징은 말이 많은 것이다. 그 말 중에 남을 위압하면서 독침을 품은 상이어서 말로 인해 해를 초래할 수도 있다.

무엇이나 과장하고 호언하기를 좋아하나 나중에는 신용을 잃고 만다.

이 사람은 성격이 너무 강정하고 질투심이 강해서 부부간에 불화가 끊일사이 없다. 잘못하면 부부 생이별의 가능성도 있기에 극단적인 자기 중심주의를 경계하고 남을 수용하고 포용하는 아량을 베풀 줄 알아야 행복한 가정을 이룬다.

중년기에 몇 번 행운이 오기는 하나 57, 58세경에 오는 행운을 잡아야 한다. 직업은 승려, 농업, 예술인, 의사 등.

궁 합

5월생의 남자가 원하는 여성	
최길궁합	1973(癸丑) 1월생, 1982(壬戌) 1월생
중길궁합	1975(乙卯) 8월생, 1976(丙辰) 5월생
보통궁합	1975(乙卯) 2월생, 1976(丙辰) 9월생
5월생의 여자가 원하는 남성	
최길궁합	1964(甲辰) 1월생, 1955(乙未) 4월생
중길궁합	1966(丙午) 8월생, 1967(丁未) 1월생
보통궁합	1967(丁未) 9월생, 1966(丙午) 2월생

※ 이외의 궁합은 상극궁합으로 피하는 것이 좋다.

1968년 6월(己未)생의 성격과 운세

이 명운은 팔 괘의 주성을 갖춘 명이어서 기품이 높은 상에 다 인망 있는 덕망격의 상이다.

총명하고 영리한 반면 승벽심이 또한 강해서 이기주의적인 면이 있다. 따라서 자기에게만 유리하도록 일을 처리하므로 주 위 사람으로부터 비난도 듣는다.

의협심이 있어서 비리에 대한 항거도 잘하는 사람이다.

명리(名利)를 추구하지 않는 사업가로 문필가나 교육가, 사회 사업가로 그 이름을 떨치는 사람이 이 명운에 많이 있다.

중년기에 자주 오는 행운은 본래 가지고 있는 기질 때문에 놓치는 수가 많고 50대 말기부터 60세를 지난 다음에 오는 만 년 행운을 잡아야 한다. 직업은 교육가, 의사, 문학가, 예술가 등.

궁 합

6월생의 남자가 원하는 여성	
최길궁합	1973(癸丑) 4월생, 1982(壬戌) 7월생
중길궁합	1975(乙卯) 8월생, 1976(丙辰) 5월생
보통궁합	1975(乙卯) 2월생, 1976(丙辰) 9월생
6월생의 여자가 원하는 남성	
최길궁합	1964(甲辰) 4월생, 1955(乙未) 7월생
중길궁합	1966(丙午) 8월생, 1967(丁未) 5월생
보통궁합	1966(丙午) 11월생, 1967(丁未) 9월생

※ 이외의 궁합은 상극궁합으로 피하는 것이 좋다.

1968년 7월(庚申)년생의 성격과 운세

이 명운의 사람은 연·월 공히 주성 5황토(黃土)의 자리이다. 고매한 인격과 덕망을 갖춘 인물상이다. 그러나 교양이 없으면 극악한 행동을 손바닥 뒤집듯이 할 수도 있는 인물상이다.

위인이나 영웅 호걸의 명운이기에 더러는 큰 사업을 기획하고 호언 장담을 하기도 하지만 실속은 별로다.

강정한 성격이기에 교만하고 남을 업신여기며, 비(非)를 옳다고 밀고 가려는 무리한 면과 대담한 기질이지만 의외로 자그만한 일에 일일이 간섭하고 확인을 해야만 직성이 풀리는 성미다. 인망이 있기 때문에 윗사람의 도움으로 일찍 입신 출세도 한다.

중년에 몇 번 직업 변경이 있겠고 57, 58세경의 행운을 잡아야 노후가 편하다. 직업은 변호사, 외교관, 철공, 잡화상 등.

궁 합

7월생의 남자가 원하는 여성	
최길궁합	1973(癸丑) 6월생, 1982(壬戌) 6월생
중길궁합	1975(乙卯) 2월생, 1976(丙辰) 9월생
보통궁합	1971(辛亥) 1월생, 1977(丁巳) 7월생
7월생의 여자가 원하는 남성	
최길궁합	1964(甲辰) 6월생, 1955(乙未) 6월생
중길궁합	1966(丙午) 3월생, 1967(丁未) 9월생
보통궁합	1968(戊申) 7월생, 1965(乙巳) 4월생

※ 이외의 궁합은 상극궁합으로 피하는 것이 좋다.

1968년 8월(辛酉)생의 성격과 운세

이 명운은 년운이 오황성이기에 교양이 있는 사람 중에는 거물급 인물이 많이 배출되었다.

이 사람은 타인의 도움으로 입신 출세하는 사람이 많이 있으나 교양이 없는 사람은 오히려 완고하고 편굴해져서 극악한 행동을 하는 사람도 있다.

밖으로 보기에 강정한 듯하나 내심은 유순하며 우유 부단하여 결단력이 부족하다. 따라서 타인의 의사에 따라 행동으로 옮기다가 결국은 후회하게 된다.

이 명운의 사람은 47, 48세경부터 53, 54세경까지 좋은 행운을 놓치지 말고 만년을 안락하게 보낼 수 있도록 대비가 필요하다. 직업은 정치가, 기자, 변호사, 여관업, 외교관 등.

궁 합

8월생의 남자가 원하는 여성	
최길궁합	1973(癸丑) 5월생, 1982(壬戌) 5월생
중길궁합	1975(乙卯) 9월생, 1976(丙辰) 6월생
보통궁합	1978(戊午) 5월생, 1979(己未) 3월생
8월생의 여자가 원하는 남성	
최길궁합	1964(甲辰) 5월생, 1955(乙未) 5월생
중길궁합	1966(丙午) 9월생, 1967(丁未) 6월생
보통궁합	1969(己酉) 5월생, 1970(庚戌) 3월생

※ 이외의 궁합은 상극궁합으로 피하는 것이 좋다.

1968년 9월(壬戌)생의 성격과 운세

이 명운의 사람은 중춘(仲春)의 기상으로 양기가 상승하고 발노(發怒)함을 뜻한다. 이는 지상 만물이 생성 발육하는 계절인 동시 활동을 시작하는 상이기에 활동가임을 뜻한다.

동적인 인물인 동시 친절미가 있고 무엇이나 남보다 먼저 하려 하기에 경솔한 면이 있다.

처음은 강하게 행동하나 상대방이 강하게 나오면 소금친 채소처럼 곧 수그러진다. 잠자코 정지 상태를 지키지 못하고 남의 일에 간섭을 하기 때문에 경원시 당하기도 한다.

27, 28세경 병으로 고생하는 수가 있고 33, 34세경에는 행운이 오기는 하나 50세 후에 오는 행운이 진운이다.

직업은 교육자, 승려, 의사, 요리업, 건축가 등.

궁 합

9월생의 남자가 원하는 여성	
최길궁합	1973(癸丑) 5월생, 1982(壬戌) 5월생
중길궁합	1975(乙卯) 9월생, 1976(丙辰) 6월생
보통궁합	1978(戊午) 5월생, 1979(己未) 3월생
9월생의 여자가 원하는 남성	
최길궁합	1964(甲辰) 5월생, 1955(乙未) 5월생
중길궁합	1966(丙午) 9월생, 1967(丁未) 6월생
보통궁합	1969(己酉) 5월생, 1970(庚戌) 3월생, 1961(辛丑) 3, 12월생, 1960(庚子) 5월생

※ 이외의 궁합은 상극궁합으로 피하는 것이 좋다.

1968년 10월(癸亥)생의 성격과 운세

역상(易象)은 음으로 밝지 못하나 성실하고 평온한 기운(氣運)이다.

성품이 은인 자중하여 주어진 여건대로 최저한도의 생활을 감수하는 성품이고 신분에 알맞은 일을 의욕적으로 해 나가며 과거의 침체를 만회시키고 장래를 위한 토대를 착실히 구축하는 태도를 지닌다.

남과 교제를 하면서 늘 자기의 이득만을 생각하기 때문에 결국은 절교하고 만다.

20세 전후에 윗사람의 도움으로 출세도 하나 성질이 급해서 결국은 실패로 돌아가게 된다. 50세 후에 오는 행운을 잘 포착하면 노년이 안락하다. 직업은 철강업, 외교관, 회사원 등.

궁 합

10월생의 남자가 원하는 여성		
최길궁합	1973(癸丑) 6월생, 1982(壬戌) 6월생	
중길궁합	1975(乙卯) 2, 3월생, 1976(丙辰) 6월생	
보통궁합	1971(辛亥) 1월생, 1977(丁巳) 8월생, 1974(甲寅) 4월생	
10월생의 여자가 원하는 남성		
최길궁합	1964(甲辰) 6월생, 1955(乙未) 6월생	
중길궁합	1966(丙午) 2월생, 1967(丁未) 9월생	
보통궁합	1968(戊申) 7월생, 1965(乙巳) 4월생, 1962(壬寅) 1, 10월생	

※ 이외의 궁합은 상극궁합으로 피하는 것이 좋다.

1968년 11월(甲子)생의 성격과 운세

이 명운의 사람은 자의(自意)가 강하여 일을 추진하는 데 대담하며, 밖으로는 온화하고 유순하나 내면은 강한 심성의 소유자이다. 동시에 인품이 중후하여 남이 함부로 대하기 어려운 점이 있고, 좀처럼 자기의 사상이나 소신을 남에게 밝히지 않고 침묵을 지키기 때문에 친한 친구가 적다.

어떤 면에서는 완고하고 편굴해서 딴 사람의 충언이나 충고를 무시하고 내려다보는 기질이 있어 독선적이란 비난과 함께 실패를 자초한다. 그러나 내강하기 때문에 우울하게 보여도 명쾌한 것을 좋아한다.

초·중년의 행운은 어렵고 60세 이후의 행운만이 안락한 생활을 유지할 수 있다. 직업은 정치가, 연예인, 문필가, 주조업 등.

궁 합

11월생의 남자가 원하는 여성	
최길궁합	1973(癸丑) 9월생, 1982(壬戌) 9월생
중길궁합	1975(乙卯) 6월생, 1976(丙辰) 2월생
보통궁합	1972(壬子) 8월생, 1981(辛酉) 8월생
11월생의 여자가 원하는 남성	
최길궁합	1964(甲辰) 8월생, 1955(乙未) 11월생
중길궁합	1966(丙午) 6월생, 1967(丁未) 3월생
보통궁합	1972(壬子) 8월생

※ 이외의 궁합은 상극궁합으로 피하는 것이 좋다.

150

1968년 12월(乙丑)생의 성격과 운세

이 명운의 사람은 역상(易象)은 수려하게 보이나 안으로는 음(陰)이 강해서 외면은 총명하고 강하게 보인다. 내면은 그와 달리 음질이어서 어둡고 우열한 인품이다. 성질이 급하고 강하기에 무엇이나 생각이 나면 날 듯이 곧 착수하고 후회한다. 의당이 지켜야 할 비밀을 쉽게 함부로 노출하고 실패를 자초하는 경솔함이 있다.

이 명운은 사람에 따라서는 교양과 인망이 높아서 뭇사람의 두령이 되기도 한다. 이 사람은 이성문제로 재난을 당하는 사람이 많고, 여성은 일생을 해로하기가 힘들다.

60세 후에 오는 행운을 잡아야 한다. 직업은 농업, 직물업, 은행원, 문필가, 기자, 소설가 등.

궁 합

12월생의 남자가 원하는 여성	
최길궁합	1973(癸丑) 2월생, 1982(壬戌) 3월생
중길궁합	1975(乙卯) 4월생, 1976(丙辰) 4월생
보통궁합	1973(癸丑) 6월생
12월생의 여자가 원하는 남성	
최길궁합	1964(甲辰) 12월생, 1955(乙未) 12월생
중길궁합	1966(丙午) 4월생, 1967(丁未) 4월생
보통궁합	1964(甲辰) 6월생, 1955(乙未) 6월생

※ 이외의 궁합은 상극궁합으로 피하는 것이 좋다.

◆ *1969*(己酉)년생

성 격

이 명운의 사람은 손(巽) 괘의 사람으로 외강 내유하여 타인들이 사귀기가 극히 어렵다. 무슨 일에나 우유 부단하며 결단력이 다소 약하고 긴요한 일에도 둔한하게 생각하며 실패한 후에야 수선을 피운다.

남의 말에 줏대없이 따르다가 속으로 후회하든가 나중에는 그를 비방만 하는 성격이다.

무슨 일이나 억지로 하려고 애를 쓰고 한번 노하면 그 정도가 격심하지만 쉽게 풀어지며 오래가지는 않는다.

평상시 진실을 토로하지 않고 비밀히 처리하려는 성질이 있어서 잘못하면 타인으로부터 오해를 받기 쉬운 기질이다.

욕망이 자기의 분수를 지나쳐서 오히려 손실만을 보는 결과가 된다.

어떤 사람은 고향을 떠나 객지나 타국에 나가 장사나 사업을 하는 사람도 있다.

생가에 같이 거주하는 사람이라도 마음이 잘 맞지 않아 거북해지고, 딴 사람이 하기 힘든 일을 자진하여 도우려 한다.

이 명운의 사람은 자력으로 입신 출세하는 것보다 유력인에게 의뢰하여 그 원조로 입신하는 것이 훨씬 빠른 길이다. 이 사람은 처세상 곡절이 심하며 작은 성공으로는 만족하지 않는다. 실패한다 해도 자력으로 만회할 수 있는 능력이 있다.

운　세

이 명운 중 자(子)년 생은 중년기의 운세는 왕성하나 만년기 운세는 침체의 염려가 있으므로 대비가 요구된다.

묘(卯)년 생은 중년기 운세가 왕성할 때 만년을 대비해야 한다.

오(午)년 생은 중년 운세가 좋으나 놓칠 염려가 있으며 52, 53세경의 행운을 잡아야 한다.

유(酉)년 생은 47, 48세부터 53, 54세까지의 행운을 놓치지 말아야 한다.

1969(己酉)년생의 총괄적 궁합

1969년 생의 남자가 원하는 여성	
최길궁합	1972(壬子)년생, 1981(辛酉)년생 상생 최길 궁합이다.
중길궁합	1973(癸丑)년생, 1982(壬戌)년생 상생 차길 궁합이다.
보통궁합	1970(庚戌)년생, 1978(戊午)년생 1979(己未)생 여성

1969년생 여자가 원하는 남성	
최길궁합	1963(癸卯)년생, 1954(甲午)년생 남성 최길 상생 궁합이다.
중길궁합	1964(甲辰)년생, 1955(乙未)년생 남성 상생 차길 궁합이다.
보통궁합	1970(庚戌)년생, 1969(己酉)년생, 1961(辛丑)년생, 1960(庚子)년생 남성
상극궁합	1971(辛亥)년생, 1967(丁未)년생, 1966(丙午)년생 1965(乙巳)년생, 1962(壬寅)년생, 1974(甲寅)년생 1976(丙辰)년생, 1980(庚申)년생

※ 상극 궁합은 남녀 불문하고 피함이 좋다.

1969년 생의 생월별 궁합

1969년 1월(丙寅)생의 성격과 운세

이 명운은 밖으로는 화려하나 속은 실속이 적고, 낡고 골치아픈 일들은 끝이나는 동시에 새로운 출발을 시도하는 상이다.

이 사람은 외모는 현명하고 영리하나 내심은 우직하고 유순하다. 동시에 무슨 일에나 우유 부단하여 결단력이 좀 약하고 다소 동요하는 마음씨라서 긴급한 일도 등한하게 돌아보지 않고 일시나마 방치하였다가 낭패를 보고서야 수선을 떠는 기질이다.

이 사람은 만년에 가서는 운기가 침체한다. 따라서 40, 50대의 성운기에 노후의 일을 생각하고 완전한 계획을 세워야 한다. 직업은 미술가, 음악가, 외교관, 농업, 직물업, 종교가, 금은 세공, 염색업 등.

궁 합

1월생의 남자가 원하는 여성	
최길궁합	1972(壬子) 9월생, 1981(辛酉) 9월생
중길궁합	1973(癸丑) 9월생, 1982(壬戌) 9월생
보통궁합	1971(辛亥) 1월생, 1974(甲寅) 4월생
1월생의 여자가 원하는 남성	
최길궁합	1963(癸卯) 9월생, 1954(甲午) 9월생
중길궁합	1964(甲辰) 9월생, 1955(乙未) 9월생
보통궁합	1962(壬寅) 1월생, 1965(乙巳) 4월생

※ 이외의 궁합은 상극궁합으로 피하는 것이 좋다.

1969년 2월(丁卯)생의 성격과 운세

이 달에 출생한 사람의 명운은 매사가 번영하고 발전하는 과정이니 자연 동분서주하면서 대 활동을 한다. 목적함을 이루어 무엇이나 성대하여 지고 사회적 신용이 두터우니 교제도 넓어진다. 멀리 있는 사람과 사귀면서 여행 교제가 생기니 혼담이든가 기타 상의할 일이 생긴다.

숙살지기(肅殺之氣)가 있으니 말로써 화를 자초할 염려가 있다. 변설가이기에 입으로 상대방을 농하고 위압하여 무슨 일이나 직접하기는 싫어하고 남을 시켜 행동하려 한다.

이 사람은 유년기에 행운이 있으나 별다른 결과는 얻지 못할 것이고 37, 38세경에 병을 얻게 되고 63, 64세경에 행운을 얻게 되면 만년을 편히 보내게 된다.

직업은 은행원, 중개업, 의류, 의사, 예술인, 승려, 농업 등.

궁 합

2월생의 남자가 원하는 여성	
최길궁합	1972(壬子) 10월생, 1981(辛酉) 10월생
중길궁합	1973(癸丑) 5월생, 1982(壬戌) 5월생
보통궁합	1975(乙卯) 2월생, 1976(丙辰) 9월생
2월생의 여자가 원하는 남성	
최길궁합	1963(癸丑) 10월생, 1954(甲午) 10월생
중길궁합	1964(甲辰) 5월생, 1955(乙未) 5월생
보통궁합	1967(丁未) 9월생, 1966(丙午) 2월생

※ 이외의 궁합은 상극궁합으로 피하는 것이 좋다.

1969년 3월(戊辰)생의 성격과 운세

이 명운의 사람은 기품이 높으니 강정하고, 또한 총명하면서 친절미가 있으니 자연 지지하고 도와 주는 사람이 많아 인망이 있는 사람이다.

한편 영리하고 선견지명은 있으나 남의 의사를 무시하고 이기주의적으로 자기에게만 유리하도록 일을 도모한다. 동시에 남에게 지기 싫어하는 승벽심이 있어 때로는 경원시되기도 한다.

따라서 실패할 일에 옳지 못한 줄 알면서도 옳다고 우기므로 동료나 윗사람의 반감을 사기도 한다.

46세 전의 성운은 오래 지속하기 어렵겠고 46세 이후의 행운을 놓치거나 붙잡지 못하면 그 후는 운기가 침체하기 쉬우니 행운기를 놓치지 말아야 노후가 편안하다.

직업은 음식업, 공무원, 농산물상, 교육자 등.

궁 합

3월생의 남자가 원하는 여성	
최길궁합	1972(壬子) 10월생, 1981(辛酉) 3월생
중길궁합	1973(癸丑) 5월생, 1982(壬戌) 5월생
보통궁합	1975(乙卯) 2월생, 1976(丙辰) 9월생
3월생의 여자가 원하는 남성	
최길궁합	1963(癸卯) 3월생, 1954(甲午) 3월생
중길궁합	1964(甲辰) 8월생, 1955(乙未) 5월생
보통궁합	1966(丙午) 11월생, 1967(丁未) 9월생

※ 이외의 궁합은 상극궁합으로 피하는 것이 좋다.

1969년 4월(己巳)생의 성격과 운세

이 명운의 사람은 여러 명운 중의 주성(主星)으로 교양이 풍
부하고 마음이 관대하며 자애심이 깊은 인망높은 사람 중에 영
웅 호걸, 열사, 걸사같은 위인들이 많이 배출되었는가 하면 범
인 중에 기질이 편고하고 완미한 사람 중에는 악행을 여반장으
로 하는 극악한 사람도 있다.

그러나 일반적으로 성질이 교만하고 강정하여 자기의 재능을
과신한 나머지 타인을 멸시하는 성질이 있다.

대담한 담력이 있기에 큰일에 별로 놀라지 않으나 오히려 작
은 일에 두루 신경을 쓰는 기질이다.

30세 전후에 병액이 있을 수 있고 재난이 있으니 주의를 요
하고 43, 44세경에 행운이 있으니 이를 잘 잡아야 한다.

직업은 선원, 무역업, 광산업, 인쇄업 등.

궁 합

4월생의 남자가 원하는 여성		
최길궁합	1972(壬子) 9월생, 1981(辛酉) 9월생	
중길궁합	1973(癸丑) 9월생, 1982(壬戌) 6월생	
보통궁합	1971(辛亥) 1월생, 1977(丁巳) 7월생	
4월생의 여자가 원하는 남성		
최길궁합	1963(癸卯) 9월생, 1954(甲午) 6월생	
중길궁합	1964(甲辰) 9월생, 1955(乙未) 9월생	
보통궁합	1968(戊申) 7월생, 1965(乙巳) 4월생	

※ 이외의 궁합은 상극궁합으로 피하는 것이 좋다.

1969년 5월(庚午)생의 성격과 운세

이 명운의 사람은 내강 외유한 사람으로 밖으로 보기에는 강하게 보이나 내심은 유순하다. 따라서 결단력이 약하고 다소 동요하는 마음씨라서 우유 부단한 성질이 있다.

무슨 일이나 무리하게 밀고 가려는 성질이 있어서 결국에는 낭패를 보고 만다.

한편 애교가 있고 사교에 능한 점이 있어 윗사람의 뒷받침으로 입신 출세도 한다. 중년기에 사람들이 그 행운을 부러워할 정도가 되나 그 좋은 행운을 주색 때문에 탕진할 염려가 있다.

52, 53세경에 오는 행운을 주의깊게 잡아야만 노년을 안락하게 보낸다. 직업은 전기업, 인쇄업, 교육자 등.

궁 합

5월생의 남자가 원하는 여성	
최길궁합	1972(壬子) 8월생, 1981(辛酉) 8월생
중길궁합	1973(癸丑) 6월생, 1982(壬戌) 6월생
보통궁합	1978(戊午) 5월생, 1979(己未) 3월생
5월생의 여자가 원하는 남성	
최길궁합	1963(癸卯) 8월생, 1954(甲午) 8월생
중길궁합	1964(甲辰) 6월생, 1955(乙未) 6월생
보통궁합	1969(己酉) 5월생, 1970(庚戌) 3월생

※ 이외의 궁합은 상극궁합으로 피하는 것이 좋다.

69년 6월(辛未)생의 성격과 운세

중춘(仲春)의 양기가 상승하는 때를 뜻하기 때문에 발노(發怒)하기 쉬운 성질인 반면에 친절미가 있다. 화려한 것을 즐기며 무슨 일이나 남보다 앞서 하려는 의욕이 강해서 비난을 듣기도 한다. 그러나 비상한 사교가이다.

발동하는 시기라서 지상 만물이 생육을 시작하는 계절이기 때문에 분주히 활동하는 사람이다.

이 사람은 그 본성에 양(陽)이 있으므로 용기가 있다. 따라서 거동이 좀 경솔한 듯하다. 고요한 상태로 지내지 못하여 아무 관계도 없는 일에 간섭하므로 경원시되는 경우가 많다.

20대에 중병의 위험이 있고 42, 43세경에는 친척이나 친구 때문에 손실을 보는 수가 있다. 자손의 덕으로 만년은 안락한 생활을 누리게 된다. 직업은 미술가, 승려, 기계기사, 약제사 등.

궁 합

6월생의 남자가 원하는 여성	
최길궁합	1972(壬子) 9월생, 1981(辛酉) 9월생
중길궁합	1973(癸丑) 6월생, 1982(壬戌) 6월생
보통궁합	1978(戊午) 5월생, 1979(己未) 3월생
6월생의 여자가 원하는 남성	
최길궁합	1963(癸卯) 8월생, 1954(甲午) 8월생
중길궁합	1964(甲辰) 6월생, 1955(乙未) 6월생
보통궁합	1969(己酉) 5월생, 1970(庚戌) 3월생

※ 이외의 궁합은 상극궁합으로 피하는 것이 좋다.

1969년 7월(壬申)생의 성격과 운세

외면이 밝지 못한 듯하나 성실한 성품으로 평온한 기운이다.

주어지는대로 최저한도의 보수를 달게 받고 자기 신분에 알 맞은 일을 의욕적으로 해 나가며 과거의 침체 운기를 만회 시키고 장래의 토대를 구축하기 ‘위하여 착실한 생활을 한다.

비천한 일이라도 꺼리지 않고 해나가기 때문에 주위로부터 비난 공격을 받기도 한다. 남과 교제를 하면서 늘 자기의 이득만을 따지기 때문에 결국은 절교하든가 영속되지 못한다.

청년기에 출세 성공의 행운이 찾아들고 32, 33세경에 명성을 넓게 떨칠 기회가 다가온다. 그 후 56, 57세경에는 일대 행운이 올 것이니 그 호기를 잘 포착하고 선처해야 한다.

직업은 강철, 외교관, 회사원 등.

궁 합

7월생의 남자가 원하는 여성	
최길궁합	1972(壬子) 6월생, 1981(辛酉) 9월생
중길궁합	1973(癸丑) 9월생, 1982(壬戌) 9월생
보통궁합	1971(辛亥) 1월생, 1977(丁巳) 8월생, 1974(甲寅) 4월생
7월생의 여자가 원하는 남성	
최길궁합	1963(癸卯) 9월생, 1954(甲午) 9월생
중길궁합	1964(甲辰) 9월생, 1955(乙未) 9월생
보통궁합	1968(戊申) 7월생, 1965(乙巳) 4월생

※ 이외의 궁합은 상극궁합으로 피하는 것이 좋다.

1969년 8월(癸酉)생의 성격과 운세

평상시 외면적으로는 유순하고 온화하게 보이나 사실은 내심이 강하여 교만하며 남을 경시하는 성질이 있다.

표면적으로는 우울하게 보이나 그 반대로 내심은 양기가 있어 강하고 명쾌한 것을 즐기는 사람이다.

다른 사람의 기분을 살피어 마음에 없는 아양과 애교를 부리면서 속으로는 남을 업신여기고 비방하는 좋지 못한 성실을 가진 사람도 있다.

이 사람은 재주는 없으나 이익을 챙기는 데 급급하고 쓸데없는 말이 많아서 실패를 잘 한다.

초·중년의 행운을 길이 간직하기는 어렵고 다만 60세 이후의 행운을 잘 잡아야 만년을 편히 보낼 수 있다. 직업은 정치가, 주조판매업, 금은 세공, 연예인, 여관, 요리점, 문필가 등.

궁 합

8월생의 남자가 원하는 여성	
최길궁합	1972(壬子) 3월생, 1981(辛酉) 3월생
중길궁합	1973(癸丑) 3월생, 1982(壬戌) 3월생
보통궁합	1972(壬子) 8월생, 1981(辛酉) 8월생
8월생의 여자가 원하는 남성	
최길궁합	1963(癸卯) 3월생, 1954(甲午) 11월생
중길궁합	1964(甲辰) 12월생, 1955(乙未) 12월생
보통궁합	1972(壬子) 8월생

※ 이외의 궁합은 상극궁합으로 피하는 것이 좋다.

1969년 9월(甲戌)생의 성격과 운세

이 사람은 교만한 성격이어서 자신이 괴로우면서도 그렇지 않은 것처럼 보이려는 사람이기에 자연히 손비만 많을 뿐이다. 영리하게 보이나 내심은 우둔한 편이다.

양기인 때는 떠들고 소란하지만 음기인 때는 우울에 빠져 버린다.

부모, 형제나 친척들과 멀리 떨어져 타향에서 고생하든가 고독하게 만년을 보내는 사람이 많다.

인내력이 있어서 대사업도 성취시킬 수 있는 능력이 다분히 있으나 주색 때문에 실패하기 쉽다. 그러나 건실하게 행동하면 뜻밖의 후원자를 얻을 수도 있다. 35, 36세경의 호운은 지키기 어렵고 52, 53세의 행운을 포착하면 노후생활을 편히 지낼 수 있다. 직업은 경찰관, 미술상, 수직물상, 인쇄업 등.

궁 합

9월생의 남자가 원하는 여성	
최길궁합	1972(壬子) 5월생, 1981(辛酉) 5월생
중길궁합	1973(癸丑) 4월생, 1982(壬戌) 4월생
보통궁합	1973(癸丑) 6월생
9월생의 여자가 원하는 남성	
최길궁합	1963(癸卯) 7월생, 1954(甲午) 5월생
중길궁합	1964(甲辰) 4월생, 1955(乙未) 4월생
보통궁합	1964(甲辰) 6월생

※ 이외의 궁합은 상극궁합으로 피하는 것이 좋다.

1969년 10월(乙亥)생의 성격과 운세

이 명운의 사람은 침착하고 온순하나 의혹심이 많아서 사소한 일에도 고민을 하는 성질이다. 그러므로 결단력이 부족하여 무슨 일이든지 자기 혼자 결정하지 못하고 남에게 의뢰하는 성질이다.

온순하고 정직하며 인내심이 강하여 착실하고 열심인 점은 타인의 추종을 불허한다.

부녀는 가정에서는 집안일에 열중하여 가사 처리를 잘 하나 기가 강하기 때문에 부부간에 마찰이 있다. 양기지인 이기 때문에 활동적이고 도약적인 성질의 사람이다. 또한 이 사람은 청죽(靑竹)을 쪼갠 듯한 담백한 성질이어서 경솔한 면이 있다. 중년 시기의 행운은 지키기 힘들고 50세 이후의 행운이 참운이기에 이것을 잘 잡아야 한다. 직업은 건축업, 미술가, 여숙업, 농업 등.

궁 합

10월생의 남자가 원하는 여성	
최길궁합	1972(壬子) 9월생, 1981(辛酉) 9월생
중길궁합	1973(癸丑) 8월생, 1982(壬戌) 8월생
보통궁합	1971(辛亥) 1월생, 1974(甲寅) 4월생
10월생의 여자가 원하는 남성	
최길궁합	1963(癸卯) 9월생, 1954(甲午) 9월생
중길궁합	1964(甲辰) 8월생, 1955(乙未) 8월생
보통궁합	1962(壬寅) 1월생, 1965(乙巳) 4월생

※ 이외의 궁합은 상극궁합으로 피하는 것이 좋다.

1969년 11월(丙子)생의 성격과 운세

이 명운의 사람은 타인의 의사에 따라 줏대없이 그를 추종하고 그를 이용하려다가 내심은 후회하든가 혼자서 그를 비방하는 좋지 못한 악벽이 있다.

말이 많아서 타인으로 하여금 경원시되기도 한다. 병적인 자기중심적 성격이어서 독단이나 독선적인 면이 강하여 비민주적인 성격이 있다.

부부간에도 대화가 이루어지기 힘들어 불화가 심하고 질투심 때문에 결국은 생이별의 쓴잔을 마시는 경우가 많다. 모름지기 말을 삼가고 상대방의 의사를 존중하는 마음가짐이 필요하다.

중년시대에 몇 번 호운이 오나 실패할 염려가 많고 50세 전후에 오는 행운을 주의심이나 노력이 없어서 놓치게 된다.

극심한 침체를 미리 대비하는 노력이 긴요하다. 직업은 농업, 철공업, 법률가 등.

궁 합

11월생의 남자가 원하는 여성	
최길궁합	1972(壬子) 7월생, 1981(辛酉) 7월생
중길궁합	1973(癸丑) 5월생, 1982(壬戌) 5월생
보통궁합	1975(乙卯) 2월생, 1976(丙辰) 9월생
11월생의 여자가 원하는 남성	
최길궁합	1963(癸卯) 7월생, 1954(甲午) 10월생
중길궁합	1964(甲辰) 5월생, 1955(乙未) 5월생
보통궁합	1967(丁未) 9월생, 1966(丙午) 2월생

※ 이외의 궁합은 상극궁합으로 피하는 것이 좋다.

1969년 12월(丁丑)생의 성격과 운세

이 명운의 사람은 정직하고 고상한 기품의 소유자이기 때문에 비천한 일을 싫어하는 성품이다.

그러나 내유 외강하여 우유 부단해서 결단력이 부족하고 남의 의사에 따라 행동하다가 결국은 후회하고 마는 기질도 있다.

이 사람이 교양이 없다면 완고하고 편굴해져서 성격이 왜곡되고 비뚤어져서 비굴한 짓을 한다. 그러나 교양인은 총명하고 선견지명이 있어서 타인의 지지를 얻어 인망을 얻는다.

한편 승벽심이 강해서 남에게 지는 것은 질색이다. 따라서 이기적으로 자기에게만 유리하도록 행동하기에 원성을 듣기도 한다. 대체로 이 사람은 60세 후에 오는 행운을 잡아야 여생을 즐긴다. 직업은 농업, 광산업, 건어물, 청과상 등.

궁 합

12월생의 남자가 원하는 여성	
최길궁합	1972(壬子) 7월생, 1981(辛酉) 4월생
중길궁합	1973(癸丑) 5월생
보통궁합	1975(乙卯) 2월생, 1976(丙辰) 9월생
12월생의 여자가 원하는 남성	
최길궁합	1963(癸卯) 4월생, 1954(甲午) 4월생
중길궁합	1964(甲辰) 5월생, 1955(乙未) 5월생
보통궁합	1966(丙午) 11월생, 1967(丁未) 9월생

※ 이외의 궁합은 상극궁합으로 피하는 것이 좋다.

◆ *1970*(庚戌)년생

성   격

이 사람은 진(震)괘의 사람으로 이 해에 출생한 사람은 성질이 강하기 때문에 노하기를 잘하며 반면 친절미도 있는 성품이다.

화려한 것을 즐기며 무슨 일이든 다른 사람보다 먼저 하려는 성질이기 때문에 타인으로부터 비난을 받기도 한다. 남에게 지는 것을 가장 싫어하기 때문에 자기 잘못인 줄 알면서도 의사를 굽히지 않고 관철시키려 한다.

만물이 생동하는 기상을 타고나서 부지런하게 활동하는 사람이다.

양간(陽干)을 타고났기에 용기가 있으나 그 반면 행동에 경솔함이 있다.

사소한 일이라도 자기 뜻에 맞지 않으면 큰소리를 내지만 본심은 다르다.

무슨 일이나 착수는 빨리하나 곧 지쳐버리는 성미이고 꾸준히 밀고가는 차분한 성질이 모자란다. 소금물에 숨이 죽는 야채처럼 곧 누그러지고 음추려 든다.

악의는 아니면서 경우에 따라서는 마음에 없는 허무맹랑한 소리로 남의 귀를 달콤하게 하기도 하여 오히려 타인의 비난을 사기도 한다.

이 사람은 어느 때고 잠자코 있지를 못하고 아무관계도 없는 일을 여기저기 돌아다니며 남의 일에 간섭하기를 좋아한다.

운   세

축(丑)년 생은 21, 22세경 선배의 도움으로 입신 출세하나 50세 이후의 운세가 침체되니 미리 대비해야 한다.

진(辰)년 생은 중년기의 성공은 지속이 어렵고 50세 후의 행운을 놓치지 않도록 해야 한다.

미(未)년 생은 27, 28세경에 중병의 위험이 있고 42, 43세경에는 친척이나 친구 때문에 손해를 볼 수 있다.

술(戌)년 생은 33, 34세경에 행운이 오나 대체로 50세 후에 오는 행운을 잘 잡아야 한다.

168

1970(庚戌)년생의 총괄적 궁합

1970년 생의 남자가 원하는 여성	
최길궁합	1972(壬子)년 생의 여성이나, 1981(辛酉)년 생의 여성이 가장 길한 배필이다.
중길궁합	1973(癸丑)년 생이나, 1982(壬戌)년 생의 여성이 좋다.
상극궁합	1971(辛亥)년생, 1974(甲寅)년생, 1977(丁巳)년생, 1975(乙卯)년생, 1976(丙辰)년생 이다.

1970년생 여자가 원하는 남성	
최길궁합	1963(癸卯)년 생이나 1954(甲午)년 생이 가장 길한 배필이다.
중길궁합	1964(甲辰)년 생이나 1955(乙未)년 생이 좋다.
상극궁합	1962(壬寅)년생, 1965(乙巳)년생, 1966(丙午)년생, 1967(丁未)년생, 1971(辛亥)년생의 남성

※ 상극 궁합은 남녀 불문하고 피함이 좋다.

庚戌년은 金으로 강한 것을 나타낸다. 그렇기에 壬癸의 水가 있어서 金의 강한 성질을 누그러지게 해야 길하다.

1970년 생의 생월별 궁합

1970년 1월(戊寅)생의 성격과 운세

1월생은 성격이 호탕하고 거만한 점이 있으면서 고집이 센 사람이므로 남의 말을 듣기 싫어하는 강한 성격의 소유자다. 그러나 주관이 뚜렷하고 의지가 강해서 뭇사람의 우두머리가 되어 한 부서의 장이나 사기업의 사장이 되는 사람이 많다.

이 달에 출생한 사람에는 옛부터 위인, 걸사, 영웅 호걸 등의 인물이 많이 배출되었다.

이 사람은 중년기에 자주 직업을 바꾸게 되며 57, 58세경에 좋은 운이 오면 놓치지 않도록 단단히 마음먹지 않으면 만년에 안락한 생활을 기대하기 어렵다.

직업은 전기업, 인쇄업, 경찰관, 농업, 이학자 등.

궁 합

1월생의 남자가 원하는 여성	
최길궁합	1981(辛酉) 9월생, 1972(壬子) 9월생
중길궁합	1973(癸丑) 9월생, 1982(壬戌) 9월생
보통궁합	1974(甲寅) 4월생, 1980(庚申) 1, 10월생
1월생의 여자가 원하는 남성	
최길궁합	1963(癸卯) 9월생, 1954(甲午) 9월생
중길궁합	1964(甲辰) 9월생, 1955(乙未) 9월생
보통궁합	1962(壬寅) 1, 10월생, 1965(乙巳) 4월생, 1968(戊申) 7월생

※ 이외의 궁합은 상극궁합으로 피하는 것이 좋다.

戊寅월에 출생한 사람은 생발(生發)의 기를 타고났기 때문에 웬만한 장애가 있어도 두려움이 없다.

170

1970년 2월(己卯)생의 성격과 운세

이 달에 출생한 사람은 성격이 침착하고 남을 도와주는 자상한 면이 있으나 이것저것 간섭하기를 좋아하기 때문에 도움을 주고도 덕을 입지 못한다. 오히려 꺼리낌을 받기도 한다. 남에게 베풀고 이것을 과장하여 큰 은혜나 베푼 것처럼 떠들기 때문에 도리어 반감을 사는 수가 허다하다.

평상시 진실을 그대로 토로(吐露)하지 않고 숨어서 하려는 성벽이 있기에 잘못하면 타인으로부터 오해를 받기 쉬운 기질이다. 또한 남의 말을 가벼이 믿고 의외의 실패를 하기도 한다.

무슨 일이든 적극적으로 하려하나 망설이다가 좋은 기회를 놓친다. 또한 욕심이 자기의 분수를 지나쳐서 도리어 손실을 가져온다. 고향을 떠나 외지나 외국에 나가서 사업을 한다.

직업은 은행원, 중개업, 의류상, 의사, 예술가, 승려, 농업 등.

궁 합

2월생의 남자가 원하는 여성	
최길궁합	1972(壬子) 9월생, 1981(辛酉) 8월생
중길궁합	1973(癸丑) 6월생, 1982(壬戌) 6월생
보통궁합	1978(戊午) 5월생, 1979(己未) 3월생
2월생의 여자가 원하는 남성	
최길궁합	1963(癸卯) 8월생, 1954(甲午) 8월생
중길궁합	1964(甲辰) 6월생, 1955(乙未) 6월생
보통궁합	1969(己酉) 5월생, 1970(庚戌) 3월생

※ 1967, 1966, 1965, 1962년 생은 가급적 남녀 모두 피하는 것이 좋다.

1970년 3월(庚辰)생의 성격과 운세

외면만은 강건하게 보이나 쉽게 뜨거워지고 쉽게 식는 형으로 상대하는 사람이 강하게 나오면 힘없이 수그러지는 경향이 있다. 그래도 본성은 양(陽)이기 때문에 용기가 있고 좀 경솔한 면이 있다.

여건만 좋다면 기개(氣槪)를 한껏 펴는 기상이므로 모든 것이 발전하는 기상을 뜻한다.

성격이 급해서 가벼운 점이 있으나 무슨 일이든 정성껏 착수하는 관계로 선배나 윗사람의 신용을 얻어서 입신 출세하는 수가 많다.

이 운의 사람은 만년의 운이 참된 운이기에 50세 이후에 오는 행운을 놓치지 않도록 세심한 주의를 가져야 한다.

직업은 목재상, 농업, 사법관, 공업, 제지업, 이학자 등.

궁 합

3월생의 남자가 원하는 여성	
최길궁합	1972(壬子) 8월생, 1981(辛酉) 8월생
중길궁합	1973(癸丑) 6월생, 1982(壬戌) 6월생
보통궁합	1978(戊午) 5월생, 1979(己未) 3월생
3월생의 여자가 원하는 남성	
최길궁합	1963(癸卯) 8월생, 1954(甲午) 8월생
중길궁합	1964(甲辰) 6월생, 1955(乙未) 6월생
보통궁합	1969(己酉) 5월생, 1970(庚戌) 3월생

※ 1967, 1966, 1965, 1962년 생은 가급적 남녀 모두 피하는 것이 좋다.

1970년 4월(辛巳)생의 성격과 운세

금(金)의 운세이나 강건치 못하고 덥지도 춥지도 않는 온순한 성질이다.

순음(純陰)의 지덕(地德)을 간직하고 있기 때문에 중후한 기품이 있다. 그 반면에 사람을 눈 아래로 내려다 보는 기질이 있으면서 거짓 농을 잘하며 사치하는 편이고 큰 사업을 기획하거나 호언 장담을 하는 좋지 못한 성벽이 있다.

이 사람은 여러 가지 일을 기획하고 고안하는 일은 지극히 교묘하나 일단 그 일을 착수하고 시작하게 되면 주저하다가 좋은 기회를 놓치는 사람이 많다.

이 운기의 사람은 47, 48세경에 행운을 맞이하게 되는데 이 때에 세심한 배려로 호운을 놓치지 말아야 한다. 이 시기를 놓치면 만년을 곤궁하게 지낸다.

직업은 농업, 철공업, 광산, 종교가 등.

궁 합

4월생의 남자가 원하는 여성		
최길궁합	1972(壬子) 9월생, 1981(辛酉) 6월생	
중길궁합	1973(癸丑) 8, 9월생, 1982(壬戌) 9월생	
보통궁합	1971(辛亥) 1월생, 1977(丁巳) 8월생, 1974(甲寅) 4월생	
4월생의 여자가 원하는 남성		
최길궁합	1963(癸卯) 9월생, 1954(甲午) 6월생	
중길궁합	1955(乙未) 9월생, 1964(甲辰) 9월생	
보통궁합	1968(戊申) 7월생, 1965(乙巳) 4월생	

※ 이외의 궁합은 상극궁합으로 피하는 것이 좋다.

1970년 5월(壬午)생의 성격과 운세

평상시는 유순 온화한 듯이 보이나 사실은 내심의 기가 강하여 교만하며 남을 업신여기는 성질이 있다.

표면은 아주 우울하게 보이나 이와는 달리 내심은 양기가 있는고로 명쾌한 것을 즐기는 사람이다.

다른 사람의 심정을 살피어 마음에 없는 아양과 애교를 부리면서 속으로는 남을 업신여기고 비방하는 좋지 못한 성질을 가진 사람이 많다.

이 사람은 재주는 천하나 이익을 챙기는데 급급하고 쓸데없는 말이 특히 많아서 실패한다. 집에 조용히 있기를 싫어하고 외출이나 여행을 즐기는 성질이기 때문에 자유 분망한 직업이어야 성공 가능성이 많다. 그러나 행운을 오래 간직하기는 어렵다. 50세 이후에 진운이 온다.

직업은 은행원, 수출입업, 건축업, 서적, 잡화상 등.

궁 합

5월생의 남자가 원하는 여성	
최길궁합	1972(壬子) 2월생, 1981(辛酉) 9월생
중길궁합	1973(癸丑) 2월생, 1982(壬戌) 2월생
보통궁합	1972(壬子) 8월생
5월생의 여자가 원하는 남성	
최길궁합	1963(癸卯) 2월생, 1954(甲午) 2월생
중길궁합	1964(甲辰) 6월생, 1955(乙未) 2월생
보통궁합	1972(壬子) 8월생

※ 이외의 궁합은 상극궁합으로 피하는 것이 좋다.

1970년 6월(癸未)생의 성격과 운세

년운에서 본 성격 외에 이 달에 태어난 사람은 밖으로는 현명하고 영리하게 보이나 내심은 우둔한 사상을 가져서 우열(愚劣)한 행동을 한다.

양기인 때는 소란할 정도로 떠들어대지만 음기인 때에는 우울증에 빠져 버린다. 이 사람은 부모, 형제, 친척들과 멀리 떨어져 타향에서 고생하든가 고독하게 만년을 보내는 사람이 많다.

인내력이 있어서 대사업을 성취시킬 수 있는 소질이 다분히 있으나 청년시대의 주색 때문에 실패하기 쉬운 성격자다. 40세 이전의 성공은 오래가지 못한다. 대체로 60세 후의 만운의 호기를 붙잡아 간직하고 놓치지 않도록 해야만 안락한 생활을 누릴 수 있다. 직업으로는 은행원, 연예인, 변호사, 농업, 문예가, 경찰관, 전기공업 등.

궁 합

6월생의 남자가 원하는 여성	
최길궁합	1972(壬子) 5월생, 1981(辛酉) 5월생
중길궁합	1973(癸丑) 4월생, 1974(甲寅) 4월생, 1982(壬戌) 7월생
보통궁합	1973(癸丑) 6월생
6월생의 여자가 원하는 남성	
최길궁합	1963(癸卯) 6월생, 1954(甲午) 5월생
중길궁합	1964(甲辰) 7월생, 1955(乙未) 4월생
보통궁합	1964(甲辰) 6월생

※ 이외의 궁합은 상극궁합으로 피하는 것이 좋다.

1970년 7월(甲申)생의 성격과 운세

년운의 성격 외에 이 달에 태어난 사람은 양기지인(陽氣之人)이 많다.

이 사람은 성격은 침착하나 의혹심이 많아서 사소한 일에도 고민을 한다. 그러므로 결단력이 부족하여 무슨 일이든지 자기 혼자 결정하지 못하고 남에게 의뢰하는 성질이다.

온순하고 정직하며 인내심이 강하고 착실하여 열심인 점은 타인의 추종을 불허한다.

부녀는 일단 가정에 들어서면 집안일에 열중하여 가사를 잘 처리하나 기가 강한 여자가 많다.

중년시대는 대단히 왕성한 성운기가 있으나 마음먹고 만년의 기초를 확실히 다져놓아야 한다. 직업으로는 교육자, 의사, 기계 기사, 서화가 등.

궁 합

7월생의 남자가 원하는 여성	
최길궁합	1972(壬子) 9월생, 1981(辛酉) 6월생
중길궁합	1973(癸丑) 8월생, 1982(壬戌) 9월생
보통궁합	1971(辛亥) 1월생, 1974(甲寅) 4월생
7월생의 여자가 원하는 남성	
최길궁합	1963(癸卯) 9월생, 1954(甲午) 9월생
중길궁합	1964(甲辰) 9월생, 1955(乙未) 9월생
보통궁합	1962(壬寅) 1월생, 1965(乙巳) 4월생

※ 이외의 궁합은 상극궁합으로 피하는 것이 좋다.

1970년 8월(乙酉)생의 성격과 운세

년운의 성격 외에 이 달에 출생한 사람은 가을의 숙살지기 (肅殺之氣)를 타고 났다. 소중 유침(笑中有針)의 뜻이 있다.

대개 말이 많고 변설(辯舌)로서 사람을 다루든가 위압과 위해하는 말로 말이 많다.

무슨 일이나 자기가 직접 하기 싫어하고 남을 시켜 행동하려 한다. 친구나 인근 사람으로부터 인기가 있어서 선배, 연장자의 도움으로 입신 출세가 빠르다.

남에게 주기를 좋아하여 어려운 사람을 잘 도와준다. 평소는 청려(淸麗)한 생활을 즐기는 성격이다.

중년기에 상당한 금전이 들어오나 쓰기를 좋아해서 많이 잃는다. 직업으로는 음악가, 귀금속상, 농업, 음식업 등.

궁 합

8월생의 남자가 원하는 여성	
최길궁합	1972(壬子) 10월생, 1981(辛酉) 10월생
중길궁합	1973(癸丑) 5월생, 1982(壬戌) 5월생
보통궁합	1975(乙卯) 2월생, 1976(丙辰) 9월생
8월생의 여자가 원하는 남성	
최길궁합	1963(癸卯) 10월생, 1954(甲午) 7월생
중길궁합	1955(乙未) 5월생, 1964(甲辰) 5월생
보통궁합	1967(丁未) 9월생, 1966(丙午) 2월생

※ 이외의 궁합은 상극궁합으로 피하는 것이 좋다.

1970년 9월(丙戌)생의 성격과 운세

이 사람은 기품(氣品)이 높으므로 비천한 업무를 좋아하지 않는 경향이 있다. 이 사람은 교양이 없으면 완고하고 편굴로 마음이 일그러지기 일쑤다.

총명하여 선견지명(先見之明)은 있으나 타인의 의사를 모르는 체하고 다만 자기에게 유리하도록 하려든다.

남에게 지는 것을 아주 꺼리기에 말에 모가 있어서 다정하지 못하다.

의협심은 강해서 남의 일을 도와주는 데 분주하다.

이 사람은 중년기에 몇 번 행운이 오나 모두가 주색 때문에 손실하기 쉬운 운이다.

50세 후에 오는 행운을 놓치지 말고 잘 잡으면 만년은 안락한 여생을 보내게 된다. 직업으로는 출판업, 인쇄업 등.

궁 합

9월생의 남자가 원하는 여성	
최길궁합	1972(壬子) 7월생, 1974(甲寅) 4월생, 1981(辛酉) 4월생
중길궁합	1973(癸丑) 5월생, 1982(壬戌) 5월생
보통궁합	1975(乙卯) 2월생, 1976(丙辰) 9월생
9월생의 여자가 원하는 남성	
최길궁합	1963(癸卯) 7월생, 1954(甲午) 4월생
중길궁합	1964(甲辰) 5월생, 1955(乙未) 5월생
보통궁합	1966(丙午) 11월생, 1967(丁未) 9월생

※ 이외의 궁합은 상극궁합으로 피하는 것이 좋다.

1970년 10월(丁亥)생의 성격과 운세

뭇사람의 두령으로 유덕한 성품이다. 고래로 위인, 걸사, 영웅호걸로 칭하는 인물들이 많이 배출되었다.

이 사람은 활발한 성질로 일을 빨리 착수하지만 실패가 많다. 심중하고 강정하며 자신의 의사만을 관철하려 하기 때문에 오히려 행운으로 이어지기 어렵다.

중년시대에 자주 실패하나 그래도 능히 자력으로 만회시킬 수 있는 소질이 있는 사람이다. 34, 35세경에 큰 재액을 당하는 수가 있으니 각별한 주의가 필요하다.

또 56, 57세경의 호운을 놓치지 않아야 만년에 안락한 생활을 할 수 있으나 잘못하여 그 호운을 놓치면 극심한 고생을 피하지 못한다. 이남(二男)이나 삼남(三男)이라도 장남의 덕을 갖추고 있어 집안 어른 노릇을 하는 사람이 있다.

직업은 선원, 무역업, 광산업, 인쇄업 등.

궁 합

10월생의 남자가 원하는 여성	
최길궁합	1972(壬子) 9월생, 1981(辛酉) 9월생
중길궁합	1973(癸丑) 8월생, 1982(壬戌) 9월생
보통궁합	1971(辛亥) 1월생, 1977(丁巳) 7월생
10월생의 여자가 원하는 남성	
최길궁합	1963(癸卯) 9월생, 1954(甲午) 9월생
중길궁합	1955(乙未) 8월생, 1964(甲辰) 8월생
보통궁합	1968(戊申) 7월생, 1965(乙巳) 4월생

※ 이외의 궁합은 상극궁합으로 피하는 것이 좋다.

1970년 11월(戊子)생의 성격과 운세

밖으로 보기에는 강정하게 보이나 내면은 유순하다. 내강 외유하지만 우유 부단하여 결단력이 조금 약하고 다소 동요하는 마음씨다. 큰 사업을 희망하기에 해야겠다는 마음은 조급하나 영구성의 계획이 불비해서 어느 정도의 진척은 이룰 수 있어도 천복을 다 얻기는 어렵다.

이 사람은 애교가 있고 사교에 탁월한 사람이다. 그래서 선배나 윗사람의 애호로 의외의 입신 출세를 하기는 하나 주색 때문에 실패하기 쉬우니 세심한 주의를 하며 삼가해야 한다.

중년에 운기가 상당히 왕성하나 만년에는 운기가 침체할 염려가 있으니 성운기에 만년의 쇠운을 대비해야 한다.

직업으로는 교육자, 신문기자, 원예가, 요식업 등.

궁 합

11월생의 남자가 원하는 여성	
최길궁합	1972(壬子) 9월생, 1981(辛酉) 9월생
중길궁합	1973(癸丑) 6월생, 1982(壬戌) 6월생
보통궁합	1978(戊午) 5월생, 1979(己未) 3월생
11월생의 여자가 원하는 남성	
최길궁합	1963(癸卯) 8월생, 1954(甲午) 8월생
중길궁합	1964(甲辰) 6월생, 1955(乙未) 6월생
보통궁합	1969(己酉) 5월생, 1970(庚戌) 3월생

※ 이외의 궁합은 상극궁합으로 피하는 것이 좋다.

1970년 12월(己丑)생의 성격과 운세

외견은 강정하게 보이도록 행동하지만 속은 유순하여 쉽게 뜨겁고 쉽게 식는 성격이다. 본성은 음토(陰土)의 성질로 유연하다.

남을 잘 도와 주는 성질이어서 오히려 오해를 사기도 한다. 기토(己土)는 도움을 주거나 받아도 모두 양호한 성질을 가지고 있다.

이 사람은 특별난 교제술은 있으나 단기(短期)이고 경솔한 행동이 많다. 10세 전후까지 신병으로 고생하며 때로는 아주 심한 중병의 재화가 있다.

21, 22세경에 선배나 연장의 도움으로 입신 출세를 하는 수가 있으나, 50세 이후는 운기가 침체할 염려가 있으니 미리 각오를 가지고 만년의 계획을 세우는 것이 긴요하다. 직업으로는 승려, 의사, 농업, 문학자, 약제사, 직물업, 은행원, 요식업 등.

궁 합

12월생의 남자가 원하는 여성	
최길궁합	1972(壬子) 8월생, 1981(辛酉) 8월생
중길궁합	1973(癸丑) 6월생, 1982(壬戌) 6월생
보통궁합	1978(戊午) 5월생, 1979(己未) 3월생
12월생의 여자가 원하는 남성	
최길궁합	1963(癸卯) 8월생, 1954(甲午) 8월생
중길궁합	1964(甲辰) 6월생, 1955(乙未) 6월생
보통궁합	1969(己酉) 5월생, 1970(庚戌) 3월생

※ 이외의 궁합은 상극궁합으로 피하는 것이 좋다.

◆ *1971*(辛亥)년생

성 격

이 사람은 곤(坤) 괘의 사람으로 순(順), 인(咨), 비(卑)의 사람이다.

원래 신금(辛金)의 성질은 유약하고 불로 다듬어진 금은 주옥과 같은 금(金)이다.

신체의 동작이 가볍지 못하고 어딘지 둔중해 보인다. 사람에 따라서는 친절 온화하게 보이나 내심은 완고하면서 독단적인 행동을 하는 사람이기에 자기만 잘난 체하고 사람을 멸시할 뿐만 아니라 비리의 사업을 하려는 악벽이 있다.

이 사람은 이익이 되는 일이라면 어떤 수단을 써서라도 그 방책을 강구한다. 비천한 일이라도 꺼리지 않고 종사하기에 세상 사람들로부터 비난이나 공격을 받는 일이 있다. 또한 딴사람의 감언에 미혹되기 쉬우며 결단력이 미약하다. 사람들과 교제를 하면 늘 자기 이득만을 타산하기 때문에 결국은 절교하든가 또는 교제가 길게 가지를 못한다.

무슨 일이나 이해는 빨리하는 편이나 쉽게 잊어버린다. 본래

이 사람은 결벽성이 있어서 모든 일이나 물건을 정리하기를 좋아하며 집안이나 신상 주변을 깨끗이 하려 한다.

면밀하고 집착심이 대단히 강하기 때문에 일단 착수한 일은 쉽게 중도에서 포기하는 예가 없다.

이 사람은 유력자의 힘을 빌려 그 의사에 따라 행동하는 것이 성공의 첩경이다.

운   세

이 사람 중 인(寅)년 생은 35, 36세경에 행운이 오나 지속시키기가 힘들고 52, 53세경의 행운을 잡아야 한다.

사(巳)년 생은 47, 48세경에 행운을 맞이하게 되니 세심한 주의로 이 운을 잡아야 한다.

신(申)년 생은 32, 33세경에 활기 넘치는 행운이 오고 56, 57세경에 대 행운이 온다.

해(亥)년생은 20세 전후의 윗사람의 애호로 입신할 수 있는 운이 오나 실패하게 되고 50세 후에 오는 운을 잡아야 한다.

1971(辛亥)년 생의 총괄적 궁합

1971년 생의 남자가 원하는 여성	
최길궁합	1973(癸丑)년생 여성이 가장 길하다. 금생수(金生水)의 상생(相生)격이다.
중길궁합	1975(乙卯)년 생이나 1976(丙辰)년생 여성으로 상생(相生)중 중길의 궁합이다.
보통궁합	1971(辛亥)년생, 1974(甲寅)년생, 1977(丁巳)년생은 무해무덕한 궁합이다.

1971년생 여자가 원하는 남성	
최길궁합	1964(甲辰)년생, 1955(乙未)년생 남성이 가장 길하다.
중길궁합	1967(丁未)년생, 1966(丙午)년생, 1958(戊戌)년생, 1957(丁酉)년생
보통궁합	1971(辛亥)년생, 1968(戊申)년생, 1965(乙巳)년생 등이 무해무덕한 궁합이다.
상극궁합	1979(己未)년생, 1978(戊午)년생, 1981(辛酉)년생 1972(壬子)년생, 1970(庚戌)년생, 1969(己酉)년생 1963(癸卯)년생, 1961(辛丑)년생, 1960(庚子)년생

※ 상극궁합은 남녀 모두 불문하고 피하는 것이 좋다.

184

1971년 생의 생월별 궁합

1971년 1월(庚寅)생의 성격과 운세

경(庚)은 오행 상 강건한 금(金)을 뜻한다. 천지숙살(天地肅殺) 의 권을 장악한다고 한다. 그렇기에 그 기(氣)가 중후한 상이다.

그런가 하면 사람을 눈 아래로 내려다보는 기질이 있어 사람을 쓸데없는 말로 희롱한다든가 하여 호언 장담을 하는 좋지 못한 면 도 있다.

사람에 따라서는 친절하고 온화하게 보이나 속마음은 완고하면 서 독단적이어서 잘난 체하고 사람을 멸시하는 성질이 있다.

청년시대까지는 고생도 많이 하게 되나 35, 36세경이 되면 행운 도 찾아오게 되는데 이 때의 호운을 정신차려 잘 잡지 않으면 행 운을 오래 지속 시키기가 어렵다. 52, 53세경에 오는 행운을 잘 잡 으면 만년을 편히 지내게 된다. 직업은 경찰관, 의사, 이학자, 농업

궁 합

1월생의 남자가 원하는 여성		
최길궁합	1973(癸丑) 6월생, 1982(壬戌) 6월생	
중길궁합	1975(乙卯) 2, 11월생, 1976(丙辰) 9월생	
보통궁합	1971(辛亥) 1월생, 1977(丁巳) 9월생	
1월생의 여자가 원하는 남성		
최길궁합	1964(甲辰) 6월생, 1955(乙未) 6월생	
중길궁합	1966(丙午) 2월생, 1967(丁未) 9월생	
보통궁합	1968(戊申) 7월생, 1965(乙巳) 4월생	

※ 이외의 궁합은 상극궁합으로 피하는 것이 좋다.

1971년 2월(辛卯)생의 성격과 운세

강한 금(金)의 성질을 띠고 태어났으나 연약한 금(金)이요, 한·냉이 아닌 온순의 기질이다.

표면은 음기로 침울하게 보이나 유능 제강(柔能製鋼)의 기질로서 능히 난관을 돌파한다. 생일의 지가 임계자축(壬癸子丑)인 사람은 금수가 맑은고로 총명하고 지혜가 많다. 단 이것이 너무 많으면 좋지 않다.

남자의 사주에 병(丙)이 많으면 귀명이면서도 좋지 않다. 이런 사람은 여자인 경우 남편의 운을 극하지 않으면 부부 화합이 어렵다.

이 사람은 비록 큰 재주는 없으나 자기에게 이득이 되는 일에는 물불을 가리지 않는 사람이다. 젊었을 때의 운은 대단치 않으나 50세 후에 진짜 호운이 온다. 직업은 은행원, 수출업, 건축업 등.

궁 합

2월생의 남자가 원하는 여성	
최길궁합	1973(壬子) 9월생, 1982(壬戌) 1, 9월생
중길궁합	1975(乙卯) 5월생, 1976(丙辰) 9월생
보통궁합	1972(壬子) 8월생
2월생의 여자가 원하는 남성	
최길궁합	1964(甲辰) 9월생, 1955(乙未) 9월생
중길궁합	1967(丁未) 3월생, 1966(丙午) 5월생
보통궁합	1972(壬子) 8월생

※ 이외의 궁합은 상극궁합으로 피하는 것이 좋다.

1971년 3월(壬辰)생의 성격과 운세

이 사람은 외모로 봐서는 현명하고 영리하게 보이나 속은 우둔한 편이여서 민첩하지는 못하다.

의기 소침할 때는 필요없이 우울해지고 신이 나면 소란할 정도로 떠들어댄다.

이 사람은 고향이나 집을 떠나 부모, 형제, 친척들과 떨어져 타향에서 신고하며 사는 사람이 많다.

인내력이 강해서 큰 일을 성공시킬 수 있는 소질이 많이 있으나 청년기에 주색에 빠지기 쉬우므로 주의가 필요하다.

대체로 60세 이후의 호운이 올 때를 놓치지 않도록 해야만 여생을 즐겁게 보낼 수 있게 된다. 직업으로는 은행원, 연예인, 변호사, 농업, 문예가, 경찰관, 군인 등.

궁 합

3월생의 남자가 원하는 여성		
최길궁합	1973(壬子) 2월생, 1982(壬戌) 9월생	
중길궁합	1976(丙辰) 4월생, 1974(甲寅) 4월생, 1975(乙卯) 4월생	
보통궁합	1973(癸丑) 6월생	
3월생의 여자가 원하는 남성		
최길궁합	1964(甲辰) 2월생, 1955(乙未) 3월생	
중길궁합	1967(丁未) 4월생, 1966(丙午) 10월생, 1962(壬寅) 2월생	
보통궁합	1964(甲辰) 6월생	

※ 이외의 궁합은 상극궁합으로 피하는 것이 좋다.

1971년 4월(癸巳)생의 성격과 운세

이 사람의 사주 간지에 갑을인묘(甲乙寅卯)의 목성을 타고 나면 좋은 운이다.

성질은 침착하고 차분한 면이 있으나 의혹심이 있어서 사소한 일에도 신경을 쓴다. 따라서 결단력이나 추진력이 부족하여 독자적인 판단에 따라 행동하지 못하고 남에게 의존하는 성질이다.

온순하고 정직하며 인내심이 강하고 착실하여 열심인 점은 남이 따르지 못한다.

부녀는 집안에서는 집안 일을 돌보는 데 열심이지만 기가 강한 편이여서 가정불화도 일으킨다. 자기 멋대로 행동하는 사람도 있는데 이런 사람은 타인이 좋아하지 않는 수가 많다.

초년, 중년 시기는 운기가 왕성하나 만년은 쇠퇴가 극심하니 대비가 필요하다. 직업은 농업, 철공업, 광산, 종교가 등.

궁 합

4월생의 남자가 원하는 여성	
최길궁합	1973(癸丑) 6월생, 1982(壬戌) 6월생
중길궁합	1975(乙卯) 2월생, 1976(丙辰) 9월생
보통궁합	1971(辛亥) 1월생, 1974(甲寅) 4월생
4월생의 여자가 원하는 남성	
최길궁합	1964(甲辰) 6월생, 1955(乙未) 6월생
중길궁합	1966(丙午) 2월생, 1967(丁未) 9월생
보통궁합	1962(壬寅) 1월생, 1965(乙巳) 4월생

※ 이외의 궁합은 상극궁합으로 피하는 것이 좋다.

1971년 5월(甲午)생의 성격과 운세

이 사람은 대개 말이 많으며 입으로 사람을 다루든가 또는 위압적이고 위압하는 말을 잘하는 다변가이다.

쾌활하며 유순하기에 서로 접촉하기는 부드러우며 애교가 있어 강정한 사람이라도 남을 잘 설복시켜 결국은 그것을 자기 뜻대로 굴복시키는 능력이 있다. 친구나 주위 사람으로부터 인기가 있어서 그들의 도움으로 입신 출세가 빠르다.

사주 지지에 진(辰)이 있다면 좋은 운명인이라고 할 수 있다.

중년기에 몇 차례 호기가 오는데 그것을 놓치는 수가 많다. 57, 58세의 큰 행운이 올 때 그것을 놓치지 않는다면 만년을 안락하게 지내게 된다. 직업은 요식업, 연예인, 은행원, 철물상 등.

궁 합

5월생의 남자가 원하는 여성	
최길궁합	1973(癸丑) 1월생, 1982(壬戌) 1월생
중길궁합	1975(乙卯) 8월생, 1976(丙辰) 5월생
보통궁합	1975(乙卯) 2월생, 1976(丙辰) 9월생
5월생의 여자가 원하는 남성	
최길궁합	1964(甲辰) 1월생, 1955(乙未) 1월생
중길궁합	1967(丁未) 5월생, 1966(丙午) 8월생
보통궁합	1967(丁未) 9월생, 1966(丙午) 2월생

※ 이외의 궁합은 상극궁합으로 피하는 것이 좋다.

1971년 6월(乙未)생의 성격과 운세

이 명운의 사람은 봄에 태어나면 길운이 될 수 있고 여름에 태어나면 지지에 자축(子丑)이 있어야 좋고, 가을에 태어나면 사오(巳午)가 있다면 좋은 운이다.

총명하기 때문에 앞을 내다보는 눈이 빠르고 타인의 의사를 무시하는 경향이 있다. 동시에 자기에게 유리하도록 하려 든다. 남에게 지는 것을 싫어하므로 타인의 호감을 못산다.

사려 분별이 심중하여 경솔한 행동을 하는 일은 극히 적으나 지나치게 세심하기 때문에 오히려 호기를 놓치는 수가 많다.

이 사람은 중년기에 행운을 얻을 기회가 많으나 자신의 본래의 기질 때문에 놓치기 쉽다. 50대 말기부터 60세 후에 오는 운을 잘 잡아야 안락을 누릴수 있다. 직업은 교육가, 의사, 금은상, 철공업, 문학가 등.

궁 합

6월생의 남자가 원하는 여성	
최길궁합	1973(癸丑) 7월생, 1982(壬戌) 7월생
중길궁합	1975(乙卯) 8월생, 1976(丙辰) 8월생
보통궁합	1975(乙卯) 2월생, 1976(丙辰) 9월생
6월생의 여자가 원하는 남성	
최길궁합	1964(甲辰) 7월생, 1955(乙未) 7월생
중길궁합	1966(丙午) 9월생, 1967(丁未) 7월생
보통궁합	1966(丙午) 11월생, 1967(丁未) 9월생

※ 이외의 궁합은 상극궁합으로 피하는 것이 좋다.

1971년 7월(丙申)생의 성격과 운세

이 사람은 옛부터 뭇사람들의 우두머리 격으로 유덕한 기품의 사람이다.

병(丙)의 무서운 맹렬한 화(火)기가 있어 사주상 임계(壬癸)의 수(水)기가 있으면 좋으며, 또한 사려가 깊고 강정하며 자신의 의사만을 관철하려 한다.

그외 교양이 풍부하고 관대하면서 인망높은 사람도 있으나 교만하고 자기의 재능만을 과신한 나머지 타인을 멸시하는 까다로운 성격을 가진 사람도 있다. 중년시대 자주 실패하는 수도 있으나 자기 스스로의 힘으로 만회시킬 수 있는 소질의 사람이다. 34, 35세경에 큰 재액을 당하는 수가 있으니 각별한 주의가 요구된다. 56, 57세경의 호운을 놓치지 않아야 만년을 편히 안락하게 보내게 된다. 직업은 선원, 무역업, 광산업, 인쇄업, 기계업 등.

궁 합

7월생의 남자가 원하는 여성	
최길궁합	1973(癸丑) 6월생, 1982(壬戌) 7월생
중길궁합	1975(乙卯) 11월생, 1976(丙辰) 9월생
보통궁합	1971(辛亥) 1월생, 1977(丁巳) 7월생
7월생의 여자가 원하는 남성	
최길궁합	1964(甲辰) 6월생, 1955(乙未) 6월생
중길궁합	1966(丙午) 2월생, 1967(丁未) 9월생
보통궁합	1968(戊申) 7월생, 1965(乙巳) 4월생

※ 이외의 궁합은 상극궁합으로 피하는 것이 좋다.

1971년 8월(丁酉)생의 성격과 운세

이 사람의 성격은 얼핏 보기에 강하게 보이나 내면은 유순하며, 변재가 있어 한번 입을 열면 끝낼줄 모르기에 얼핏 실수를 일으키고 거짓도 늘어 놓게 된다.

천복을 타고나서 중운에 속하나 신분과 능력에 어울리지 않는 대망을 품으면 반드시 실패하기 쉽다.

무슨 일이나 무리하게 억지로 하려드는 성질도 있고 노할 때는 그 정도가 극심하면서도 쉽게 풀어진다. 자력으로 입신 출세하려는 것보다는 유력인의 도움을 받아야 좋다.

조용하고 침착한 성격이나 그 반면 결단력이 약하기 때문에 무슨 일이나 시작하는 시기를 놓쳐서 실수한다. 운세는 47, 48세경부터 53, 54세까지 행운을 만나게 되나 이 운을 놓치지 않아야 만년을 잘 보낼 수 있다. 직업은 정치가, 중개업, 신문기자, 여숙업, 연예인, 외교관 등.

궁 합

8월생의 남자가 원하는 여성	
최길궁합	1973(癸丑) 6월생, 1982(壬戌) 5월생
중길궁합	1975(乙卯) 9월생, 1976(丙辰) 6월생
보통궁합	1978(戊午) 5월생, 1979(己未) 3월생
8월생의 여자가 원하는 남성	
최길궁합	1964(甲辰) 5월생, 1955(乙未) 5월생
중길궁합	1967(甲辰) 6월생, 1966(丙午) 9월생
보통궁합	1969(己酉) 5월생, 1970(庚戌) 3월생

※ 이외의 궁합은 상극궁합으로 피하는 것이 좋다.

1971년 9월(戊戌)생의 성격과 운세

원래 무(戊)는 토(土)성으로 능히 만물을 생산케하는 오곡의 신이라고 한다. 그래서 이 별을 사직(社稷)이라 한다.

이 사람은 무슨 일이나 다른 사람보다 앞서서 솔선 수범하는 성질이 있어 오히려 남의 비난을 받기 쉬운 점도 있다.

지상 만물의 생성 발육을 시키는 기가 있어서 이런 사람을 활동가라고 한다.

이 사람은 자진하여 남을 도와주기를 좋아하지만 너무 자신감이 강하고 자만하기 때문에 남에게 은혜를 베풀고도 오히려 원망을 듣기도 한다.

일찍이 소년시절에 고향이나 집을 떠나 객지에서 고생하는 사람이 많다. 33, 34세경에 행운이 오기는 하나 50세 후의 운이 참운이다. 직업은 교육자, 의사, 건축가 등.

궁 합

9월생의 남자가 원하는 여성	
최길궁합	1973(癸丑) 6월생, 1982(壬戌) 5월생
중길궁합	1976(丙辰) 6월생, 1975(乙卯) 9월생
보통궁합	1978(戊午) 5월생, 1979(己未) 3월생
9월생의 여자가 원하는 남성	
최길궁합	1964(甲辰) 5월생, 1955(乙未) 5월생
중길궁합	1966(丙午) 9월생, 1967(丁未) 6월생
보통궁합	1969(己酉) 5월생, 1970(庚戌) 3월생

※ 이외의 궁합은 상극궁합으로 피하는 것이 좋다.

1971년 10월(己亥)생의 성격과 운세

기(己)의 성질은 토(土)의 성질로서 남에게 도움을 주거나 받아도 좋은 성질을 가지고 있다. 이 별은 능히 만물을 낳는 오곡의 신이기 때문에 사직의 별이라 칭한다.

손음의 지덕(地德)을 간직하고 있기에 중후한 성질도 있다. 사람에 따라서는 큰 사업을 기획도 하고 호언 장담도 잘 하지만 실속은 별로다.

비천한 일일지라도 꺼리지 않고 덤벼들기 때문에 세상 사람들로부터 비난이나 공격을 받기도 한다. 경멸을 당하여도 개의치 않고 자기의 몸도 돌보지 않는다.

어떠한 어려운 일이라도 충분히 성취시키는 기질의 소유자다.

20세 전후에 손윗사람의 돌봄으로 입신하는 수가 있으나 너무 성질이 급해서 실패가 많다. 50세 이후의 운이 좋다.

직업은 서화가, 조각가, 건축기사, 의사 등.

궁 합

10월생의 남자가 원하는 여성	
최갈궁합	1973(癸丑) 6월생, 1982(壬戌) 6월생
중길궁합	1975(乙卯) 2월생, 1976(丙辰) 9월생
보통궁합	1971(辛亥) 1월생, 1977(丁巳) 7월생, 1974(甲寅) 4월생
10월생의 여자가 원하는 남성	
최길궁합	1964(甲辰) 6월생, 1955(乙未) 8월생
중길궁합	1966(丙午) 2월생, 1967(丁未) 9월생
보통궁합	1968(戊申) 7월생, 1965(乙巳) 4월생

※ 이외의 궁합은 상극궁합으로 피하는 것이 좋다.

1971년 11월(庚子)생의 성격과 운세

밖으로 보기에는 강건하게 보이나 쉽게 더워지고 쉽게 식는 성질로 상대방이 강하게 대하면 힘 없이 수그러지는 성질이 있다.

그 본성은 양(陽)이기 때문에 용기가 있으나 좀 경솔한 면도 있다.

주변 여건만 좋으면 기개(氣槪)를 한껏 펴는 기상이므로 모든 것이 발전하는 기상을 가지고 있다. 성질이 급해서 가벼운 점도 있으나 무슨 일이라도 성심을 다해서 착수하는 고로 윗사람의 신용을 얻어서 입신 출세한다.

기품이 높고 반성도 잘하며 남의 괴로운 일을 잘 도와주고 분주하게 움직이므로 그만큼 호감을 얻는다. 이 사람은 중년기에 직업이나 집을 옮기기를 잘 한다. 34세경에 가장 좋은 호운이 온다. 직업은 의사, 식료품상, 금은상, 은행원 등.

궁 합

11월생의 남자가 원하는 여성	
최길궁합	1973(癸丑) 9월생, 1982(壬戌) 9월생
중길궁합	1975(乙卯) 5월생, 1976(丙辰) 3월생
보통궁합	1972(壬子) 8월생
11월생의 여자가 원하는 남성	
최길궁합	1964(甲辰) 8월생, 1955(乙未) 2, 11월생
중길궁합	1967(丁未) 2월생, 1966(丙午) 6월생
보통궁합	1972(壬子) 8월생

※ 이외의 궁합은 상극궁합으로 피하는 것이 좋다.

1971년 12월(辛丑)생의 성격과 운세

표면에는 아주 음기로 보이나 이와는 달리 속은 양(陽)기가 있는 고로 보기보다 명쾌한 것을 즐기는 사람이 많다.

사주에 겨울 태생이라면 정화(丁火)가 있어야 길운이 된다.

밖으로 보기에는 현명하고 영리해 보이나 속은 우둔한 편이여서 민첩하지는 못하다.

이 사람은 고향이나 집을 떠나 부모, 형제, 친척들과 떨어져 타향에서 신고하며 사는 사람이 많다. 화려함을 즐기고 교제술이 뛰어나며 쉬 뜨겁고 쉬 식는 성격이다. 47, 48세경부터 53, 54세경 사이에 색정으로 실패 수가 있다. 이 사람의 운은 늦기 때문에 60세 후에 오는 운이 진짜 운이니 호기를 잡아야 한다.

직업은 농업, 직물업, 은행원, 음식업, 문필가 등.

궁 합

12월생의 남자가 원하는 여성	
최길궁합	1973(癸丑) 11월생, 1982(壬戌) 3월생
중길궁합	1976(丙辰) 10월생, 1975(乙卯) 7월생
보통궁합	1973(癸丑) 6월생
12월생의 여자가 원하는 남성	
최길궁합	1964(甲辰) 2월생, 1955(乙未) 3월생
중길궁합	1967(丁未) 4월생, 1965(乙巳) 4월생, 1966(丙午) 4월생
보통궁합	1964(甲辰) 6월생

※ 이외의 궁합은 상극궁합으로 피하는 것이 좋다.

◆ 1972(壬子)년생

성 격

이 사람은 감(坎) 괘의 사람으로 함(陷), 뇌(惱)의 뜻을 지닌다.

백천(百川)의 근원이 되는 임수(壬水)요, 흐르되 멈출 줄 모르는 강물이다. 안으로는 강한 성질이나 밖으로는 부드럽다.

때로는 기회를 이용하여 일을 강행시키는 그 수단이 대단하다. 보기보다는 명쾌한 것을 즐기는 사람이 많다.

이 사람은 다른 사람의 심정을 살피어 마음에도 없는 아양과 애교를 부리면서 속으로는 남을 업신여기고 비방하는 좋지 못한 음흉한 성질을 가진 사람이 많으며 편굴하고 완고한 기질이 있어서 타인의 충고같은 것은 들으려 하지 않는다. 때문에 독단적으로 행동하다가 실패하는 수가 많다. 또한 자기의 심정을 잘 털어놓지 않는 사람이기에 진정한 친구가 적으며 홀로 번민하는 성질이 있다.

마음은 항상 바쁜 성질로 간난 신고만을 초래하고 즐거운 일이 적으며 그 고생은 중년시대부터 나타난다. 자기가 자진하여 남의 일을 맡아서 하기를 좋아하며 사회적으로 높은 지위에 있을지라도 어쩐지 그 행동거지가 비굴하고 신고만 많으며 천한 직업도 꺼리지를 않는다. 청소년 시절부터 떠돌아 다니기를 좋아하여 집을 떨어져 살게 되고 또는 색정이 지나쳐서 불행을 자초하는 사람도 있다.

운   세

자(子)년 생은 27, 28세경에 운기가 다소 쇠퇴하는 운이 오고 34세경에 가장 좋은 대호운이 올 때 잘 잡아야 한다.

묘(卯)년 생은 20대에 출세수가 있으나 실패하기 쉽고 50대에 몸가짐을 잘해야 한다.

오(午)년 생은 청년기에 행운이 있으나 지키기 힘들고 50세 이후에 오는 행운을 잘 잡아야 한다.

유(酉)년 생은 초·중년의 행운을 길이 보존하기는 어렵고 60세 이후에 오는 행운을 잡아야 만년을 편히 보낸다.

1972(癸卯)년생의 총괄적 궁합

1972년 생의 남자가 원하는 여성	
최길궁합	1975(乙卯)년생, 1976(丙辰)년생의 여성이 수생목(水生木)의 상생격으로 가장 좋은 궁합.
중길궁합	1978(戊午)년생, 1979(己未)년생의 여성으로서 중길의 상생궁합이다.
보통궁합	1981(辛酉)년생으로 무해 무덕하다.

1972년 생의 여자가 원하는 남성	
최길궁합	1967(丁未)년생 남자와 1966(丙午)년생 남자로서 상생격의 호궁합이다.
중길궁합	1961(辛丑)년생 남자나 1960(庚子)년생 남자로서 상부상생의 좋은 궁합이다.
보통궁합	1963(癸卯)년생 남자로서 무해 무덕한 궁합이다.
상극궁합	1968(戊申)년생, 1965(乙巳)년생, 1964(甲辰)년생, 1962(壬寅)년생, 1959(己亥)년생, 1972(壬子)년생, 1973(癸丑)년생, 1974(甲寅)년생, 1977(丁巳)년생, 1980(庚申)년생, 1982(壬戌)년생의 남성

※ 상극 궁합은 남녀 불문하고 피함이 좋다.

1972년 생의 생월별 궁합

1972년 1월(壬寅)생의 성격과 운세

이 사람은 온순 정직하고 인내심이 강하며 착실하다. 무슨 일에나 일단 착수하면 남의 추종을 불허할 정도다. 그러나 자기 의지가 강하여 객관적으로 시비를 가리지 않고 자기의 의지만을 고집하는 결점도 있다.

사리에 대한 이해는 빠르나 권태도 남달리 빨리 느낀다. 그래도 참고 견디어 노력하는 결심이 있어서 적소성대(積小成大)하게 되니 행운이나 재운이 오면 놓치지 않는다.

한가하고 정숙한 것을 좋아하는 성질이라 젊을 때는 신앙심이 두터우며 사람에 따라서는 종교가로 명성을 떨친다.

만년에 가서는 운기가 침체하니 40대나 50대의 성운기에 노후를 생각하고 대비해야 한다. 직업은 예술가, 외교관, 종교가 등.

궁 합

1월생의 남자가 원하는 여성	
최길궁합	1975(乙卯) 12월생, 1976(丙辰) 6월생
중길궁합	1978(戊午) 7월생, 1979(己未) 11월생
보통궁합	1971(辛亥) 1월생, 1974(甲寅) 4월생
1월생의 여자가 원하는 남성	
최길궁합	1967(丁未) 6월생, 1966(丙午) 9월생
중길궁합	1961(辛丑) 9월생, 1960(庚子) 12월생
보통궁합	1962(壬寅) 1월생, 1965(乙巳) 4월생

※ 이외의 궁합은 상극궁합으로 피하는 것이 좋다.

1972년 2월(癸卯)생의 성격과 운세

이 사람은 대체로 말이 많기 때문에 입으로 화를 불러 들이기 쉬운 성질이다.

무단히 남을 비평하는 그 정도가 지나쳐서 거짓으로 근거없는 말을 하면서 여러 가지 물의를 일으키기도 한다.

밖으로 보기에는 유순하고 온화하나 속 마음은 교만하고 의혹심도 깊어서 부분간에도 질투가 끊이지 않는다.

집안 식구들에게는 듣기 싫을정도로 잔소리를 하고 기분이 좋지 않거나 상대의 비리가 다소 나타나면 위압적인 언사로 비난을 한다. 원래 인품은 영리하고 우수해서 남을 깨우치기 좋아해서 처음에는 인기가 있으나 중도에서 꽁무니를 빼기 때문에 결국은 신용이 오래가지 못한다. 어릴 때에 행운이 있으나 그것은 도움이 못되고 63, 64세에 행운을 잡으면 만년에 안락하게 보낸다. 37, 38세경에는 신병을 얻게 되니 주의할 것.

직업은 예술인, 의사, 농업, 흥행업 등.

궁 합

2월생의 남자가 원하는 여성	
최길궁합	1972(乙卯) 10월생, 1976(丙辰) 10월생
중길궁합	1978(戊午) 8월생, 1979(己未) 5월생
보통궁합	1975(乙卯) 2월생, 1976(丙辰) 9월생
2월생의 여자가 원하는 남성	
최길궁합	1967(丁未) 10월생, 1966(丙午) 10월생
중길궁합	1961(辛丑) 5월생
보통궁합	1967(丁未) 9월생, 1966(丙午) 2월생

※ 이외의 궁합은 상극궁합으로 피하는 것이 좋다.

1972년 3월(甲辰)생의 성격과 운세

이 사람은 총명하기 때문에 앞을 내다보는 눈이 빠르고 타인의 의사를 무시하는 경향이 있다. 동시에 자기에게만 유리하도록 하려든다. 남에게 지기 싫어하므로 타인의 호감을 사지 못한다. 정직하긴 하나 애교가 없고 부드러운 면이 부족하여 인망이 박한 편이다.

손윗사람이나 선배의 말을 따르기를 싫어하고 거역하는 기질이 상당히 강하다. 그 반면에 손아랫사람에게는 잘 대하여 주기 때문에 호감을 산다.

이 사람은 기품은 있으나 교만하고, 자기의 실수나 실패를 강변하기에 손윗사람이나 선배, 동료, 친척까지도 반감을 사서 동정을 얻지 못한다.

46, 47세경의 행운을 놓치면 그 후는 운기가 침체하기 쉽다.

직업은 음료제조업, 관공리, 농산물상 등.

궁 합

3월생의 남자가 원하는 여성	
최길궁합	1975(乙卯) 4월생, 1976(丙辰) 4월생
중길궁합	1978(戊午) 8월생, 1979(己未) 6월생
보통궁합	1975(乙卯) 2월생, 1976(丙辰) 9월생
3월생의 여자가 원하는 남성	
최길궁합	1967(丁未) 4월생, 1966(丙午) 4월생
중길궁합	1961(辛丑) 7월생, 1960(庚子) 8월생
보통궁합	1966(丙午) 11월생, 1967(丁未) 9월생

※ 이외의 궁합은 상극궁합으로 피하는 것이 좋다.

1972년 4월(乙巳)생의 성격와 운세

이 사람은 교양이 풍부하고 마음이 관대하면서 자애심이 깊은 인망높은 사람으로 주역에서는 오황(五荒)의 토성으로 주성(主星)이라고 한다.

이 사람은 교만하고 강정하여 자기의 재능을 과신하는 경향이 있으며 무조건 남을 멸시하는 까다로운 성격이다. 자기의 뜻만을 관철시키려는 승벽이 있기 때문에 남의 원망과 혐오를 받아서 손해를 보는 성격이다.

시기심도 적지 않으나 근면, 노력의 열성이 지극하여 선배나 손윗사람의 신애가 두터워서 입신 출세도 하지만 사람에 따라서는 주색으로 신망을 잃는다.

30세 전후해서 병액이 있을 수 있으니 주의해야 한다. 43, 44세 전후에 행운이 앞에 이르니 이 기회를 잡아야 한다.

직업은 종교가, 의사, 변호사, 이학자, 교사 등.

궁 합

4월생의 남자가 원하는 여성	
최길궁합	1975(乙卯) 9월생, 1976(丙辰) 6월생
중길궁합	1978(戊午) 2월생, 1979(己未) 9월생
보통궁합	1971(辛亥) 1월생, 1977(丁巳) 7월생
4월생의 여자가 원하는 남성	
최길궁합	1967(丁未) 9월생, 1966(丙午) 9월생
중길궁합	1961(辛丑) 9월생, 1960(庚子) 2월생
보통궁합	1968(戊申) 7월생, 1965(乙巳) 4월생

※ 이외의 궁합은 상극궁합으로 피하는 것이 좋다.

1972년 5월(丙午)생의 성격과 운세

이 사람의 성격은 밖으로는 강정하게 보이나 내면은 유순한 사람이다.

사주에 갑을(甲乙)의 목(木)이 있으면 언제나 궁하게 되는 법은 없다. 이 사람의 오행은 사계절과 융화가 잘 되므로 곤궁하지 않을 것이다.

무슨 일이나 무리하게 억지로 하려드는 성질도 있고 노할 때는 그 정도가 극심하지만 쉽게 풀어진다.

이 사람은 자력으로 입신 출세하려는 것보다는 유력인의 도움을 받음이 좋다. 조용하고 침착한 성격이나 그 반면 결단력이 약하기 때문에 시작하는 시기를 놓쳐서 실수한다.

운세는 47, 48세경부터 53, 54세까지 행운을 만나게 되나 이 운을 놓치지 않아야 만년을 잘 보낼 수 있다.

직업은 정치가, 중개업, 신문기자, 연예인, 외교관 등.

궁 합

5월생의 남자가 원하는 여성	
최길궁합	1975(乙卯) 8월생, 1976(丙辰) 5월생
중길궁합	1978(戊午) 9월생, 1979(己未) 6월생
보통궁합	1978(戊午) 5월생, 1979(己未) 3월생
5월생의 여자가 원하는 남성	
최길궁합	1967(丁未) 5월생, 1966(丙午) 8월생
중길궁합	1960(庚子) 9월생, 1961(辛丑) 6월생
보통궁합	1969(己酉) 5월생, 1970(庚戌) 3월생

※ 이외의 궁합은 상극궁합으로 피하는 것이 좋다.

1972년 6월(丁未)생의 성격과 운세

이 사람은 화려한 것을 즐기며 무슨 일이든 딴 사람보다 앞서 하려는 성질이기 때문에 비난을 받기 쉽다.

남에게 지는 것을 가장 싫어하고 내심 자기 잘못인줄 알면서도 그것을 관철시키려 한다. 발동하는 시기를 뜻하므로 지상의 만물의 생성 발육을 의미하고 활동을 한다는 의미가 있다.

성미가 급하면서도 곧 수그러지는 쉽게 더웠다 쉬 식는 성품이며, 악의는 아니면서 허무맹랑한 소리로 남의 귀를 달콤하게 하지만 뒤에 비난의 소리를 듣는다.

생각을 너무 깊게 시작하기에 큰 실패는 없으나 결과적으로 큰 발전도 기대할 수는 없다.

20대에 중병을 앓는 수가 있고 42, 43세경 손해를 보는 수가 있다. 직업은 미술가, 승려, 골동품상, 기계기술 등.

궁 합

6월생의 남자가 원하는 여성	
최길궁합	1975(乙卯) 8월생, 1976(丙辰) 5월생
중길궁합	1978(戊午) 6월생, 1979(己未) 6월생
보통궁합	1978(戊午) 5월생, 1979(己未) 3월생
6월생의 여자가 원하는 남성	
최길궁합	1966(丙午) 8월생, 1967(丁未) 5월생
중길궁합	1961(辛丑) 6월생, 1960(庚子) 9월생
보통궁합	1969(己酉) 5월생, 1970(庚戌) 3월생

※ 이외의 궁합은 상극궁합으로 피하는 것이 좋다.

1972년 7월(戊申)생의 성격과 운세

토(土)성이라서 신체의 동작이 가볍지 못하고 어딘지 무거워 보인다.

사람을 눈 아래로 내려다보는 기질이 있으면서 거짓말을 잘 하고 사치를 즐긴다. 사람에 따라서는 큰 사업을 기획하거나 호 언 장담을 하는 좋지 못한 성질이 있다. 결국은 신용을 잃어서 실패하는 경우가 많다.

혹은 친절, 온화하게 보이나 내심은 완고하면서 독단만을 행 하는 기질이 있어 잘난 체하고 사람을 멸시하는 경향이 있다. 그런가하면 갑(申)년에 태어난 사람은 능소능대하는 아량도 있 으나 너무 사치를 좋아해서 실패수가 있다.

교제수단이 있어서 청년기에 출세, 성공의 행운이 오고 32, 33세경에 명성을 떨칠 기회가 온다. 56, 57세의 큰 행운도 있다. 직업은 금속상, 외교관, 회사원 등.

궁 합

7월생의 남자가 원하는 여성	
최길궁합	1975(乙卯) 9월생, 1976(丙辰) 7월생
중길궁합	1978(戊午) 3월생, 1979(己未) 8월생
보통궁합	1971(辛亥) 1월생, 1977(丁巳) 7월생
7월생의 여자가 원하는 남성	
최길궁합	1967(丁未) 6월생, 1966(丙午) 3월생
중길궁합	1961(辛丑) 8월생, 1960(庚子) 3월생
보통궁합	1968(戊申) 7월생, 1965(乙巳) 4월생

※ 이외의 궁합은 상극궁합으로 피하는 것이 좋다.

1972년 8월(己酉)생의 성격과 운세

기(己)의 성질은 토(土)로서 만물의 명(命)을 돌보는 상의 (象意)가 있어 남에게 도움을 주거나 받아도 좋은 성질을 가지고 있다.

만물을 낳는 오곡의 신이기에 사직의 별이라 칭한다.

순음의 지덕을 간직하고 있어 중후한 면도 있다.

사람에 따라서는 친절, 온화하게 보이나 내심은 완고하고 기가 강하여 남을 업신여기고 내려다 본다. 또한 양기(陽氣)가 있어서 보기보다는 명쾌한 것을 즐기는 사람이 많다.

편굴하고 완고한 기질이 있어서 남의 충고 등은 잘 듣지 않는다. 부모로부터 전승한 가업이나 자기가 수득한 직업으로 생계를 보전하는 사람은 적다.

60세 후의 행운이 만년의 기초가 된다. 직업은 정치가, 주조업, 연예인, 여관 등.

궁 합

8월생의 남자가 원하는 여성	
최길궁합	1975(己卯) 3월생, 1976(丙辰) 9월생
중길궁합	1978(戊午) 6월생, 1979(己未) 3월생
보통궁합	1972(壬子) 8월생
8월생의 여자가 원하는 남성	
최길궁합	1967(丁未) 9월생, 1966(丙午) 2, 11월생
중길궁합	1961(辛丑) 3월생, 1960(庚子) 6월생
보통궁합	1972(壬子) 8월생

※ 이외의 궁합은 상극궁합으로 피하는 것이 좋다.

1972년 9월(庚戌)생의 성격과 운세

외모는 현명하고 영리한 듯이 보이나 내심은 의외로 우둔한 생각과 비열한 행동을 한다. 한편 운기가 발달하여 양기가 있는 듯하나 외모 뿐이고 자기 멋대로 행동하여 경솔하고 이변의 기질이 있다.

변재로서 교제가 능하여 남을 자기 사람으로 만드는 기술도 교묘하지만 의당히 지켜야 할 비밀도 함부로 말을 터트리고 후회하는 수가 많다.

부모, 형제, 친척과 멀리 떨어져서 타향에서 고생하든가 고독하게 만년을 보내는 사람이 많다. 피로워도 그렇지 않은 것처럼 보이려는 사람이나 견실하게 행하면 뜻밖에 후원자를 얻을 수도 있다. 52, 53세경의 행운이 있다. 직업은 경찰관, 미술상, 인쇄업 등.

궁 합

9월생의 남자가 원하는 여성	
최길궁합	1975(乙卯) 5월생, 1976(丙辰) 11월생
중길궁합	1978(戊午) 4월생, 1979(己未) 7월생
보통궁합	1973(癸丑) 6월생
9월생의 여자가 원하는 남성	
최길궁합	1967(丁未) 4월생, 1966(丙午) 5월생
중길궁합	1961(辛丑) 4월생, 1960(庚子) 4월생
보통궁합	1964(甲辰) 6월생

※ 이외의 궁합은 상극궁합으로 피하는 것이 좋다.

1972년 10월(辛亥)생의 성격과 운세

이 사람은 성격은 착하면서 차분하지만 의혹심이 강해서 사소한 일에도 신경을 써서 고생을 자초한다.

결단력이 부족하고 독자적이고 창의적인 추진력이 부족하여 자기 스스로의 의지에 따라 행동하지 못하고 남에게 의존하는 성질이다.

온순하고 정직하며 인내심은 강하고 착실함과 열성은 대단하여 남이 따르지 못한다.

부녀자의 경우 집안일은 열심히 돌보는 편이지만 기가 강한 편이어서 부군과의 가정불화도 일으킨다. 자기 멋대로 행동하는 성질도 있는데 이런 사람은 남의 호감을 사지 못한다.

초년, 중년기는 운기가 왕성하나 만년은 쇠퇴가 극심하니 대비해야 한다. 직업은 농업, 철공업, 광산, 종교가 등.

궁 합

10월생의 남자가 원하는 여성	
최길궁합	1975(乙卯) 9월생, 1976(丙辰) 6월생
중길궁합	1978(戊午) 3월생, 1979(己未) 8월생
보통궁합	1971(辛亥) 1월생, 1974(甲寅) 4월생
10월생의 여자가 원하는 남성	
최길궁합	1967(丁未) 6월생, 1966(丙午) 6월생
중길궁합	1961(辛丑) 8월생, 1960(庚子) 2월생
보통궁합	1962(壬寅) 1월생, 1965(乙巳) 4월생

※ 이외의 궁합은 상극궁합으로 피하는 것이 좋다.

1972년 11월(壬子)생의 성격과 운세

이 사람은 대체로 말이 많은 능변가로서 입으로 사람을 다루는 데 있어 위엄과 위압적인 태도로 달변을 토한다.

외모로는 쾌활한 데다 유순하게 보이기 때문에 상호 접촉하는 데는 부드럽고 애교까지 있어서 남을 다루는데 능력이 있다. 기질이 강한 사람도 잘 설복시켜 결국은 자기 뜻대로 굴복시킨다. 주위 사람으로부터 인기를 얻어 그들의 도움으로 입신 출세를 하는 사람도 있다. 자(子)년 생은 타인과 쉽게 사귀지만 진정으로 사귀지 못함이 결점이다.

중년기에 몇 번 행운이 오기는 하나 주색으로 실패할 염려가 있다. 50세 전후에 오는 행운을 부주의로 놓치고 만년에 극심한 곤난에 빠질 수가 있으니 세심한 주의가 필요하다. 직업은 농업, 철공업, 법률가, 경찰관 등.

궁 합

11월생의 남자가 원하는 여성	
최길궁합	1976(丙辰) 7월생, 1975(乙卯) 7월생
중길궁합	1978(戊子) 7월생, 1979(己未) 2월생
보통궁합	1975(乙卯) 2월생, 1976(丙辰) 9월생
11월생의 여자가 원하는 남성	
최길궁합	1967(丁未) 1월생, 1966(丙午) 7월생
중길궁합	1961(辛丑) 5월생, 1960(庚子) 8월생
보통궁합	1967(丁未) 9월생, 1966(丙午) 2월생

※ 이외의 궁합은 상극궁합으로 피하는 것이 좋다.

1972년 12월(癸丑)생의 성격과 운세

기품이 높으므로 비천한 일을 좋아하지 않는 경향이 있어서 교제상 자주 오해를 받기 쉬운 성격이다.

완고하고 편굴하기도 하여 타인이 꺼리는 수도 있다.

이 사람은 정직하기는 하나 애교가 없고 교제술도 없기에 인망이 박하다.

사람이 총명하여 선견지명이 있으므로 남의 의사를 모르는 체하고 다만 자기편에 유리하도록 하려고 한다.

강정하고 영리하며 친절미가 두터워서 대체로 지지하여 주는 사람이 많으며 인망이 높다.

28, 29세경부터 35, 36세경에 행운이 찾아 올 것이나 주색을 삼가하지 않으면 실패수가 있다. 대체로 60세 후의 행운이라야 여생을 편히 보낸다. 직업을 농업, 광산업, 청과물상 등.

궁 합

12월생의 남자가 원하는 여성	
최길궁합	1975(乙卯) 7월생, 1976(丙辰) 7월생
중길궁합	1978(戊午) 8월생, 1979(己未) 8월생
보통궁합	1975(乙卯) 2월생, 1976(丙辰) 9월생
12월생의 여자가 원하는 남성	
최길궁합	1966(丙午) 4월생, 1967(丁未) 8월생
중길궁합	1961(辛丑) 5월생, 1960(庚子) 8월생
보통궁합	1966(丙午) 11월생, 1967(丁未) 9월생

※ 이외의 궁합은 상극궁합으로 피하는 것이 좋다.

◆ 1973(癸丑)년생

성 격

이 사람은 리(離) 괘의 사람으로 이(離), 여(麗), 명(明)의 뜻을 지닌 사람이다.

이 운의 성질은 계절로 따지면 한여름을 뜻한다. 여름은 염열이 땅 위에 격심하지만 땅 속은 싸늘한 것이니 우물물이나 샘물이 시원한 것은 이 때문이다.

불은 물건에 붙어서 탈 때는 화기가 심하여 밖으로 보기에는 밝고 화려하게 보이나 그 물건이 없어지면 불은 자연히 소멸하고 아무것도 없다. 고로 이 사람은 신이나면 소란하게 떠들고 음기가 되면 우울해지는 성격이다. 무엇이나 생각이 나면 곧 시작을 하나 곧바로 지쳐버리고 만다.

의당히 지켜야 할 비밀도 함부로 노출시키고 곧 후회한다. 그러므로 전후의 일을 잘 살펴서 경거 망동하지 않도록 각별한 주의를 해야 한다.

이 운의 사람은 부모, 형제, 친구, 친척들과 멀리 떨어져서 타향에서 고생하든가 고독한 만년을 보내는 사람이 많다. 이런 사

람 중에는 정직하고 자기 반성을 잘하여 수양에 진력하는 사람
도 있는데 이런 사람은 인망도 얻어서 대중의 두령이 되는 사
람도 있다.

남자는 여자로 인해 고통을 당하고 여자라면 초혼으로 일생
을 지내기가 극히 어렵다. 초혼으로 해로한다 해도 성질 때문에
시종 불화가 끊이지 않는다.

과부가 되어 가업을 일으키는 사람도 있다.

운   세

축(丑)년 생은 17, 18세경부터 53, 54세경 사이에 색정으로
실패수가 있고, 60세 후에 진짜 운이 온다.

진(辰)년 생은 40세 이전의 성공은 오래 못가고 60세 후에
오는 운을 잡아야 한다.

미(未)년 생은 중년부터 차차 행운을 맞이하다 57, 58세경에
최고의 운이 올 때 잘 잡아야 한다.

술(戌)년 생은 35, 36세경에 행운이 오나 잘 지키기 힘들고
57, 58세경의 운세를 잡아야 만년을 편히 보내게 된다.

1973(癸丑)년생의 총괄적 궁합

1973년 생의 남자가 원하는 여성	
최길궁합	1978(戊午)년 생 여성이나 1979(己未)년 생의 여성은 상생 궁합으로 가장 길한 궁합이다.
중길궁합	1974(甲寅)년생이나 1980(庚申)년생 1983(癸亥)년생이 상생격으로 좋다.
보통궁합	1973(癸丑)년생, 1982(壬戌)년생 여성으로 무해무덕 소길의 궁합이다.

1973년생 여자가 원하는 남성	
최길궁합	1970(庚戌)년생, 1969(己酉)년생, 1961(辛丑)년생 남성으로 가장 좋은 궁합이다.
중길궁합	1971(辛亥)년생, 1965(乙巳)년생, 1968(戊申)년생 남성으로 차길 상생의 궁합이다.
보통궁합	1973(癸丑)년생, 1964(甲辰)년생의 남성으로 무해무덕, 소길의 궁합이다.
상극궁합	1975(乙卯)년생, 1976(丙辰)년생, 1981(辛酉)년생 1972(壬子)년생, 1967(丁未)년생, 1966(丙午)년생 1963(癸卯)년생 등은 불길궁합이다.

※ 상극 궁합은 남녀 불문하고 피하는 것이 좋다.

1973년 생의 생월별 궁합

1973년 1월(甲寅)생의 성격과 운세

이 명운은 여러 성상(星象) 중에 주성(主星)으로 천지 창조의 혼돈지기(混沌之氣)의 상(象)이라 한다.

보수적이고 수구(水舊)적인 중후한 인품을 가지고 있다.

이 명운은 심한 변화나 악작용으로 재난이나 파괴, 멸망 등의 가혹한 상이기도 하다.

욕심이 지나쳐서 공든 탑을 수포로 돌아가게도 한다.

교양있는 사람은 인망이 있으나 그렇지 못한 사람 중에는 편굴하고 남을 경시하는 성질이 있어서 반감을 사기도 한다.

중년에는 자주 직업을 바꾸고 57, 58세경에 행운을 맞이한다.

직업은 철공, 잡화, 변호사, 외교관 등.

궁 합

1월생의 남자가 원하는 여성	
최길궁합	1978(戊午) 9월생, 1979(己未) 6월생
중길궁합	1974(甲寅) 5월생, 1980(庚申) 5월생
보통궁합	1983(癸亥) 4월생, 1986(丙寅) 7월생, 1989(己巳) 1, 10월생
1월생의 여자가 원하는 남성	
최길궁합	1970(庚戌) 6월생, 1969(己酉) 9월생
중길궁합	1971(辛亥) 5월생, 1968(戊申) 5월생
보통궁합	1974(甲寅) 4월생, 1977(丁巳) 7월생

※ 이외의 궁합은 상극궁합으로 피하는 것이 좋다.

1973년 2월(乙卯)생의 성격과 운세

이 명운은 모든 일이 완성되고 마무리가 되는 상이다. 매사가 번영 발전하고 있어서 동분서주하면서 활동하는 뜻이 있다.

이 사람은 지능이나 지력이 뛰어나지는 않지만 무슨 일이나 무리하게 밀고가는 추진력이 있다.

일단 발노하면 물불을 가리지 않는 성품이다. 그러나 쉽게 누 그러져서 뒤끝은 없는 사람이다. 말에 재능이 있어서 비리인 줄 알면서도 우겨대는 경향 때문에 부부간의 불화도 일으킨다.

침착하고 남을 잘 도와 주나 선공무덕격으로 도리어 꺼리낌 을 받기도 한다.

중년기에 행운이 찾아드나 만년에는 침체운이 있어 노후에는 궁재에 빠질 염려가 있다. 성운기에 대비가 요구된다.

직업은 의사, 교육자, 건축업, 인쇄업 등.

궁 합

2월생의 남자가 원하는 여성	
최길궁합	1978(戊午) 9월생, 1979(己未) 2월생
중길궁합	1974(甲寅) 3월생, 1977(丁巳) 3월생
보통궁합	1987(丁卯) 5월생, 1988(戊辰) 3월생
2월생의 여자가 원하는 남성	
최길궁합	1970(庚戌) 6월생, 1969(己酉) 9월생
중길궁합	1971(辛亥) 10월생, 1970(庚戌) 6월생
보통궁합	1970(庚戌) 3, 12월생, 1969(乙酉) 5월생

※ 이외의 궁합은 상극궁합으로 피하는 것이 좋다.

1973년 3월(丙辰)생의 성격과 운세

이 명운은 중춘지상(仲春之象)으로 행동의 시작, 계획의 수립 단계 등으로 발전이 이룩됨을 뜻한다.

이 사람은 자진하여 남을 도와 주지만 너무나 자신감이 강하고 자만하기 때문에 은혜를 베풀어 도와 준 사람에게 도리어 원망을 듣기도 한다.

무엇이나 솔선 수범하여 남보다 앞서 하려 하기 때문에 남의 비난을 사기도 한다. 양기가 있는 사람이기에 명쾌한 것을 좋아하며 부지런히 활동하려 한다.

이 사람은 반면에 사려깊은 면도 있어서 큰 실패는 없으나 또한 큰 발전도 기대하기는 어렵다. 일찍이 소년시절 고향이나 집을 떠나 타향에서 고생하는 사람이 많다. 33세경부터 행운이 오나 50세 후에야 진운이 온다. 직업은 교육자, 승려, 약제사, 건축가 등.

궁 합

3월생의 남자가 원하는 여성	
최길궁합	1978(戊午) 9월생
중길궁합	1974(甲寅) 12월생, 1977(丁巳) 12월생
보통궁합	1987(丁卯) 5월생, 1988(戊辰) 3, 12월생
3월생의 여자가 원하는 남성	
최길궁합	1970(庚戌) 6월생, 1969(己酉) 9월생
중길궁합	1968(戊申) 3월생, 1964(甲辰) 6월생
보통궁합	1970(庚戌) 3, 12월생, 1969(己酉) 5월생

※ 이외의 궁합은 상극궁합으로 피하는 것이 좋다.

1973년 4월(丁巳)생의 성격과 운세

이 명운은 음토(陰土)이긴 하나 동물과 식물이 번식할 수 있는 평지이다. 순음지상으로 지덕(地德)을 간직한다.

외면은 어두운 듯 하나 온화하고 평온한 기운이다. 이 명운의 사람은 건실하고 근검하여 무슨 일이든 성실하게 처신하는 사람이다.

과거의 침체를 만회시키고 장래의 토대를 쌓기 위하여 착실하고 인내심으로 전진하는 사람이다.

사람에 따라서 청년시대에 연장인의 애호와 신망을 얻어 입신 출세하는 수가 있다. 47, 48세경에 행운을 맞이하게 되는데 세심한 주의로 이 호운을 놓치지 말아야 겠다.

직업은 골동품상, 금은 세공업, 교사 등.

궁 합

4월생의 남자가 원하는 여성	
최길궁합	1978(戊午) 9월생, 1979(己未) 6월생
중길궁합	1974(甲寅) 6월생, 1977(丁巳) 9월생 1975(乙卯) 3월생
보통궁합	1983(癸亥) 4월생, 1986(丙寅) 7월생, 1987(丁卯) 1, 10월생, 1992(壬申) 4월생
4월생의 여자가 원하는 남성	
최길궁합	1970(庚戌) 6월생, 1969(己酉) 5월생
중길궁합	1967(丁未) 9월생, 1966(丙午) 2, 11월생
보통궁합	1968(戊申) 7월생, 1962(壬寅) 1, 10월생, 1965(乙巳) 4월생

※ 이외의 궁합은 상극궁합으로 피하는 것이 좋다.

218

1973년 5월(戊午)생의 성격과 운세

이 명운은 흐르는 물이나 액체 같아서 능소능대하며 밖으로는 부드럽고 온화하게 보이나 속 마음은 강정한 면을 가지고 있다. 한편 영리하고 현명한 모습과 외유 내강하여 교만한 점이 있어 타인을 경시하는 경향이 있다.

이 명운의 사람 중에는 사려가 얇고 비재하여 이익만을 위주로 삼고 쓸데없는 말이 많아서 실패하는 사람이 많다. 자기 집에 조용히 있기를 싫어하고 외출과 여행을 즐기기 때문에 자유분망한 직업이어야 성공하는 수가 많다.

청년기 일찍이 고향을 떠나 의외의 행운을 얻기도 하나 진짜 행운은 50세 후에 오는 운이 진운이다. 직업은 수출입업, 은행원, 건축업 등.

궁 합

5월생의 남자가 원하는 여성	
최길궁합	1978(戊午) 3월생, 1979(己未) 9월생
중길궁합	1980(庚申) 9월생, 1977(丁巳) 9월생
보통궁합	1981(辛酉) 8월생, 1990(庚午) 8월생
5월생의 여자가 원하는 남성	
최길궁합	1969(己酉) 12월생, 1970(庚戌) 6월생
중길궁합	1971(辛亥) 9월생, 1968(戊申) 9월생
보통궁합	1972(壬午) 8월생, 1963(癸卯) 8월생

※ 이외의 궁합은 상극궁합으로 피하는 것이 좋다.

1973년 6월(己未)생의 성격과 운세

역상(易象)은 수려하나 성하(盛夏)의 계절이니 밖으로는 염열이 극심하고 안으로는 음(陰)상으로 싸늘하니 표리가 다르다.

말이 많고 강정하여 무엇이든 자기 멋대로 생각나면 곧 일을 착수하고 나중에 후회하는 경우가 많다.

이변(異變)의 성질이 있어서 주위 환경이나 소유물, 기구 등의 변환이나 장식하기를 좋아한다.

말이 유창하고 교제술이 뛰어나서 사람을 사로잡는 기술이 교묘하다. 또한 정직하고 신앙심이 독실하나 몸가짐이 신속, 민활하지 못한 결점이 있다. 초년 고생은 많으나 중년부터 점차 행운을 맞이하여 58세경에 최고의 행운을 맞이한다. 직업은 종교가, 의사, 약품상, 농업 등.

궁 합

6월생의 남자가 원하는 여성		
최길궁합	1978(戊午) 5월생, 1979(己未) 3월생, 1978(戊午) 5월생	
중길궁합	1980(庚申) 1, 11월생, 1983(癸亥) 4월생, 1986(丙寅) 1, 10월생, 1989(己巳) 1, 12월생	
보통궁합	1982(壬戌) 6월생, 1991(辛未) 6월생	
6월생의 여자가 원하는 남성		
최길궁합	1970(庚戌) 3, 12월생, 1969(己酉) 5월생, 1970(庚戌) 3월생, 1969(己酉) 5월생	
중길궁합	1971(辛亥) 7월생, 1968(戊申) 4월생	
보통궁합	1973(癸丑) 6월생, 1964(甲辰) 6월생	

※ 이외의 궁합은 상극궁합으로 피하는 것이 좋다.

1973년 7월(庚申)생의 성격과 운세

이 명운은 낡고 골치아픈 일들이 다 끝나고 새로운 출발을 시도하는 상이다.

이 사람은 밖으로는 현명하나 내심은 지능, 판단력 등에 있어서는 우열하고 우직한 소위 겉똑똑이가 많다.

그러나 일의 추진력이나 박력은 뛰어나서 열성이 대단하다.

지나치게 약아빠진, 그리고 이기적인 타산만을 앞세우는 사람보다는 그 인간성이 좋다고 할 수 있다.

중년시기는 대단한 왕성운이나 만년은 극심한 쇠퇴운이 예상되므로 성운기에 대비가 필요하다. 직업은 교육자, 의사, 기계기사, 서화가 등.

궁 합

7월생의 남자가 원하는 여성	
최길궁합	1978(戊午) 9월생, 1979(己未) 12월생
중길궁합	1974(甲寅) 3월생, 1977(丁巳) 6월생
보통궁합	1980(庚申) 1, 10월생, 1983(癸亥) 4월생, 1986(丙寅) 7월생
7월생의 여자가 원하는 남성	
최길궁합	1970(庚戌) 6월생, 1969(己酉) 3, 12월생
중길궁합	1971(辛亥) 6월생, 1975(乙卯) 2, 10월생, 1968(戊申) 6월생
보통궁합	1968(戊申) 7월생, 1965(乙巳) 4월생, 1971(辛亥) 1, 10월생

※ 이외의 궁합은 상극궁합으로 피하는 것이 좋다.

1973년 8월(辛酉)생의 성격과 운세

이 명운은 숙살지기(肅殺之氣)로 언어, 희열, 미소의 뜻이 있는 명운으로 웃음 속에 바늘이 들어 있는 격이다.

이 사람은 대체로 말이 많으며 실지 행동보다 변설로써 위엄이나 위압을 가하여 사람을 움직이려 한다.

성격이 강정하여 병적으로 자기 중심주의여서 남의 개입을 용납치 않는다. 또한 교제술이 능하여 동료나 친지들의 인기가 있고, 그 덕으로 입신 출세도 한다. 때로는 호언 장담도 잘 하지만 목전의 이익에만 집착하기 때문에 나중에는 손실을 본다.

초·중년의 행운을 지키기는 어렵고 60세 이후의 행운을 잡아야 한다. 직업은 정치인, 주조업, 연예인, 요식업, 문필가 등.

궁 합

8월생의 남자가 원하는 여성	
최길궁합	1978(戊午) 10월생, 1979(己未) 5월생
중길궁합	1980(庚申) 11월생, 1977(丁巳) 11월생
보통궁합	1984(甲子) 2, 11월생, 1985(乙丑) 9월생, 1975(乙卯) 2, 11월생, 1976(丙辰) 9월생
8월생의 여자가 원하는 남성	
최길궁합	1971(辛亥) 4월생, 1969(己酉) 7월생, 1970(庚戌) 10월생
중길궁합	1974(甲寅) 11월생, 1977(丁巳) 7월생
보통궁합	1966(丙午) 2, 11월생, 1967(丁未) 9월생

※ 이외의 궁합은 상극궁합으로 피하는 것이 좋다.

1973년 9월(壬戌)생의 성격과 운세

이 명운은 역상(易象)이 건(乾) 괘로써 높은 기품을 가진다.

사려깊고 분별력이 있는 사람으로 고상한 직종이나 정서가 안정된 사업으로 진출이 바람직하다.

이 사람은 부모나 윗사람의 신애로 평탄한 성공 인생이 되겠으나 바쁘게 활동해야 한다.

영리하고 친절미가 있어서 인망이 높으나 비굴하고 이기주의적인 면으로 변하면 더 큰 손해를 보게 된다.

중년기에 몇 번 행운이 있으나 주색으로 실패하기 쉽고 50세 이후에 찾아오는 행운을 놓치지 말고 포착하면 노후의 여생은 안락하다. 직업은 출판, 인쇄, 교육자, 법관 등.

궁 합

9월생의 남자가 원하는 여성	
최길궁합	1979(己未) 4월생, 1978(戊午) 7월생
중길궁합	1980(庚申) 11월생, 1983(癸亥) 11월생
보통궁합	1984(甲子) 2, 11월생, 1985(乙丑) 9월생, 1975(乙卯) 2, 11월생, 1976(丙辰) 9월생
9월생의 여자가 원하는 남성	
최길궁합	1970(庚戌) 7월생, 1969(己酉) 7월생
중길궁합	1971(辛亥) 11월생, 1968(戊申) 11월생
보통궁합	1967(丁未) 9월생, 1966(丙午) 2, 11월생

※ 이외의 궁합은 상극궁합으로 피하는 것이 좋다.

1973년 10월(癸亥)생의 성격과 운세

이 명운은 중인의 두령운으로 유덕한 상이다. 그러므로 위인, 걸사, 영웅 호걸이 많이 배출되었다. 그러나 범인에는 기질이 편고하고 완미한 사람이 있어서 악행을 여반장으로 하는 극악인도 가장 많이 배출되었다. 원래 이 명운은 운성 중에 주성이어서 교양이 풍부하고 마음이 관대하고 자애심이 깊은 인망 높은 면이 있으나 교만하고 강정한 면도 있어서 자기의 재능을 과신한 나머지 무조건 남을 멸시하는 성격을 가진 사람도 있다.

중년시대는 자주 실패도 하나 능히 자력으로 만회시킬 수 있는 능력이 있는 사람이다. 34, 35세경에 큰 재액을 만날 수도 있겠으나 호운은 56, 57세경에 찾아온다. 이 기회를 잘 잡아야 한다. 직업은 선원, 무역업, 광산업 등.

궁 합

10월생의 남자가 원하는 여성		
최길궁합	1978(戊午) 9월생, 1979(己未) 6월생	
중길궁합	1980(庚申) 6월생, 1977(丁巳) 1월생	
보통궁합	1974(甲寅) 4월생, 1971(辛亥) 1, 10월생, 1977(丁巳) 7월생	
10월생의 여자가 원하는 남성		
최길궁합	1970(庚戌) 6월생, 1969(己酉) 9월생	
중길궁합	1971(辛亥) 6월생, 1968(戊申) 6월생, 1967(丁未) 9월생, 1966(丙午) 2, 11월생	
보통궁합	1974(甲寅) 4월생, 1977(丁巳) 7월생	

※ 이외의 궁합은 상극궁합으로 피하는 것이 좋다.

1973년 11월(甲子)생의 성격과 운세

이 명운의 사람은 성격이 내유 외강해서 외부로 보기에는 상당히 강하게 보이나 내심은 유순한 사람이다.

이 사람은 사계절과 융화가 잘 되는 상이므로 언제나 곤궁에 처해지지는 않는다. 무슨 일이나 억지로 밀고 가려는 성질이 있으므로 우직스런 면도 있다.

노할 때는 그 정도가 극심하지만 곧 누그러지는 성격이다.

이 사람은 혼자의 힘으로 입신 출세하려는 것보다 딴 유력인의 도움으로 출세하는 것이 훨씬 수월하다.

조용하고 침착한 성품이나 결단력이 약해서 무슨 일이나 착수 시기를 놓쳐 실패수가 많다. 중년 운기는 상당히 왕성하나 만년운은 침체가 심하기에 성운기 때 노후를 대비해야 한다.

직업은 교육자, 약제상, 농업, 의사 등.

궁 합

11월생의 남자가 원하는 여성	
최길궁합	1978(戊午) 8월생, 1979(己未) 5월생
중길궁합	1982(壬戌) 6월생, 1991(辛未) 6월생
보통궁합	1978(戊午) 5월생, 1979(己未) 3월생, 1987(丁卯) 5월생, 1988(戊辰) 3월생
11월생의 여자가 원하는 남성	
최길궁합	1970(庚戌) 6월생, 1969(己酉) 9월생
중길궁합	1973(癸丑) 6월생, 1964(甲辰) 6월생
보통궁합	1970(庚戌) 3, 12월생, 1969(己酉) 5월생

※ 이외의 궁합은 상극궁합으로 피하는 것이 좋다.

1973년 12월(乙丑)생의 성격과 운세

이 명운은 결단의 시작이나 새로운 일의 계획, 발전과 진전의 새로운 전개를 뜻하며 과거의 선악이 모두 표면화된다. 양기가 있어서 기분이 명쾌하여 최고의 활동을 할 수 있다.

자진하여 남을 도와주기를 즐기며 헌신적이긴 하나 자신감이나 자만심이 너무 강해서 도움을 주고도 원망을 듣는다. 사려가 깊은 편이어서 큰 실패는 없으나 큰 발전도 없다.

10세 전후에 신병으로 고생하며 21, 22세경에 윗사람의 도움으로 입신 출세하는 수가 있으나 50세 이후는 침체운이 심하기 때문에 성운기 때 만년의 계획을 세우는 것이 중요하다.

직업은 승려, 의사, 농업, 약사, 직물업 등.

궁 합

12월생의 남자가 원하는 여성	
최길궁합	1978(戊午) 9월생, 1979(己未) 6월생, 1990(庚午) 8월생
중길궁합	1973(癸丑) 6월생, 1982(壬戌) 6월생, 1991(辛未) 6월생
보통궁합	1987(丁卯) 5월생, 1988(戊辰) 3, 12월생, 1970(庚戌) 3, 12월생, 1969(己酉) 5월생
12월생의 여자가 원하는 남성	
최길궁합	1970(庚戌) 9월생, 1971(辛亥) 12월생
중길궁합	1968(戊申) 12월생, 1971(辛亥) 12월생
보통궁합	1969(己酉) 5월생, 1970(庚戌) 3월생, 1960(庚子) 5월생, 1961(辛丑) 3, 12월생

※ 이외의 궁합은 상극궁합으로 피하는 것이 좋다.

◈ *1974*(甲寅)년생

성 격

이 사람은 간(艮) 괘의 사람으로 운성(運星)의 성질 상 의혹심이 많아서 고심하는 성질이다. 결단력이나 추진력이 미약하여 무엇이든 혼자 결행하지 못하고 남에게 의뢰하게 된다. 그러면서도 자의가 강하여 외면은 상당히 강정한 듯 하나 내심의 의지는 약해서 타인이 강력히 나오면 의혹이 생겨서 주저하게 된다.

한편 이 사람은 온순하고 정직하며 착실한 열성은 대단한 면이 있다.

심중에는 투쟁의 기가 끊이지 않고 진리에 안맞는 말을 늘어놓으며 항쟁하는 사람이다.

이해심은 빠르나 권태도 남달리 빠르기 때문에 지구력이 없다. 참고 견디어내는 힘은 적으나 노력하는 형이어서 적소성대하여 재운이나 행운을 놓치지 않는다.

부녀자의 경우 가정일은 잘 돌보나 기가 강한 관계로 의혹심도 많다. 한편 한정(閑靜)한 것을 좋아하는 성질이어서 신앙심이 두터우며 재복이 있어서 재물이 들어와도 오래 보전을 못한다. 때문에 이 사람은 토지, 가옥, 보석, 가구 등을 가지고 저축하면 오래 지속할 수 있다.

대체로 친척들과 화합하기 어렵고 초연으로 한평생을 지내는 사람은 아주 극히 드물다.

운 세

이 운성을 지닌 사람 중 인(寅)년 생은 만년에 운기는 침체하기 쉬우니 40, 50대 성운기에 미리 대비해야 한다.

사(巳)년 생은 초년이나 중년기에는 운기가 왕성하나 만년운은 쇠퇴가 심하다. 주의가 요구된다.

신(申)년 생은 중년운은 왕성한 운이 있으나 만년운은 쇠퇴운이니 대비가 필요하다.

해(亥)년 생은 중년기에 몇 번 행운이 있으나 이 운을 지속하기 어렵고 50세 후의 운을 잘 잡아야 한다.

1974(甲寅)년 생의 총괄적 궁합

1974년 생의 남자가 원하는 여성	
최길궁합	1982(壬戌)년생, 1991(辛未)년생, 1973(癸丑)년생이 상생 최길 궁합.
중길궁합	1975(乙卯)년생, 1976(丙辰)년생, 1984(甲子)년생, 1985(乙丑)년생이 중길 상생 궁합.
보통궁합	1974(甲寅)년생, 1980(庚申)년생, 1983(癸亥)년생

1974년생 여자가 원하는 남성	
최길궁합	1973(癸丑)년생, 1964(甲辰)년생 남성으로 상생 최길 궁합이다.
중길궁합	1967(丁未)년생, 1966(丙午)년생, 1958(戊戌)년생, 1957(丁酉)년생 남성으로 상생 차길 궁합.
보통궁합	1974(甲寅)년생, 1971(辛亥)년생, 1965(乙巳)년생, 1962(壬寅)년생
상극궁합	1978(戊午)년생, 1979(己未)년생, 1981(辛酉)년생, 1987(丁卯)년생, 1972(壬子)년생, 1970(庚戌)년생, 1969(己酉)년생, 1963(癸卯)년생

※ 상극 궁합은 남녀 불문하고 피하는 것이 좋다.

1974년 생의 생월별 궁합

1974년 1월(丙寅)생의 성격과 운세

이 명운은 순음지상(純陰之象)으로 평온한 운기(運氣)로 바라는 정도까지 발전하지는 못하나 건실하고 근검하여 아무 일이든 성실하게 해 나간다.

사람이 중후하여 동작이 가볍지는 않으나 능소능대하여 풍부한 아량이 있다. 교제 수단이 비상하여 세인의 애호 덕으로 일찍이 청년시기에 출세의 행운을 맞이한다.

청년기까지는 신고가 많은데 35, 36세경에야 행운이 오나 정신을 차리지 않으면 지속이 곤란하다. 52, 53세경에 찾아오는 행운을 잘 잡아야 만년을 편히 보내게 된다. 직업은 경찰, 의사, 농업 등.

궁 합

1월생의 남자가 원하는 여성	
최길궁합	1982(壬戌) 6월생, 1991(辛未) 6월생
중길궁합	1974(甲寅) 5월생, 1977(丁巳) 5월생
보통궁합	1983(癸亥) 4월생, 1986(丙寅) 7월생, 1987(己巳) 1, 10월생
1월생의 여자가 원하는 남성	
최길궁합	1973(癸丑) 6월생, 1964(甲辰) 6월생
중길궁합	1976(丙辰) 9월생, 1975(乙卯) 7월생
보통궁합	1977(丁巳) 7월생, 1974(甲寅) 4월생

※ 이외의 궁합은 상극궁합으로 피하는 것이 좋다.

1974년 2월(丁卯)생의 성격과 운세

이 명운은 유동성의 뜻을 간직하고 있다. 즉 물이나 액체와 같이 한없이 부드러우나 그것이 무서운 힘을 가지고 있음을 말한다. 따라서 내심은 기가 강하나 교만하며 남을 업신여기고 경시한다. 또 내심은 양기가 있어 보기보다는 명쾌한 것을 즐기는 사람이다.

자기의 심정을 좀처럼 잘 털어놓지 않기 때문에 친구가 많지 않다. 동시에 홀로 고민하고 번민하는 성질이다.

20대에 출세하는 사람도 있으나 50대에 색정으로 곤란한 지경에 빠질 염려가 있다. 직업은 승려, 의사, 예술, 양복점, 전업사 등.

궁 합

2월생의 남자가 원하는 여성	
최길궁합	1982(壬戌) 9월생, 1991(辛未) 6월생
중길궁합	1975(乙卯) 5월생, 1976(丙辰) 3월생
보통궁합	1981(辛酉) 5월생, 1990(庚午) 8월생
2월생의 여자가 원하는 남성	
최길궁합	1973(癸丑) 8월생, 1964(甲辰) 8월생
중길궁합	1967(丁未) 3, 12월생, 1966(丙午) 6월생
보통궁합	1972(壬子) 8월생, 1963(癸卯) 8월생

※ 이외의 궁합은 상극궁합으로 피하는 것이 좋다.

1974년 3월(戊辰)생의 성격과 운세

이 명운은 상(象)이 수려하게 보이나 속이 공허한 상이다.

이 명운의 사람은 보기에는 현명하고 영리하나 실속은 공허하고 우지한 면이 있다. 한편 강정하여 무엇이든 자기 멋대로 하려고 한다. 그래도 온순하고 정직하며 인내심이 강하며 착실하고 일에 대한 열성은 남이 못 따른다.

변재가 능하여 교제술이 있으며 남을 잘 다스리는 묘한 기술이 있어 대 사업을 성취시킬 수 있는 소질이 다분히 있으나 청년시대는 주색 때문에 실패하기 쉽고 60세 후의 만운의 행운을 잘 잡아야 만년의 안락한 생활을 즐길 수 있다.

직업은 은행원, 연예인, 변호사, 농업 등.

궁 합

3월생의 남자가 원하는 여성	
최길궁합	1982(壬戌) 2월생, 1991(辛未) 2월생
중길궁합	1975(乙卯) 7월생, 1976(丙辰) 7월생
보통궁합	1982(壬戌) 6월생, 1991(辛未) 6월생
3월생의 여자가 원하는 남성	
최길궁합	1973(癸丑) 3월생, 1964(甲辰) 3월생
중길궁합	1966(丙午) 5월생, 1967(丁未) 8월생
보통궁합	1973(癸丑) 6월생, 1964(甲辰) 6월생

※ 이외의 궁합은 상극궁합으로 피하는 것이 좋다.

1974년 4월(己巳)생의 성격과 운세

이 명운은 낡고 더러운 일들이 다 끝나고 새로운 전진을 의미하는 상이라 골치아픈 일이나 사업, 가정불화가 있다면 다 끊어버리고 새로운 출발을 한다는 상이다.

이 명운의 사람은 판단력이나 지력이 부족하여 좀 우직한 편이나 추진력이나 포용력 등이 있어서 대인관계는 좋은 성격의 소유자다. 너무 현명하고 이기적인 아내나 남편보다 알고도 모르는 척 포용력을 발휘해 주는 파트너를 만나면 좋다.

이 사람은 인내심이 강하여 일에 대한 열성이 대단하고 투쟁력, 항거심도 강하다. 중년에 몇 번 행운이 있으나 오래 지키기 어렵고 50세 후에 오는 행운이 참운이니 이 운을 놓치지 말도록 해야 한다. 직업은 농업, 철공업, 광산업, 종교가 등.

궁 합

4월생의 남자가 원하는 여성	
최길궁합	1982(壬戌) 3월생, 1991(辛未) 6월생
중길궁합	1975(乙卯) 월생, 1976(丙辰) 9월생
보통궁합	1980(庚申) 1, 10월생, 1983(癸亥) 4월생, 1986(丙寅) 7월생
4월생의 여자가 원하는 남성	
최길궁합	1973(癸丑) 6월생, 1964(甲辰) 6월생
중길궁합	1967(丁未) 8월생, 1966(丙午) 7월생
보통궁합	1974(甲寅) 4월생, 1971(辛亥) 1, 10월생

※ 이외의 궁합은 상극궁합으로 피하는 것이 좋다.

1974년 5월(庚午)생의 성격과 운세

이 명운은 숙살지기(肅殺之氣)라고 하여 언어, 희열, 미소라는 뜻이 있고, 웃음 속의 바늘이라는 행위의 뜻이 있다.

이 사람은 대체로 말이 많으며 자기 중심주의여서 남의 개입을 용납치 않는다.

이 사람은 교제술이 능하여 집을 나가 돌아다니기를 즐긴다. 또한 장담도 잘 하지만 실제 일에 임하면 성과는 별로 좋지 않다.

중년기에 몇 차례 호운이 찾아오나, 그 성질 때문에 놓치는 수가 많다. 57, 58세경의 대 행운이 찾아오는 것을 놓치지 말고 포착해야 안락한 만년을 보낼 수 있다. 직업은 요식업, 연예인, 은행원, 철물상 등.

궁 합

5월생의 남자가 원하는 여성	
최길궁합	1982(壬戌) 4월생, 1973(癸丑) 2월생
중길궁합	1981(辛酉) 8월생, 1990(庚午) 8월생
보통궁합	1984(甲子) 2, 11월생, 1985(乙丑) 9월생
5월생의 여자가 원하는 남성	
최길궁합	1973(癸丑) 4월생, 1964(甲辰) 2월생
중길궁합	1971(辛亥) 2월생, 1968(戊申) 2월생
보통궁합	1976(丙辰) 9월생, 1975(乙卯) 2, 11월생

※ 이외의 궁합은 상극궁합으로 피하는 것이 좋다.

1974년 6월(辛未)생의 성격과 운세

이 명운은 원래 건(乾) 괘로서 높은 기품을 가진 상이다. 그러므로 이 명운의 사람은 비천한 일을 싫어하고 사려깊고 심중한 성품이다. 너무 꼼꼼한 면이 있어 호기를 간파하지 못하고 놓치는 수가 많으나 그래도 경솔한 짓은 좀처럼 하지 않는다.

이 사람은 윗사람의 신애와 원조로 희망을 달성하기 위해 동분서주하며 바쁘게 움직인다.

28세부터 36세 사이에 행운이 오나 주색으로 실패하기 쉽고 50대 말기부터 60세를 지난 다음에 오는 행운이 만년을 안락하게 지낼 수 있게 된다. 직업은 교육가, 의사, 금은상, 문학가 등.

궁 합

6월생의 남자가 원하는 여성	
최길궁합	1982(壬戌) 7월생, 1991(辛未) 8월생
중길궁합	1975(乙卯) 8월생, 1976(丙辰) 5월생
보통궁합	1984(甲子) 2, 11월생, 1985(乙丑) 9월생, 1975(乙卯) 2, 11월생, 1974(甲寅) 4월생
6월생의 여자가 원하는 남성	
최길궁합	1973(癸丑) 5월생, 1964(甲辰) 7월생, 1968(戊申) 7월생
중길궁합	1966(丙午) 8월생, 1967(丁未) 5월생
보통궁합	1976(丙辰) 9월생, 1975(乙卯) 2, 11월생, 1967(丁未) 9월생, 1966(丙午) 2, 11월생

※ 이외의 궁합은 상극궁합으로 피하는 것이 좋다.

1974년 7월(壬申)생의 성격과 운세

이 명운은 천지 창조의 혼돈지상(混沌之象)이라 하며 여러 성상(星象) 중에 주성(主星)이다. 인품이 중후하며 보수적이고 수구적인 인물이다. 대외적으로 융성, 강대함을 과시한다.

이 명운은 심한 변화나 환원작용(還元作用)으로 인하여 나쁜 악작용도 있어서 공든 탑을 수포로 돌아가게도 한다.

자신을 수양하고 주위의 반감 사는 일을 조심한다면 사려 분별력이 있어 일을 기획하는 수완과 능력을 발휘할 수 있다.

중년에 직업 변경을 몇 번 하겠고, 57, 58세경의 행운을 놓치지 말고 잡아야 한다. 직업은 변호사, 외교관, 기자, 금은 세공업 등.

궁 합

7월생의 남자가 원하는 여성		
최길궁합	1982(壬戌) 6월생, 1991(辛未) 6월생	
중길궁합	1984(甲子) 7월생, 1985(乙丑) 9월생	
보통궁합	1983(癸亥) 4월생, 1986(丙寅) 7월생, 1989(己巳) 1, 10월생	
7월생의 여자가 원하는 남성		
최길궁합	1973(癸丑) 6월생, 1964(甲辰) 6월생	
중길궁합	1967(丁未) 8월생, 1966(丙午) 3월생	
보통궁합	1974(甲寅) 4월생, 1977(丁巳) 7월생	

※ 이외의 궁합은 상극궁합으로 피하는 것이 좋다.

1974년 8월(癸酉)년생의 성격과 운세

이 명운은 종사하는 일이나 관계하는 일이 성장하고 완성되어 마무리를 하는 상이다. 매사에 번영, 발전이 있고 동분서주하는 활동을 한다. 사회적 신용이 두터우며 교제도 넓다.

무슨 일이나 무리하게 밀고 가는 성질이 있어서 우직하게 보이지만 일단 발노하면 물불을 가리지 않는 성품이다. 그러나 곧 수그러져서 뒤끝이 없다.

말을 잘하기에 비리를 알면서도 옳다고 고집하는 경향이 있어서 부부간의 다툼도 있다.

평소는 조용하고 침착한 성격이나 결단력이 약해서 무슨 일이나 질질 끌다가 실기하는 것이 결점이다. 47세부터 54세 사이의 행운을 잘 포착해야 만년을 안락하게 보낼 수 있다.

직업은 정치가, 기자, 변호사, 여관업, 미술가 등.

궁 합

8월생의 남자가 원하는 여성	
최길궁합	1982(壬戌) 5월생, 1991(辛未) 5월생
중길궁합	1975(乙卯) 9월생, 1976(丙辰) 6월생
보통궁합	1987(丁卯) 5월생, 1988(戊辰) 3월생
8월생의 여자가 원하는 남성	
최길궁합	1973(癸丑) 6월생, 1964(甲辰) 6월생
중길궁합	1967(丁未) 6월생, 1966(丙午) 9월생
보통궁합	1970(庚戌) 3, 12월생, 1969(己酉) 5월생

※ 이외의 궁합은 상극궁합으로 피하는 것이 좋다.

1974년 9월(甲戌)생의 성격과 운세

이 명운은 중춘(仲春)의 상으로 행동의 개시, 결단, 계획의 수립, 발전이 이룩됨을 뜻한다.

양기의 사람이기 때문에 명쾌하며 움직이기를 좋아하는 활동가이다.

자진하여 남을 도와 주기를 좋아하지만 자신감이나 자만심이 강해서 도움을 주고도 원망을 듣는다.

일찍이 소년시절에 고향이나 집을 떠나 고생하는 사람이 많다. 33, 34세경에 행운이 오기는 하나 대체로 50세 후에 오는 행운을 잡아야 만년이 편하다.

직업은 교육자, 의사, 승려, 약제사, 건축가 등.

궁 합

9월생의 남자가 원하는 여성	
최길궁합	1982(壬戌) 6월생, 1991(辛未) 6월생
중길궁합	1975(乙卯) 2월생, 1976(丙辰) 9월생
보통궁합	1987(丁卯) 5월생, 1988(戊辰) 3, 12월생
9월생의 여자가 원하는 남성	
최길궁합	1973(癸丑) 6월생, 1964(甲辰) 6월생
중길궁합	1967(丁未) 6월생, 1966(丙午) 9월생
보통궁합	1970(庚戌) 3, 12월생, 1969(己酉) 5월생

※ 이외의 궁합은 상극궁합으로 피하는 것이 좋다.

1974년 10월(乙亥)생의 성격과 운세

이 명운은 음토(陰土)이나 동물과 식물이 번식할 수 있는 평지이다. 순음지상(純陰之象)으로 지덕(地德)을 간직한다.

외면이 밝지 못한 듯하나 온화하고 평온한 기운이다. 이 명운의 사람은 건실하고 근검하여 아무 일이든 성실하게 처신하는 사람이다.

최저의 생활이나 분수를 달게 받고 자기 신분에 알맞는 일을 의욕적으로 해 나간다.

20세 전후에 성운기가 있으나 조급하게 굴면 그 행운을 지키지 못한다. 한결같은 마음으로 자중 자애하는 태도가 요구된다. 50세 후에 오는 행운을 잘 잡아야 만년을 편안히 지낼 수 있다.

직업은 서화, 조각, 건축기사, 의사 등.

궁 합

10월생의 남자가 원하는 여성	
최길궁합	1982(壬戌) 6월생, 1991(辛未) 6월생
중길궁합	1976(丙辰) 8월생, 1985(乙丑) 9월생, 1975(乙卯) 2월생
보통궁합	1983(癸亥) 4월생, 1986(丙寅) 7월생, 1987(己巳) 1, 10월생, 1992(壬申) 4월생
10월생의 여자가 원하는 남성	
최길궁합	1973(癸丑) 6월생, 1964(甲辰) 6월생
중길궁합	1967(丁未) 8월생, 1966(丙午) 2월생, 1971(辛亥) 1, 10월생
보통궁합	1977(丁巳) 7월생, 1974(甲寅) 4월생

※ 이외의 궁합은 상극궁합으로 피하는 것이 좋다.

1974년 11월(丙子)생의 성격과 운세

이 명운은 유동성의 성질로서 흐르는 물이나 액체와 같은 성질이다. 원래 이 상은 감(坎)이라 하여 북쪽의 방향과 물을 뜻한다.

유순하고 온화하게 보이나 내심은 강한 사람이나 교만하여 남을 경시하는 경향이 있다.

때로는 기회 포착에 예민하여 일처리에 능숙한 수완을 발휘하며, 보기보다는 내심에 양기가 있어 무엇이나 명쾌한 것을 좋아한다. 자기 속심을 털어 놓지 않기 때문에 친구가 적다.

중년기에 직업이나 주거 변동이 있겠고 27, 28세경에는 쇠퇴운이 닥치나 34세경에는 대 호운이 온다. 직업은 의사, 식료상, 목재상, 요식업 등.

궁 합

	11월생의 남자가 원하는 여성
최길궁합	1982(壬戌) 8월생, 1991(辛未) 8월생
중길궁합	1967(丁未) 2월생, 1966(丙午) 6월생
보통궁합	1981(辛酉) 8월생, 1990(庚午) 8월생
	11월생의 여자가 원하는 남성
최길궁합	1973(癸丑) 8월생, 1964(甲辰) 8월생
중길궁합	1966(丙午) 6월생, 1967(丁未) 1월생
보통궁합	1972(壬子) 8월생, 1963(癸卯) 8월생

※ 이외의 궁합은 상극궁합으로 피하는 것이 좋다.

1974년 12월(丁丑)생의 성격과 운세

역상(易象)은 수려하게 보이나 성하(盛夏)를 말함이니 지중은 싸늘하여 공허한 형상이다.

외모는 보기좋게 장식되고 현명하면서 영리하게 생겼으나 속으로는 실속없는 처지에 우지하다.

말이, 많고 강정하여 무엇이든 자기 멋대로 생각나면 즉시 일을 착수하고 후에 후회하는 경우가 많다.

사람을 잘 다루어 내사람으로 만드는 소질이 있고 지켜야 할 비밀을 함부로 노출시키는 경솔한 면이 있다.

이 사람은 47세부터 54세 사이에 이성 문제로 실패수가 있고 60세 후에 오는 행운을 잘 잡아야 노후가 편하다.

직업은 농업, 직물업, 은행원, 소설가 등.

궁 합

12월생의 남자가 원하는 여성	
최길궁합	1982(壬戌) 6월생, 1991(辛未) 6월생
중길궁합	1975(乙卯) 1월생, 1976(丙辰) 1월생
보통궁합	1982(壬戌) 6월생, 1991(辛未) 6월생
12월생의 여자가 원하는 남성	
최길궁합	1973(癸丑) 2월생, 1982(壬戌) 2월생
중길궁합	1966(丁未) 7월생, 1966(丙午) 1월생
보통궁합	1973(癸丑) 6월생, 1964(甲辰) 6월생

※ 이외의 궁합은 상극궁합으로 피하는 것이 좋다.

◆ *1975(乙卯)년생*

성 격

이 사람은 태(兌) 괘의 사람으로 숙살지기의 금기(金氣)를 타고나서 언어, 희열, 미소의 성질이 있다. 또는 소중 유침(笑中有針) 웃음 속에 바늘이라고 하는 행위가 있다고 본다.

말이 많으며 변설로써 사람을 다루는 솜씨가 뛰어나서 위엄과 위압을 가지고 사람을 놀리는 등으로 다변하다.

이 사람은 자기가 직접하지 않고 남을 시켜 상대를 움직이려 한다. 남을 굴복시키는데 교묘한 재간이 있으며 남을 도와 주기도 한다. 인근인이나 친구 사이에 인기가 좋아서 선배나 손윗사람으로부터의 조력으로 출세도 한다. 이 사람은 말로는 잘하나 입 뿐으로 경박하게 보인다. 외모는 온화하고 유순하나 내심은 교만하고 의혹심도 깊어서 부부간에 질투가 끊이지 않는다.

무단히 타인의 일을 비평하는 정도가 지나쳐서 거짓말로 근거없는 말을 하면서 여러 가지 물의를 일으킨다.

실행력이 없기 때문에 결말도 보기 전에 꽁무니를 빼고 중단하는 사람도 많다.

식솔들에게는 듣기 싫은 잔소리를 잘하며 가정불화를 자초하기도 한다.

대체로 영리하여 남의 일에 간섭을 잘하나 지속이 안되어 신용을 잃기도 하고 자녀와의 인연이 박하다.

운 세

이 운성의 사람 중 자(子)년 출생자는 중년시대 몇 번 행운이 오기는 하나 지속이 어렵고 50세 전후에 오는 행운을 잡아야 한다.

묘(卯)년 생은 63, 64세경에 오는 행운을 잡아야 한다.

오(午)년 생은 57, 58세경의 큰 행운을 잡아야 만년을 편안히 보내게 된다.

유(酉)년 생은 중년기에 상당한 행운이 오나 돈쓰기에 바빠 유지가 곤란하다. 이 사람은 자녀와의 인연이 박하니 노후생활의 계획을 성운기에 세워야 한다.

1975(乙卯)년 생의 총괄적 궁합

1975년 생의 남자가 원하는 여성	
최길궁합	1977(丁巳)년생, 1980(庚申)년생, 1983(癸亥)년생, 1986(丙寅)년생으로 상생 최길 궁합이다.
중길궁합	1981(辛酉)년생, 1990(庚午)년생으로 차길 상생 궁합이다.
보통궁합	1975(乙卯)년생, 1976(丙辰)년생, 1984(甲子)년생, 1985(乙丑)년생

1975년생 여자가 원하는 남성	
최길궁합	1974(甲寅)년생, 1971(辛亥)년생, 1968(戊申)년생 1965(乙巳)년생 남성으로 최길 배필이다
중길궁합	1975(乙卯)년생, 1967(丁未)년생, 1966(丙午)년생, 1958(戊戌)년생, 1957(丁酉)년생
상극궁합	1979(己未)년생, 1978(戊午)년생, 1982(壬戌)년생, 1987(丁卯)년생, 1988(戊辰)년생, 1973(癸丑)년생, 1970(庚戌)년생, 1969(己酉)년생, 1964(甲辰)년생, 1961(辛丑)년생

※ 상극 궁합은 남녀 불문하고 피하는 것이 좋다.

1975년 생의 생월별 궁합

1975년 1월(戊寅)생의 성격과 운세

이 명운은 산(山)을 뜻하는 간(艮) 괘로써 음이 약한 토(土)이다. 모든 것이 끝이나며 새로 전진(轉進)하는 상이다. 과거의 사업이나 사생활에 어려움이 있다면 정리하고 재출발하는 기상이다.

판단력이 부족하여 좀 우지한 편이지만 남을 돕는 데는 친절하고 힘을 다해 도와 준다. 온순하고 정직하며 인내심이 강하여 일에 대한 열성이 대단하다.

중년기에는 대단한 성운기가 있으나 노년에 들어서면 쇠퇴운이 찾아온다. 그러므로 성운기에 노년을 대비해서 기초를 닦아 놔야 한다. 직업은 교육가, 의사, 기계기사, 서화가 등.

궁 합

1월생의 남자가 원하는 여성	
최길궁합	1977(丁巳) 3월생, 1974(甲寅) 3월생
중길궁합	1981(辛酉) 11월생, 1990(庚午) 11월생
보통궁합	1980(庚申) 1, 10월생, 1983(癸亥) 4월생, 1986(丙寅) 7월생
1월생의 여자가 원하는 남성	
최길궁합	1974(甲寅) 12월생, 1971(辛亥) 12월생
중길궁합	1972(壬子) 10월생, 1963(癸卯) 11월생
보통궁합	1974(甲寅) 4월생, 1971(辛亥) 1, 10월생

※ 이외의 궁합은 상극궁합으로 피하는 것이 좋다.

1975년 2월(己卯)생의 성격과 운세

이 명운은 원래 태(兌) 괘로 괘의 모양이 입의 상이다. 그렇기에 대체로 말이 많은 명운이다. 변설로써 자기 과장과 위협을 나타내며 사람을 농하며 다변하다.

외적으로는 쾌활하고 유순하며 애교까지 있는 우수한 두뇌의 소유자다. 또한 주변의 친지나 친구들에게는 인기가 좋아서 그들의 도움으로 출세하는 사람도 있다. 남을 돕는 일을 즐기며 자진하여 타인의 괴로운 일을 맡아서 하려 한다. 그외 작은 일도 과장해서 떠드는 성격도 있다.

유년기에 행운이 있으나 결과를 맺지 못하고 63, 64세경의 행운을 잡아야 한다. 직업은 은행원, 의류, 의사, 농업, 승려 등.

궁 합

2월생의 남자가 원하는 여성	
최길궁합	1977(丁巳) 10월생, 1980(庚申) 10월생, 1986(丙寅) 7월생, 1992(壬申) 8월생
중길궁합	1981(辛酉) 10월생, 1990(庚午) 8월생
보통궁합	1984(甲子) 2, 11월생, 1985(乙丑) 9월생
2월생의 여자가 원하는 남성	
최길궁합	1974(甲寅) 11월생, 1971(辛亥) 10월생
중길궁합	1972(壬子) 8월생, 1963(癸卯) 8월생
보통궁합	1976(丙辰) 9월생, 1975(乙卯) 2, 11월생

※ 이외의 궁합은 상극궁합으로 피하는 것이 좋다.

1975년 3월(庚辰)생의 성격과 운세

이 명운의 사람은 기품(氣品)이 높다. 건(乾) 괘에 해당되어 모든 일의 결실이나 완성을 위하여 전력을 경주하여 노력한다.

반면 기품이 있으나 성품이 교만하여 남에게 지는 것을 싫어한다. 그러므로 자기의 실책이나 실패한 일을 옳다고 강변한다. 때문에 선배나 윗사람, 또는 친구까지도 반감을 사고 말을 많이 하기 때문에 세인의 동정을 받을 길이 없을 정도다.

46, 47세경의 행운을 잡지 못하면 그 이후의 만년은 운기가 침체하기 때문에 성운기에 만년을 대비해야 한다. 좋은 상을 타고나서도 빛 좋은 개살구가 되지 않도록 해야 겠다. 직업은 공무원, 농산물상 등.

궁 합

3월생의 남자가 원하는 여성	
최길궁합	1977(丁巳) 7월생, 1983(癸亥) 4월생, 1980(庚申) 1, 10월생, 1989(己巳) 1, 10월생, 1986(丙寅) 7월생
중길궁합	1981(辛酉) 8월생, 1990(庚午) 8월생
보통궁합	1984(甲子) 2, 11월생, 1985(乙丑) 9월생
3월생의 여자가 원하는 남성	
최길궁합	1974(甲寅) 4월생, 1971(辛亥) 1, 10월생, 1968(戊申) 7월생
중길궁합	1981(辛酉) 8월생, 1972(壬子) 8월생
보통궁합	1976(丙辰) 9월생, 1975(乙卯) 2, 11월생

※ 이외의 궁합은 상극궁합으로 피하는 것이 좋다.

1975년 4월(辛巳)생의 성격과 운세

이 명운은 주성(主星)으로 옛부터 위인이나 영웅 호걸이 많이 배출되었으며, 인품이 중후하여 보수적이며 대외적으로는 융성 강대하다는 것을 과시한다.

이 운은 강력한 변화나 환원 작용(還元作用)으로 인하여 타의적이든 자의적이든 간에 악작용도 있어서 고난의 상이기도 하다.

강정하고 시기심도 강하나 근면하기 때문에 윗사람의 신애가 두텁다. 30세 전후에 병액이 있을 수가 있고 43, 44세경에 의외의 행운을 잡아야 한다.

직업은 종교가, 의사, 변호사, 문학가, 농업 등.

궁 합

4월생의 남자가 원하는 여성	
최길궁합	1977(丁巳) 3월생, 1980(庚申) 12월생
중길궁합	1981(辛酉) 2월생, 1990(庚午) 2월생
보통궁합	1983(癸亥) 4월생, 1986(丙寅) 7월생, 1989(己巳) 1, 10월생
4월생의 여자가 원하는 남성	
최길궁합	1974(甲寅) 3, 12월생, 1971(辛亥) 3월생
중길궁합	1972(壬子) 2, 11월생, 1963(癸卯) 2, 3월생
보통궁합	1974(甲寅) 4월생, 1977(丁巳) 7월생

※ 이외의 궁합은 상극궁합으로 피하는 것이 좋다.

248

1975년 5월(壬午)생의 성격과 운세

이 명운의 사람은 내유 외강하고 관계하는 일이 성장 완성되어 마무리에 들어간다는 상이다. 매사가 번영 발전하기에 동분서주하는 활동을 한다. 사회적 신용이 두터우며 교제가 넓다.

무슨 일이나 무리하게 밀고가려는 성질이 있어서 우직하게 보이기도 한다. 일단 노하면 물불을 가리지 않으나 쉽게 누그러지는 성품이다.

말을 잘하여 비리를 옳다고 고집하는 경향이 있어서 부부간에 불화를 야기하는 경향이 있다.

중년기에는 사람들이 그 행운을 부러워 할 정도가 되나 주색 때문에 실수하게 되고 52, 53세경에 오는 행운을 세심한 주의를 가지고 포착해야만 만년에 안락한 생활을 할 수 있다.

직업은 전기업, 인쇄업, 서적상 등.

궁 합

5월생의 남자가 원하는 여성	
최길궁합	1977(丁巳) 2, 11월생, 1974(甲寅) 3, 12월생
중길궁합	1981(辛酉) 8월생, 1990(庚午) 9월생
보통궁합	1987(丁卯) 5월생, 1988(戊辰) 3월생
5월생의 여자가 원하는 남성	
최길궁합	1974(甲寅) 3, 12월생, 1971(辛亥) 2, 11월생
중길궁합	1972(壬子) 9월생, 1981(辛酉) 3월생
보통궁합	1970(庚戌) 3, 12월생, 1969(己酉) 5월생

※ 이외의 궁합은 상극궁합으로 피하는 것이 좋다.

1975년 6월(癸未)생의 성격과 운세

이 명운은 중춘(仲春)을 뜻하며 행동, 시작의 결단, 계획을 수립하여 발전과 진전이 전개됨을 의미한다.

양기의 사람으로 기분이 명쾌하며 움직이는 활동가이다.

자진하여 남을 도와주기를 좋아하지만 자신감이나 자만심이 너무 강해서 도움을 주고도 원망을 산다.

이 사람은 생각이 깊어서 큰 실패는 없으나 큰 발전도 기대할 수 없다. 27, 28세경에 중병으로 고생하는 사람도 있다. 42, 43세경에는 친구나 친척 때문에 적지 않은 손해를 보기도 한다.

자손의 덕으로 노후에는 안락한 여생을 보내게 된다. 직업은 미술가, 승려, 기계기사, 약재상 등.

궁 합

6월생의 남자가 원하는 여성	
최길궁합	1977(丁巳) 2월생, 1974(乙卯) 8월생
중길궁합	1981(辛酉) 9월생, 1990(庚午) 9월생
보통궁합	1987(丁卯) 5월생, 1988(戊辰) 3, 12월생
6월생의 여자가 원하는 남성	
최길궁합	1974(甲寅) 2월생, 1971(辛亥) 11월생
중길궁합	1972(壬子) 6월생, 1963(癸卯) 9월생
보통궁합	1970(庚戌) 3, 12월생, 1969(己酉) 5월생

※ 이외의 궁합은 상극궁합으로 피하는 것이 좋다.

1975년 7월(甲申)생의 성격과 운세

이 명운은 지덕(地德)을 간직한 괘(卦)로서 사람이 중후하여 동작이 가볍지 않다. 이 사람은 능소능대(能小能大)하며 아량이 풍부하다. 그런반면 밖으로 화려함을 즐겨서 금전의 낭비가 심하다.

교제 수단이 비상하여 세인으로부터 애호를 받아 일찍이 청년시기에 출세의 행운에 다다른다.

32, 33세에는 명성을 널리 떨칠 기회가 다가오고 또 56, 57세경에는 대 행운이 다가오는데 이 기회를 잘 포착하지 못하면 만년운은 침체가 심할 것이다.

직업은 금속상, 외교관, 회사원 등.

궁 합

7월생의 남자가 원하는 여성	
최길궁합	1980(庚申) 3, 12월생, 1977(丁巳) 3월생
중길궁합	1976(丙辰) 4월생, 1975(乙卯) 2월생
보통궁합	1983(癸亥) 4월생, 1986(丙寅) 7월생, 1987(己巳) 1, 10월생, 1992(壬申) 4월생
7월생의 여자가 원하는 남성	
최길궁합	1971(辛亥) 5월생, 1974(甲寅) 3월생
중길궁합	1972(壬子) 2월생, 1963(癸卯) 5월생
보통궁합	1977(丁巳) 7월생, 1974(甲寅) 4월생, 1971(辛亥) 1, 10월생

※ 이외의 궁합은 상극궁합으로 피하는 것이 좋다.

1975년 8월(乙酉)생의 성격과 운세

이 명운은 흐르는 물이나 액체와 같이 유동성의 성질이다.

사람에 따라서는 유순하고 온화하게 보이나 내심은 강정한 편이고 교만하여 남을 경시하는 경향이 있다.

항상 욕구 불만에 차 있으며 심로가 많고 고뇌스러운 일이나 미혹에 시달리기도 한다. 때로는 기회 포착을 잘하여 일을 추진하는 수단이 있다.

내심은 양기가 있어 보기보다는 명쾌한 것을 좋아한다.

초·중년의 행운을 길이 지키기는 어렵고 다만 60세 이후의 행운이 만년의 안락한 생활의 기초가 되는 것이니 세심한 주의를 가지고 행운을 잡아야 한다. 직업은 정치가, 연예인, 금은 세공, 문필가 등.

궁 합

8월생의 남자가 원하는 여성	
최길궁합	1977(丁巳) 6월생, 1980(庚申) 6월생
중길궁합	1981(辛酉) 6월생, 1990(庚午) 11월생
보통궁합	1981(辛酉) 8월생, 1990(庚午) 8월생
8월생의 여자가 원하는 남성	
최길궁합	1974(甲寅) 5, 6월생, 1971(辛亥) 6월생
중길궁합	1972(壬子) 5월생, 1963(癸卯) 6월생, 1979(己未) 3, 12월생, 1978(戊午) 5월생
보통궁합	1972(壬子) 8월생, 1963(癸卯) 8월생

※ 이외의 궁합은 상극궁합으로 피하는 것이 좋다.

1975년 9월(丙戌)생의 성격과 운세

이 명운은 상(象) 자체는 수려하게 보이나 한여름에 지중(地中)은 싸늘한 것과 같아서 속은 공허하다.

한편 강정하여 말도 많거니와 무엇이든 자기 멋대로 하려고 하는 경솔한 면이 있고 또한 개변의 기질이 있다.

변재가로 교제가 능하여 타인을 잘 다스리는 묘한 기술이 있으나 의당히 지켜야 할 비밀을 함부로 터뜨리고 후회하는 성품이다.

이 명운의 사람은 자녀와의 인연도 적고 고향이나 부모, 친척을 떠나 타향에서 고생하는 사람이 많다.

35, 36세에 행운이 있으나 실패하고 52, 53세경의 행운이 진운이다. 직업은 경찰관, 미술상, 수직물, 인쇄업 등.

궁 합

9월생의 남자가 원하는 여성	
최길궁합	1974(甲寅) 8월생, 1977(丁巳) 8월생, 1981(辛酉) 7월생, 1990(庚午) 7월생
중길궁합	1980(庚申) 1, 10월생, 1989(己巳) 1, 12월생, 1986(丙寅) 1, 10월생, 1983(癸亥) 4월생
보통궁합	1982(壬戌) 6월생, 1991(辛未) 6월생
9월생의 여자가 원하는 남성	
최길궁합	1974(甲寅) 8월생, 1971(辛亥) 8월생
중길궁합	1972(壬子) 7월생, 1963(癸卯) 7월생
보통궁합	1973(癸丑) 6월생, 1964(甲辰) 6월생

※ 이외의 궁합은 상극궁합으로 피하는 것이 좋다.

1975년 10월(丁亥)생의 성격과 운세

이 명운은 음(陰)이 약한 토(土)로써 만사가 끝이나고 새로운 전진을 의미하는 상이라 골치아픈 일이나 가정불화가 있다면 다 끊어 버리고 새로운 출발을 해도 좋은 운이다.

이 명운의 사람은 판단력이 부족하여 좀 우지하지만 너무 현명하고 실리만을 찾는 아내나 남편보다는 알면서도 모르는 척 넘겨주는 부부가 오히려 행복한 가정을 이루는 길이기도 하다. 인내심이 강하여 일에 대한 열성이 대단하고 투쟁력과 항거심도 강하다.

중년기에 몇 번 행운이 있으나 오래 지키기 어렵고 50세 후의 행운이 참 행운이니 마음을 굳게 먹고 이를 잡아야 만년의 안락을 얻을 수 있다. 직업은 건축업, 미술, 여숙업, 농업 등.

궁 합

10월생의 남자가 원하는 여성	
최길궁합	1977(丁巳) 3월생, 1980(庚申) 12월생
중길궁합	1981(辛酉) 2월생, 1990(庚午) 2월생
보통궁합	1980(庚申) 1, 10월생, 1983(癸亥) 4월생, 1986(丙寅) 7월생
10월생의 여자가 원하는 남성	
최길궁합	1974(甲寅) 3월생, 1971(辛亥) 12월생
중길궁합	1972(壬子) 2월생, 1963(癸卯) 8월생
보통궁합	1974(甲寅) 4월생, 1971(辛亥) 1, 10월생

※ 이외의 궁합은 상극궁합으로 피하는 것이 좋다.

1975년 11월(戊子)생의 성격과 운세

이 명운은 역괘상 두 양(陽) 위에 일 음(陰)이 놓여 있으니 입모양이다. 따라서 이 명운의 사람은 대체로 말이 많고 능변가 이기 때문에 말로 엄포를 가하여 사람을 구속하는 성질이 있다.

한편 외적으로는 쾌활하고 유순한 면도 있어서 친구나 친지 의 인기를 얻는 사람도 있다.

이 사람은 부부간에 질투심 때문에 불화가 끊이지 않고 결국 헤어지는 사람도 많다.

중년 행운은 몇 번 있으나 불만과 주색 때문에 지키기 힘들 고 50세 후에 오는 행운은 주의와 노력이 없어서 불행을 자초 할 수 있으니 이에 대비가 필요하다. 직업은 농업, 철공업, 법률 가, 경찰관 등.

궁 합

11월생의 남자가 원하는 여성	
최길궁합	1977(丁巳) 1월생, 1980(庚申) 7월생
중길궁합	1981(辛酉) 8월생, 1990(庚午) 8월생
보통궁합	1984(甲子) 2, 11월생, 1985(乙丑) 9월생
11월생의 여자가 원하는 남성	
최길궁합	1974(甲寅) 8월생, 1971(辛亥) 1월생
중길궁합	1972(壬子) 8월생, 1963(癸卯) 8월생
보통궁합	1976(丙辰) 9월생, 1975(乙卯) 2, 11월생

※ 이외의 궁합은 상극궁합으로 피하는 것이 좋다.

1975년 12월(己丑)생의 성격과 운세

이 명운은 원래 높은 기품을 가진 상이다. 그렇기에 이 명운의 사람은 비천한 일을 싫어하고 사려깊고 심중한 성품이다. 너무 꼼꼼한 면이 있어 호기를 놓치는 수가 많으나 그래도 경솔한 짓은 좀처럼 하지 않는다.

이 명운의 사람은 윗사람의 신애와 원조로 희망을 달성하기 위해 동분서주하며 바쁘게 움직인다.

이 사람이 교양이 있다면 영리하고 친절미가 있어서 인망이 높으나 교양이 없다면 편굴하고 완고한 성품이 된다.

28, 29세경부터 35, 36세 사이에 행운을 맞이하나 외도나 술로 실패하기 쉽고, 60세 후에 오는 행운을 놓치지 말고 포착해서 단단히 지켜야 만년의 안락을 누릴 수 있다.

직업은 농업, 광산업, 건어물상, 청과상, 교육자 등.

궁 합

12월생의 남자가 원하는 여성	
최길궁합	1977(丁巳) 1월생, 1980(庚申) 2, 11월생
중길궁합	1981(辛酉) 8월생, 1990(庚午) 8월생
보통궁합	1984(甲子) 2, 11월생, 1985(乙丑) 9월생
12월생의 여자가 원하는 남성	
최길궁합	1974(甲寅) 1월생, 1971(辛亥) 7월생
중길궁합	1972(壬子) 8월생, 1981(辛酉) 8월생
보통궁합	1976(丙辰) 9월생, 1975(乙卯) 2, 11월생

※ 이외의 궁합은 상극궁합으로 피하는 것이 좋다.

◆ *1976*년(丙辰)년생

성 격

이 사람은 건(乾) 괘의 사람으로 기품이 높으므로 비천한 일을 좋아하지 않기 때문에 남과의 교제상 자주 오해를 받기 쉬운 성격이다. 이 사람이. 교양이 없으면 완고하고 편굴한 고집으로 마음이 삐뚤어지기 쉬워 타인이 꺼리는 수가 있다.

이 사람은 정직할 뿐 애교도 없고 교제술도 없기에 인망이 박하다. 그러나 본성은 총명하고 관찰력이 있으므로 남의 의사를 모르는 체하고 자기에게만 유리하도록 하려든다. 남에게 지는 것을 아주 꺼리기에 말에 모가 있어서 다정하지 못하다.

또한 손위나 선배의 말에 순종하지 않고 거역하는 기질이 강하다. 평상시에 번민하는 일이 많으며 기뻐할 줄 모르는 기질이다.

금전의 수입이 상당히 있어도 친구나 친척 때문에 손재가 많은 편이다. 자재심이 강하므로 색정 때문에 실패는 없다. 주거에 고생이 끊이지 않고 평안할 날이 없으며 고민이 많다.

문예가, 교육가, 종교가, 사회사업 등 이익을 추구하지 않는 사업에 종사하여 의외로 명성을 얻는 사람이 있다.

남에게 지지 않으려는 기가 강하여 때로는 능력에 맞지 않는 일을 기획하여 실패하는 수가 많다.

운 세

이 운성을 타고난 사람 중 축(丑)년 생인 사람은 28, 29세경부터 35, 36세경에 행운이 있어도 실패하고, 60세 후에 행운을 잡아야 한다.

진(辰)년 생은 46, 47세 때의 행운을 바라본다.

술(戌)년 생은 중년기의 행운은 실패로 끝나고, 50세 후에 오는 행운을 놓치지 말아야 한다.

미(未)년 생은 중년기에 자주 행운을 맞이할 기회가 많으나 놓치기 쉽고, 60세 후에 오는 행운을 잡아야 만년을 편히 지낼 수 있다.

1976(丙辰)년 생의 총괄적 궁합

1976년 생의 남자가 원하는 여성	
최길궁합	1980(庚申)년생, 1983(癸亥)년생, 1986(丙寅)년생, 1989(己巳)년생, 1992(壬申)년생으로 상생 최길궁합.
중길궁합	1981(辛酉)년생, 1990(庚午)년생으로 상생 차길궁합.
보통궁합	1976(丙辰)년생, 1984(甲子)년생, 1985(乙丑)년생

1976년생 여자가 원하는 남성	
최길궁합	1974(甲寅)년생, 1971(辛亥)년생, 1968(戊申)년생
중길궁합	1972(壬子)년생, 1963(癸卯)년생
보통궁합	1976(丙辰)년생, 1975(乙卯)년생, 1967(丁未)년생, 1966(丙午)년생
상극궁합	1978(戊午)년생, 1979(己未)년생, 1982(壬戌)년생, 1987(丁卯)년생, 1988(戊辰)년생, 1973(癸丑)년생, 1970(庚戌)년생, 1969(己酉)년생, 1964(甲辰)년생

※ 상극 궁합은 남녀 불문하고 피하는 것이 좋다.

1976년 생의 생월별 궁합

1976년 1월(庚寅)생의 성격과 운세

이 명운은 역리(易理)상 주성(主星)에 해당한다. 그러므로 이 명운의 사람은 유덕하여 뭇사람의 두령격으로 옛부터 위인이나 열사, 걸사들이 많이 배출되었다.

이 명운의 사람은 사려가 깊으면서도 한편 강정하여 자기의 의사만을 관철하려 한다.

관대하고 인망높은 사람도 있으나 자기의 재능만을 과신하는 나머지 남을 경시하는 까다로운 성격을 가진 사람도 있다. 사려 분별심이 깊어 너무 꼼꼼해서 무엇이나 직접 확인하고 참견하지 않으면 마음을 놓지 못한다.

중년시대는 자주 직업을 바꾸고 57, 58세경에 오는 호운을 놓치지 않아야 한다. 직업은 철공업, 금은세공, 변호사, 외교관 등.

궁 합

1월생의 남자가 원하는 여성	
최길궁합	1977(丁巳) 12월생, 1980(庚申) 12월생
중길궁합	1981(辛酉) 11월생, 1990(庚午) 11월생
보통궁합	1983(癸亥) 4월생, 1986(丙寅) 7월생, 1989(己巳) 1, 10월생
1월생의 여자가 원하는 남성	
최길궁합	1974(甲寅) 12월생, 1977(丁巳) 12월생
중길궁합	1981(辛酉) 11월생, 1990(庚午) 11월생, 1967(丁未) 9월생, 1966(丙午) 2, 11월생
보통궁합	1980(庚申) 1, 10월생, 1977(丁巳) 7월생, 1974(甲寅) 4월생

※ 이외의 궁합은 상극궁합으로 피하는 것이 좋다.

1976년 2월(辛卯)생의 성격과 운세

이 명운은 외강 내유(外柔內剛)의 역리학상의 특징을 지니고 있어 밖으로는 강하나 안으로는 유순한 사람임을 나타낸다.

이 명운의 사람은 우유 부단하여 결단력이 약하고 긴급한 일도 등한시한다. 결국 낭패되고 주체성이 약해서 남을 추종하다 실패한 후 후회한다. 무슨 일이나 억지로 밀고가려고 한다.

일단 노하면 그 정도가 심하나 곧 풀어진다. 평상시 진실을 보이지 않고 숨어서 하려는 성벽 때문에 남의 비난을 사기도 한다. 욕망이 지나쳐서 도리어 손실을 보는 때가 많다. 처세상 부침이 심하며 작은 성공으로는 만족하지 못한다.

남에게 은혜를 베풀고 그것을 침소 봉대식으로 과장하기 때문에 오히려 수혜인의 반감을 산다. 중년 성운기에 만년을 대비해야 한다. 직업은 의사, 교육자, 전기, 건축, 인쇄, 요식업 등.

궁 합

2월생의 남자가 원하는 여성	
최길궁합	1977(丁巳) 3월생, 1980(庚申) 3월생
중길궁합	1981(辛酉) 9월생, 1990(庚午) 9월생
보통궁합	1987(丁卯) 5월생, 1988(戊辰) 3월생
2월생의 여자가 원하는 남성	
최길궁합	1974(甲寅) 11월생, 1977(丁巳) 11월생
중길궁합	1972(壬子) 9월생, 1963(癸卯) 9월생
보통궁합	1979(己未) 3, 12월생, 1978(戊午) 5월생, 1970(庚戌) 3, 12월생, 1969(己酉) 5월생

※ 이외의 궁합은 상극궁합으로 피하는 것이 좋다.

1976년 3월(壬辰)생의 성격과 운세

이 명운은 양기(陽氣)가 상승하는 중춘(仲春)을 상징한다. 때문에 이 명운의 사람은 발노하기 쉬운 성질인 반면 친절미가 있다.

만물이 발동하는 시기이기에 활동한다는 뜻이 있다. 자진하여 남을 도와 주기를 좋아하지만 자신감이나 자만심이 너무 강해서 도움을 주고도 오히려 원망의 소리를 듣는다.

무슨 일이든 정성을 기울이기에 선배의 가호로 입신 출세하는 경우가 많다.

중년기의 성공은 지속되기가 어렵고 50세 후의 행운을 놓치지 않도록 세심한 주의를 해야 만년을 편히 보낸다.

직업은 목재, 농업, 사법관, 공업, 이학자 등.

궁 합

3월생의 남자가 원하는 여성	
최길궁합	1977(丁巳) 11월생, 1980(庚申) 11월생
중길궁합	1981(辛酉) 12월생, 1990(庚午) 9월생
보통궁합	1987(丁卯) 5월생, 1988(戊辰) 3, 12월생, 1979(己未) 3, 12월생, 1978(戊午) 5월생
3월생의 여자가 원하는 남성	
최길궁합	1974(甲寅) 11월생, 1971(辛亥) 12월생
중길궁합	1972(壬子) 9월생, 1963(癸卯) 9월생
보통궁합	1979(己未) 3, 12월생, 1978(戊午) 5월생, 1970(庚戌) 3, 12월생, 1969(己酉) 5월생

※ 이외의 궁합은 상극궁합으로 피하는 것이 좋다.

1976년 4월(癸巳)생의 성격과 운세

이 명운은 역리학상 지괘(地卦)이기에 지덕(地德)을 간직하고 있다. 따라서 이 명운의 사람은 중후하여 동작이 가볍지 못하고 어딘지 둔중해 보인다.

사람에 따라서는 큰 사업을 기획하고 호언 장담도 하지만 실속은 없다.

남의 멸시를 받아도 별로 개의치 않고 자기 몸도 돌보지 않는 헌신가이다. 교제나 사교에 능하여 주위의 도움으로 청년기 입신 출세의 행운을 맞는다. 윗사람의 애호와 신망을 얻어 청년기에 출세하는 수가 있다.

47, 48세경에 행운을 맞이하는데 이 호운을 놓치지 않도록 해야 한다. 직업은 골동품상, 금은상, 교사 등.

궁 합

4월생의 남자가 원하는 여성	
최길궁합	1977(丁巳) 3월생, 1980(庚申) 5월생
중길궁합	1981(辛酉) 3월생, 1990(庚午) 2월생
보통궁합	1983(癸亥) 4월생, 1986(丙寅) 7월생, 1989(己巳) 1, 10월생, 1992(壬申) 4월생
4월생의 여자가 원하는 남성	
최길궁합	1971(辛亥) 5월생, 1968(戊申) 3월생
중길궁합	1972(壬子) 2월생, 1963(癸卯) 3월생
보통궁합	1977(丁巳) 7월생, 1974(甲寅) 4월생, 1971(辛亥) 1, 10월생

※ 이외의 궁합은 상극궁합으로 피하는 것이 좋다.

1976년 5월(甲午)생의 성격과 운세

이 명운은 역(易)의 감(坎) 괘로서 흐르는 물이나 액체와 같이 유동성의 성질이 있다. 사람에 따라서는 유순하고 온화하게 보이나 내심은 강정한 편이다.

항상 욕구 불만에 차 있으며 심로가 많고 고뇌스러운 일이나 미혹에 시달리기도 한다. 때로는 기회 포착을 잘하여 일을 추진하는 수단이 비상하다.

내심은 양기가 있기에 보기보다는 명쾌한 것을 좋아하나 자기의 속마음을 좀처럼 털어 놓지 않기 때문에 친구가 적다.

이 사람은 자유분망한 직업을 가져야 성공하는 수가 많다. 청년기에 행운이 있으나 50세 후에 오는 운이 참운이다. 직업은 은행원, 건축업, 서적상, 무역업 등.

궁   합

5월생의 남자가 원하는 여성	
최길궁합	1977(丁巳) 6월생, 1980(庚申) 6월생, 1981(辛酉) 6월생, 1990(庚午) 6월생
중길궁합	1988(戊辰) 3, 12월생, 1987(丁卯) 5월생
보통궁합	1981(辛酉) 8월생, 1990(庚午) 8월생
5월생의 여자가 원하는 남성	
최길궁합	1974(甲寅) 6월생, 1971(辛亥) 6월생
중길궁합	1972(壬子) 6, 12월생, 1963(癸卯) 6, 12월생
보통궁합	1972(壬子) 8월생, 1963(癸卯) 8월생

※ 이외의 궁합은 상극궁합으로 피하는 것이 좋다.

1976년 6월(乙未)생의 성격과 운세

이 명운은 외면은 호상이어서 사람이 영리하고 현명하게 보이나 속은 공허하다. 발랄하여 양기가 있는 듯하나 이는 겉치레에 지나지 않는다. 또한 강정하여 자기 멋대로 행동하는 성질이며 경솔해서 무엇이든 자주 바꾸는 이변의 기질이 있다.

변재(辯才)가로 교제가 능하여 타인을 자기 사람으로 만드는 기술이 교묘하다. 의당히 지켜야 할 비밀도 함부로 터트리고 후회하는 수가 많다.

이 명운의 사람은 부모, 형제, 친척과 떨어져서 고독하게 지내는 사람이 많다. 이 사람은 초년은 신고가 많으나 중년부터 점차 행운을 맞이하여 57, 58세경에 평생 최고의 행운이 찾아온다. 직업은 종교가, 의사, 약품, 농업 등.

궁 합

6월생의 남자가 원하는 여성	
최길궁합	1977(丁巳) 8월생, 1980(庚申) 8월생, 1983(癸亥) 8월생
중길궁합	1981(辛酉) 4월생, 1990(庚午) 7월생
보통궁합	1982(壬戌) 6월생, 1991(辛未) 6월생
6월생의 여자가 원하는 남성	
최길궁합	1974(甲寅) 8월생, 1971(辛亥) 8월생
중길궁합	1972(壬子) 7월생, 1963(癸卯) 4월생, 1974(甲寅) 4월생, 1971(辛亥) 1, 10월생
보통궁합	1973(癸丑) 6월생, 1964(甲辰) 6월생

※ 이외의 궁합은 상극궁합으로 피하는 것이 좋다.

1976년 7월(丙申)생의 성격과 운세

이 명운의 역(易) 괘는 간(艮) 괘에 해당한다. 원래 이 간(艮)의 성질은 음(陰)이 약한 토(土)로서 모두가 끝이나며 새로 전진(轉進)코자 하는 상이다. 과거의 행적이나 사업에 어려운 일이 있다면 정리하고 재출발하려 한다. 저축을 시작한다든가 보험에 가입하든가 부동산 등을 매입코자 하는 운기이다.

판단력이 부족하여 좀 우지한 편이나 남의 일을 돕는 데는 친절하고 힘을 다해 도와 준다. 온순하고 정직하며 인내심이 강하여 일에 대한 열성이 대단하다.

중년기는 대단한 왕성운이나 노년에 들어서면 극심한 쇠퇴운이 찾아온다. 그러므로 성운기 때 노년을 대비해서 마음먹고 기초를 닦아야 한다. 직업은 교육가, 의사, 기계기사, 서화가 등.

궁 합

7월생의 남자가 원하는 여성	
최길궁합	1980(庚申) 12월생, 1983(癸亥) 12월생
중길궁합	1980(庚申) 6월생, 1986(丙寅) 6월생
보통궁합	1980(庚申) 1, 10월생, 1983(癸亥) 4월생, 1986(丙寅) 7월생
7월생의 여자가 원하는 남성	
최길궁합	1974(甲寅) 6월생, 1977(丁巳) 3월생
중길궁합	1972(壬子) 11월생, 1963(癸卯) 3월생
보통궁합	1974(甲寅) 4월생, 1971(辛亥) 1, 10월생

※ 이외의 궁합은 상극궁합으로 피하는 것이 좋다.

1976년 8월(丁酉)생의 성격과 운세

이 명운은 원래 말이 많은 명운이다. 음이 두 양 위에 놓여 있으니 입의 형상이다. 변설로써 사람을 위압하고 위엄도 있으며 다변가다.

경쟁이나 대립 관계에 있는 사람과의 토론에서는 병적인 자기 중심주의자가 되어 남의 말은 받아들이지 않는다. 외적으로는 쾌활하고 유순하며 두뇌의 재질도 뛰어난다.

주변의 친지나 친구들에게는 인기가 있어서 그들의 도움으로 출세하는 사람도 있다.

중년 시기에 상당한 수입이 있으나 돈 쓰기를 좋아하는 한량(閑良)이다. 자녀와의 인연이 박하기 때문에 평소 노후 대책을 세워둬야 한다. 직업은 음악가, 귀금속상, 농업, 음식업 등.

궁 합

8월생의 남자가 원하는 여성	
최길궁합	1980(庚申) 10월생, 1983(癸亥) 10월생
중길궁합	1981(辛酉) 8월생, 1990(庚午) 8월생
보통궁합	1984(甲子) 2, 11월생, 1985(乙丑) 9월생
8월생의 여자가 원하는 남성	
최길궁합	1974(甲寅) 10월생, 1977(丁巳) 10월생
중길궁합	1972(壬子) 8월생, 1963(癸卯) 8월생
보통궁합	1976(丙辰) 9월생, 1975(乙卯) 2, 11월생

※ 이외의 궁합은 상극궁합으로 피하는 것이 좋다.

1976년 9월(戊戌)생의 성격과 운세

이 명운은 삼양(三陽)인 건(乾) 괘에 해당된다. 이 괘의 상의 (象意)는 모든 관계하는 일의 결실이나 완성을 위하여 전력을 경주하여 노력한다는 뜻이 있다.

이 명운의 사람은 윗사람의 신애와 원조를 받아서 희망을 달성하기 위하여 동분서주하며 심중한 성품으로 경솔한 행동은 좀처럼 하치 않는다.

이 상을 가진 사람이 교양이 있다면 영리하고 친절미가 있어서 인망이 높으며 기품이 높고 의협심이 있어서 남의 일을 잘 도와 주므로 몸은 항상 바쁘다.

중년기에 몇 번 행운이 오나 주색으로 실패하기 쉽다. 50세 후에 오는 행운을 잘 잡아야 만년을 편히 지낸다. 직업은 출판, 인쇄업 등.

궁 합

9월생의 남자가 원하는 여성	
최길궁합	1980(庚申) 7월생, 1983(癸亥) 7월생
중길궁합	1981(辛酉) 8월생, 1990(庚午) 8월생
보통궁합	1984(甲子) 2, 11월생, 1985(乙丑) 9월생
9월생의 여자가 원하는 남성	
최길궁합	1974(甲寅) 4월생, 1968(戊申) 7월생
중길궁합	1972(壬子) 8월생, 1963(癸卯) 8월생
보통궁합	1976(丙辰) 9월생, 1975(乙卯) 2, 11월생

※ 이외의 궁합은 상극궁합으로 피하는 것이 좋다.

1976년 10월(己亥)생의 성격과 운세

이 명운은 제성의 중앙에 위치하여 주성이라고 한다. 이 명운의 사람은 두령격으로 위인, 열사, 걸사 등이 많이 배출되기도 한다. 그 반대로 여러 가지 반작용도 있어서 정신 상태가 불안정하기 쉬우며 정신적인 동요로 현상유지가 곤란해 지기도 한다.

관대하고 인망높은 사람도 있으나 타인을 업신여겨 원망을 사기도 하며 너무 세밀하여 무엇이나 직접 확인하지 않으면 마음을 놓지 못한다.

중년기에 자주 실패하나 능히 자력으로 만회시킬 수 있는 능력이 있다. 34, 35세경에 큰 재난이 있을 수 있다. 56, 57세경의 대행운을 잡아야 한다. 직업은 무역업, 광산업, 인쇄업, 선원 등.

궁 합

10월생의 남자가 원하는 여성	
최길궁합	1980(庚申) 3월생, 1983(癸亥) 12, 3월생
중길궁합	1981(辛酉) 8월생, 1990(庚午) 2월생
보통궁합	1983(癸亥) 4월생, 1986(丙寅) 7월생, 1989(己巳) 1, 10월생
10월생의 여자가 원하는 남성	
최길궁합	1974(甲寅) 5월생, 1971(辛亥) 3월생
중길궁합	1972(壬子) 3월생, 1963(癸卯) 2월생
보통궁합	1974(甲寅) 4월생, 1977(丁巳) 7월생

※ 이외의 궁합은 상극궁합으로 피하는 것이 좋다.

1976년 11월(庚子)생의 성격과 운세

이 명운의 사람은 외강 내유하고 만사가 성장 완성되어 마무리에 들어가는 상이다. 매사가 번영 발전하기에 동분서주하는 활동을 한다. 사회적 신용이 두터우며 교제가 넓어진다.

무슨 일이나 무리하게 밀고 가려는 성질이 있어서 우직하게 보이기도 한다.

일단 노하면 물불을 가리지 않으나 쉽게 수그러지는 성품이다.

중년 운기가 상당히 왕성하고 청년시기도 호운이 찾아와 입신 출세를 하기는 하나 주색 때문에 실패로 돌아가기 쉽고 만년운은 침체운이 우려되므로 성운기에 만년을 대비해아 한다.

직업은 제재, 목공, 항공, 가스업, 무역업 등.

궁 합

11월생의 남자가 원하는 여성	
최길궁합	1980(庚申) 2월생, 1983(癸亥) 3월생
중길궁합	1981(辛酉) 8월생, 1990(庚午) 9월생
보통궁합	1987(丁卯) 5월생, 1988(戊辰) 3월생
11월생의 여자가 원하는 남성	
최길궁합	1974(甲寅) 1월생, 1971(辛亥) 2월생
중길궁합	1972(壬子) 9월생, 1963(癸卯) 9월생
보통궁합	1970(庚戌) 3, 12월생, 1969(己酉) 5월생

※ 이외의 궁합은 상극궁합으로 피하는 것이 좋다.

1976년 12월(辛丑)생의 성격과 운세

이 명운은 중춘(仲春)을 뜻하며 결단의 시작, 새로운 일의 계획 등을 뜻하며 발전과 진전이 새로 전개됨을 말한다.

양기가. 있는 사람으로 기분이 명쾌하며 정지 상태보다 활동을 하게 된다. 자진하여 남을 도와 주기를 좋아하지만 자신감이나 자만심이 너무 강해서 도움을 주고도 원망을 듣기도 한다.

이 명운의 사람은 소년시절 고향을 떠나 고생하는 사람이 많다.

10세 전후까지 신병으로 고생하며 때로는 아주 중병의 위험이 있다. 20세부터 22세 사이에 입신 출세의 기회가 있다. 그러나 50세 후에는 침체운이 닥쳐 올 것이니 이에 대비해야 한다.

직업은 승려, 의사, 농업, 문학자, 약제사 등.

궁 합

12월생의 남자가 원하는 여성	
최길궁합	1977(丁巳) 12월생, 1980(庚申) 3월생
중길궁합	1981(辛酉) 9월생, 1990(庚午) 9월생
보통궁합	1987(丁卯) 5월생, 1988(戊辰) 3, 12월생
12월생의 여자가 원하는 남성	
최길궁합	1974(甲寅) 2월생, 1971(辛亥) 2월생
중길궁합	1972(壬子) 9월생, 1963(癸卯) 9월생
보통궁합	1970(庚戌) 3, 12월생, 1969(己酉) 5월생

※ 이외의 궁합은 상극궁합으로 피하는 것이 좋다.

◈ *1977*(丁巳)년생

성 격

　이 사람의 명운은 오황(五荒)의 주성으로 두 가지의 극단적인 성격을 가지고 있다. 옛부터 이 명운의 사람은 위인, 걸사, 영웅 호걸 등이 많이 배출되었는가 하면 반면 일반적인 범인 중에는 악행을 밥 먹듯이 하는 극악한 사람도 가장 많이 나왔다.

　원래 이 사람의 성격은 교만하고 강정하여 자기의 실력을 과신하는 경향이 있으며 덮어놓고 남을 멸시하는 좋지 못한 면도 있다. 그런가하면 교양이 풍부하고 관대하면서 자애심이 강한 인망높은 사람도 있다.

　또한 승벽이 강하여 자기의 뜻대로 밀고 가려는 의지가 대단해서 타인의 원한이나 혐오를 불러일으켜서 손해를 보는 성격이다. 대담 무쌍하게 보이나 의외로 소심하여 무슨 일이든 간섭을 하고 정돈되지 않으면 마음이 불안하다.

　표면은 부드럽고 온화한 듯하나 내심은 편굴하고 강정하여 때로는 마음을 활짝 피지 못한다.

대담한 성질이 다분히 있어서 큰 일에 부닥치면 놀라지 않고 침착하게 대처하면서도 작은 일에는 도리어 고심하는 성질이다.

이 사람은 친연이 두터워서 집을 떠나 있어도 부모나 형제 때문에 고생을 하든가 도와 주는 사람도 많다.

운 세

이 명운의 사람 중에 인(寅)년 생인 사람은 중년시절에 직업을 잘 바꾸고, 57, 58세경에 행운이 온다.

해(亥)년 생은 34, 35세에 큰 재난을 당하는 수가 있고 56, 57세경의 호운을 확실히 잡아야 만년이 안락하다.

사(巳)년 생은 30세 전후에 병액이 있을 수 있고 43, 44세 때에 의외의 행운이 온다.

신(申)년 생은 57, 58세경에 호운을 놓치지 말아야 하고 중년에 몇 번 직업을 바꾼다.

1977(丁巳)년 생의 총괄적 궁합

1977년 생의 남자가 원하는 여성	
최길궁합	1982(壬戌)생, 1991(辛未)생으로 상생 최길궁합.
중길궁합	1984(甲子)생, 1985(乙丑)생, 1993(癸酉)생으로 상생 차길의 궁합.
보통궁합	1977(丁巳)생, 1980(庚申)생, 1983(癸亥)생, 1986(丙寅)생의 여성

1977년생 여자가 원하는 남성	
최길궁합	1973(癸丑)생, 1964(甲辰)생으로 상생 최길궁합.
중길궁합	1976(丙辰)생, 1975(乙卯)생, 1967(丁未)생, 1966(丙午)생으로 상생 차길궁합.
보통궁합	1974(甲寅)생, 1972(辛亥)생, 1968(戊申)생, 1965(乙巳)생의 남성
상극궁합	1978(戊午)생, 1979(己未)생, 1981(辛酉)생, 1987(丁卯)생, 1988(戊辰)생, 1972(壬子)생, 1970(庚戌)생, 1969(己酉)생, 1963(癸卯)생

※ 상극 궁합은 남녀 불문하고 피하는 것이 좋다.

1977년 생의 생월별 궁합

1977년 1월(壬寅)생의 성격과 운세

이 명운의 사람은 지덕(地德)을 지니고 있기 때문에 중후한 성질의 사람이다. 큰 사업을 기획하고 호언 장담도 잘 하지만 실속은 별로 없다. 천하고 하찮은 일도 꺼리지 않기 때문에 사람들로부터 비난을 사기도 한다. 타인의 경멸을 받아도 별로 개의치 않고 자기 몸도 돌보지 않는 헌신가다.

교제 수단이 능하여 딴 사람의 도움으로 청년기에 출세하는 사람도 있다. 대부분 35, 36세까지 신고하나 이 나이가 넘으면 52, 53세경에 다시 행운이 온다. 이 시기의 성운을 잘 잡아야 한다. 직업은 경찰관, 의사, 농업, 이학자 등.

궁 합

1월생의 남자가 원하는 여성	
최길궁합	1982(壬戌) 6월생, 1991(辛未) 6월생
중길궁합	1984(甲子) 2, 11월생, 1985(乙丑) 9월생, 1993(癸酉) 2, 11월생
보통궁합	1983(癸亥) 4월생, 1986(丙寅) 7월생, 1989(己巳) 1, 10월생, 1992(壬申) 4월생
1월생의 여자가 원하는 남성	
최길궁합	1973(癸丑) 6월생, 1964(甲辰) 6월생
중길궁합	1976(丙辰) 9월생, 1975(乙卯) 2, 11월생
보통궁합	1980(庚申) 1, 10월생, 1977(丁巳) 7월생, 1974(甲寅) 4월생, 1971(辛亥) 1, 10월생

※ 이외의 궁합은 상극궁합으로 피하는 것이 좋다.

1977년 2월(癸卯)생의 성격과 운세

이 명운은 밖으로 보기에는 유순하고 온화한 듯이 보이나 내심은 기가 강하고 교만하며 남을 내려다 보는 성품이다. 때로는 기회 포착을 잘하여 일을 밀고 가는 수단이 대단하다.

내심은 양기여서 명쾌한 것을 좋아하고 밖으로는 어두운 면이 있다.

한편 완고하고 편굴한 기질이 있어서 남의 충고나 조언 등을 달갑게 여기지 않는다. 자기 심정을 좀처럼 털어 놓지 않기 때문에 친구가 적으며 홀로 번민하는 성격이다.

20대에 출세하는 수가 있으나 중도에 실패하기 쉽고 50대에 가서 색정으로 곤란을 당하기도 한다. 직업은 승려, 의사, 음악, 무용 등.

궁 합

2월생의 남자가 원하는 여성	
최길궁합	1982(壬戌) 5월생, 1991(辛未) 8월생
중길궁합	1985(乙丑) 3월생, 1984(甲子) 5월생
보통궁합	1981(辛酉) 8월생, 1990(庚午) 8월생
2월생의 여자가 원하는 남성	
최길궁합	1973(癸丑) 6월생, 1964(甲辰) 6월생
중길궁합	1967(丁未) 11월생, 1966(丙午) 11월생 1970(庚戌) 3, 12월생, 1969(己酉) 8월생
보통궁합	1972(壬子) 8월생, 1963(癸卯) 8월생

※ 이외의 궁합은 상극궁합으로 피하는 것이 좋다.

1977년 3월(甲辰)생의 성격과 운세

이 명운은 외모로 봐서는 사람이 영리하고 현명하게 보이나 내면은 의외로 어둡고 쾌활하지 못하며 사상도 우지한 면을 가지고 있다.

이 사람은 강정한 성품인 고로 무엇이나 자기 멋대로 하기를 좋아한다. 또한 이변의 성질이 있어서 주위 환경이나 물건을 장식하기를 좋아하며 사치하기를 좋아한다.

말과 문필에 능하면서 교제술이 있어서 사람을 사로잡는 기술이 있다.

30, 40대 이전의 행운은 실패가 많고 대체로 60세 이후에 오는 행운을 잘 잡아야 안락한 생활을 누릴 수 있다. 직업은 은행원, 연예인, 변호사, 문예가 등.

궁 합

3월생의 남자가 원하는 여성	
최길궁합	1982(壬戌) 11월생, 1991(辛未) 11월생
중길궁합	1984(甲子) 3월생, 1985(乙丑) 6월생
보통궁합	1982(壬戌) 6월생, 1991(辛未) 6월생
3월생의 여자가 원하는 남성	
최길궁합	1973(癸丑) 2, 3월생, 1964(甲辰) 3, 2월생
중길궁합	1976(丙辰) 7월생, 1975(乙卯) 7월생
보통궁합	1973(癸丑) 6월생, 1964(甲辰) 6월생

※ 이외의 궁합은 상극궁합으로 피하는 것이 좋다.

1977년 4월(乙巳)생의 성격과 운세

이 명운의 사람은 침착하나 의혹심이 많아서 스스로 고민하는 성질이다.

관찰력과 사물을 살피는 능력이 부족하여 좀 우지한 편이나 남의 일을 돕는 데는 친절하고 힘을 다하는 사람이다. 온순하고 정직하며 인내심이 강하여 일에 대한 열성은 남이 따르지 못한다. 항상 그 심중에는 투쟁력이 강해서 도리에 맞지 않는 말을 잘하며 항거하는 성질이 강하다.

초, 중년 시기는 왕성한 운기이나 만년은 쇠퇴의 정도가 극심하니 중년의 성운기에 만년의 안락을 위한 방책을 강구해야 한다. 직업은 농업, 철공업, 광산, 종교가 등.

궁 합

4월생의 남자가 원하는 여성	
최길궁합	1982(壬戌) 6월생, 1991(辛未) 6월생
중길궁합	1984(甲子) 11월생, 1985(乙丑) 11월생, 1993(癸酉) 2, 11월생
보통궁합	1980(庚申) 1, 10월생, 1983(癸亥) 4월생, 1986(丙寅) 7월생
4월생의 여자가 원하는 남성	
최길궁합	1973(癸丑) 6월생, 1964(甲辰) 6월생
중길궁합	1976(丙辰) 9월생, 1975(乙卯) 2, 11월생
보통궁합	1974(甲寅) 4월생, 1971(辛亥) 1, 10월생

※ 이외의 궁합은 상극궁합으로 피하는 것이 좋다.

1977년 5월(丙午)생의 성격과 운세

이 명운의 사람은 대개 말이 많다. 변설로써 사람을 다루는 데 있어 위험하고 위압적인 말을 가지고 농을 하든가 하면서 다변인 것이다.

외모로 보기에는 쾌활하고 유순하며 부드러운 분위기에 애교 까지 있어 재질이 우수하다.

주변인의 인기가 있어서 그들의 도움으로 입신 출세도 한다.

교제술이 탁월하고 외부 출입을 즐긴다.

중년기에 몇 차례 호운이 있으나 놓치거나 실패하기 쉽고 57, 58세경에 찾아오는 행운을 놓치지 말고 포착해야만 안락한 만 년을 평안하게 보낼수 있는 기초가 된다.

직업은 요식업, 연예인, 은행원, 철물상 등.

궁 합

5월생의 남자가 원하는 여성	
최길궁합	1982(壬戌) 1월생, 1991(辛未) 1월생
중길궁합	1981(辛酉) 8월생, 1990(丙午) 8월생
보통궁합	1984(甲子) 2, 11월생, 1985(乙丑) 9월생
5월생의 여자가 원하는 남성	
최길궁합	1973(癸丑) 1월생, 1964(甲辰) 1월생
중길궁합	1976(丙辰) 5월생, 1975(乙卯) 8월생
보통궁합	1976(丙辰) 9월생, 1975(乙卯) 2, 11월생

※ 이외의 궁합은 상극궁합으로 피하는 것이 좋다.

1977년 6월(丁未)생의 성격과 운세

이 명운의 사람은 기품이 높으므로 비천한 일을 싫어한다. 고로 주위 사람의 오해를 사기도 한다. 원래 사려깊고 심중한 성품으로 경솔한 행동을 좀처럼 하지 않는다.

그러나 너무 세심하기 때문에 행운이 와도 놓치는 수가 많다.

이 사람에게 교양이 없다면 극히 완고하거나 편굴해져서 마음이 비뚤어질 염려가 있고 교양이 있는 사람은 영리하고 친절미가 있어서 인망이 높다.

이 사람은 중년시기에 자주 행운이 있으나 놓치기 쉽고 60세 다음에 오는 행운만이 만년을 안락하게 지낼 수 있는 기초가 된다.

직업은 교육가, 의사, 금은상, 문학가 등.

궁 합

6월생의 남자가 원하는 여성	
최길궁합	1982(壬戌) 4월생, 1991(辛未) 4월생
중길궁합	1981(辛酉) 8월생, 1990(庚午) 8월생
보통궁합	1984(甲子) 2, 11월생, 1985(乙丑) 9월생
6월생의 여자가 원하는 남성	
최길궁합	1973(癸丑) 7월생, 1964(甲辰) 7월생
중길궁합	1976(丙辰) 5월생, 1975(乙卯) 2월생
보통궁합	1976(丙辰) 9월생, 1975(乙卯) 2, 11월생

※ 이외의 궁합은 상극궁합으로 피하는 것이 좋다.

1977년 7월(戊申)생의 성격과 운세

이 명운의 사람은 사려가 깊으면서도 일면 강정하여 자기의 의사만을 관철하려 한다. 옛부터 뭇 사람의 두령격으로 위인, 걸사, 열사, 영웅 호걸로 칭하는 사람들이 많이 배출되었다. 관대하고 인망높은 사람도 있으나 자기의 재능만을 과신하고 남을 경시하는 까다로운 성격을 가진 사람도 있다. 사려 분별심이 깊은 반면 너무 꼼꼼해서 무엇이나 직접 확인하고 관여하지 않으면 마음을 놓치 못한다.

57, 58세경에 찾아오는 행운을 놓치지 말고 잘 포착해야 여생을 편히 보낸다.

직업은 변호사, 철공업, 외교관, 기자 등.

궁 합

7월생의 남자가 원하는 여성	
최길궁합	1982(壬戌) 6월생, 1991(辛未) 6월생
중길궁합	1981(辛酉) 11월생, 1990(庚午) 11월생
보통궁합	1986(丙寅) 7월생, 1989(己巳) 1, 10월생
7월생의 여자가 원하는 남성	
최길궁합	1973(癸丑) 6월생, 1964(甲辰) 6월생
중길궁합	1976(丙辰) 9월생, 1975(乙卯) 2, 11월생
보통궁합	1980(庚申) 1, 10월생, 1977(丁巳) 7월생, 1974(甲寅) 4월생

※ 이외의 궁합은 상극궁합으로 피하는 것이 좋다.

1977년 8월(己酉)생의 성격과 운세

이 명운의 사람은 사계절과 융화가 잘 되는 명운을 타고난 사람이기 때문에 언제나 곤궁하지는 않는다.

무슨 일이나 무리하게 밀고가려는 성질이 있어서 우직하게 보이기도 한다. 일단 노하면 물불을 가리지 않으나 쉽게 수그러지는 성품이다.

이 사람은 자력으로 출세하고자 하는 것보다 유력인의 도움으로 출세하는 것이 훨씬 수월하다.

47, 48세경부터 53, 54세경에 찾아드는 행운을 놓치지 말고 잘 포착을 하여 만년을 안락하게 생활할 수 있는 대비가 필요하다. 직업은 정치가, 기자, 변호사, 연예인 등.

궁 합

8월생의 남자가 원하는 여성		
최길궁합	1982(壬戌) 5월생, 1991(辛未) 5월생	
중길궁합	1981(辛酉) 11월생, 1990(庚午) 9월생	
보통궁합	1987(丁卯) 5월생, 1988(戊辰) 3월생 1978(戊午) 5월생, 1979(己未) 3, 12월생	
8월생의 여자가 원하는 남성		
최길궁합	1973(癸丑) 5월생, 1964(甲辰) 5월생	
중길궁합	1976(丙辰) 6월생, 1975(乙卯) 9월생	
보통궁합	1979(己未) 3, 12월생, 1978(戊午) 5월생, 1970(庚戌) 3, 12월생, 1969(己酉) 5월생	

※ 이외의 궁합은 상극궁합으로 피하는 것이 좋다.

1977년 9월(庚戌)생의 성격과 운세

이 명운은 중(仲春), 양기(陽氣)가 상승하는 때를 상징하기 때문에 노하기 쉬운 성질인 반면 친절미가 강하다.

화려한 것을 즐기며 무슨 일이든 다른 사람보다 앞서서 하려는 성질이기 때문에 남의 비난을 받기 쉬운 사람도 있다.

자진하여 남을 도와 주기를 좋아하지만 자신감이나 자만심이 너무 강해서 도움을 주고도 원망을 듣기도 한다.

이 명운의 사람은 소년시절 고향을 떠나 고생하는 사람이 많다.

33, 34세경에 행운이 오기는 하나 50세 후에 오는 행운을 잡아야 한다. 직업은 승려, 교육자, 의사, 건축가 등.

궁 합

9월생의 남자가 원하는 여성	
최길궁합	1982(壬戌) 5월생, 1991(辛未) 5월생
중길궁합	1981(辛酉) 9월생, 1990(庚午) 9월생
보통궁합	1987(丁卯) 5월생, 1988(戊辰) 3, 12월생, 1978(戊午) 5월생, 1979(己未) 3, 12월생
9월생의 여자가 원하는 남성	
최길궁합	1973(癸丑) 1월생, 1964(甲辰) 5월생
중길궁합	1976(丙辰) 6월생, 1975(乙卯) 9월생, 1979(己未) 3, 12월생, 1978(戊午) 5월생
보통궁합	1970(庚戌) 3, 12월생, 1969(己酉) 5월생

※ 이외의 궁합은 상극궁합으로 피하는 것이 좋다.

1977년 10월(辛亥)생의 성격과 운세

이 명운은 역(易)의 지괘(地卦)이기에 순음(純陰)이며 지덕(地德)을 간직하고 있어 그 기(氣)가 중후하다.

이 명운의 사람은 사람에 따라서는 큰 사업을 기획하고 또 호언 장담도 잘 하지만 실속은 별로 없다.

비천하고 하찮은 일도 꺼리지 않고 자기 몸도 돌보지 않는 헌신가이며, 교제 수단이 능하여 타인의 도움으로 청년기에 입신 출세의 행운을 맞는다.

20세 전후에 성운이 있으나 그 성질 때문에 실패하기 쉽고 50세 후에 오는 행운을 잘 포착하면 노후의 안락한 생활을 누릴 수 있다. 직업은 서화가, 조각가, 의사, 농업 등.

궁 합

10월생의 남자가 원하는 여성	
최길궁합	1982(壬戌) 6월생, 1991(辛未) 6월생
중길궁합	1981(辛酉) 2월생, 1990(庚午) 2월생
보통궁합	1983(癸亥) 4월생, 1986(丙寅) 7월생, 1989(己巳) 1, 10월생, 1992(壬申) 4월생
10월생의 여자가 원하는 남성	
최길궁합	1973(癸丑) 2월생, 1964(甲辰) 6월생
중길궁합	1976(丙辰) 8월생, 1975(乙卯) 2월생, 1979(己未) 3, 12월생, 1978(戊午) 5월생
보통궁합	1970(庚戌) 3, 12월생, 1969(己酉) 5월생, 1972(壬子) 8월생, 1963(癸卯) 8월생

※ 이외의 궁합은 상극궁합으로 피하는 것이 좋다.

1977년 11월(壬子)생의 성격과 운세

이 명운은 역(易)의 감(坎)괘로서 보기에는 유순하고 온화한 듯하나 내심은 기가 강하여 교만하며 남을 내려다보는 성품이다.

때로는 기회 포착을 잘하여 일을 밀고가는 수단이 비상하다.

내심은 양기여서 보기보다는 명쾌한 것을 좋아한다.

한편으로는 완고하고 편굴한 기질이 있어서 남의 충고나 조언을 무시하는 성질이 있다. 자기의 속마음을 좀처럼 털어놓지 않기 때문에 친구가 적으며 홀로 번민하고 고뇌하는 성격이다.

이 사람은 중년기에 주거나 직업을 바꾸게 되고 27, 28세경에는 운기가 쇠퇴하나 34세경에는 가장 좋은 대 호운이 오게 되므로 이 때 만년을 대비하여야 한다. 직업은 의사, 식료상, 금은상, 목재 등.

궁 합

11월생의 남자가 원하는 여성	
최길궁합	1982(壬戌) 6월생, 1991(辛未) 6월생
중길궁합	1981(辛酉) 6월생, 1990(庚午) 6월생, 1978(戊午) 5월생, 1979(己未) 3, 12월생
보통궁합	1981(辛酉) 8월생, 1990(庚午) 8월생
11월생의 여자가 원하는 남성	
최길궁합	1973(癸丑) 2월생, 1964(甲辰) 8월생
중길궁합	1976(丙辰) 2월생, 1975(乙卯) 6월생, 1971(辛亥) 1, 10월생
보통궁합	1980(庚申) 1, 10월생, 1977(丁巳) 7월생, 1974(甲寅) 4월생, 1971(辛亥) 1, 10월생

※ 이외의 궁합은 상극궁합으로 피하는 것이 좋다.

1977년 12월(癸丑)생의 성격과 운세

이 명운은 역(易)의 화(火)괘로서 괘 자체가 수려하게 보이는 상(象)이다.

외모는 영리하고 현명하나 내심은 우지한 사람이다. 성품이 강정하여 무엇이나 자기 멋대로 하고 주위 환경을 잘 바꾸거나 장식하는 기질이 있다.

말과 문장에 능하고 교제술이 있어서 사람을 잘 사귀며 사로잡는다.

47, 48세경부터 53, 54세 사이에 이성문제로 실패운이 있기에 조심해야 한다.

만운형이라 60세 후에 오는 행운이 진운이니 이 기회를 잘 잡아야 한다. 직업은 농업, 직물업, 문인, 소설가, 기자 등.

궁 합

12월생의 남자가 원하는 여성	
최길궁합	1982(壬戌) 11월생, 1991(辛未) 11월생
중길궁합	1981(辛酉) 7월생, 1990(庚午) 7월생, 1986(丙寅) 7월생, 1989(己巳) 1, 12월생
보통궁합	1982(壬戌) 6월생, 1991(辛未) 6월생
12월생의 여자가 원하는 남성	
최길궁합	1973(癸丑) 3월생, 1964(甲辰) 3월생
중길궁합	1976(丙辰) 1월생, 1975(乙卯) 1월생, 1974(甲寅) 4월생, 1971(辛亥) 1, 10월생
보통궁합	1973(癸丑) 6월생, 1964(甲辰) 6월생

※ 이외의 궁합은 상극궁합으로 피하는 것이 좋다.

◆ *1978*(戊午)년생

성 격

이 명운의 사람은 손(巽) 괘의 사람으로 성품이 외강 내유하여 그 속을 알기 힘들다. 남의 말에 주관도 없이 따라가다가 속으로 후회하든가 남을 비방하는 좋지 못한 악벽이 있다. 무슨 일에나 우유 부단하여 결단력이 약하고 동요하기 쉬운 마음씨라서 바쁘고 긴요한 일도 잘 돌아보지 않고 방치했다가 낭패를 당하고서야 수선을 피운다. 또한 만사를 조심스럽게 처리하려고 두루 살피고 생각하다가 그만 꽁무니를 빼고 말기도 한다.

기분이 상해서 노할 때는 것잡을 수 없을 정도이나 쉽게 풀어지는 편이어서 길게 물고 늘어지는 사람이 아니다.

이 사람은 평상시에도 남에게는 진실을 털어놓지 않고 숨어서 하려는 성질이 있기 때문에 남의 오해를 사기도 한다.

또한 욕심이 분수에 지나쳐서 도리어 손해를 보기도 한다. 생가나 고향을 떠나 장사를 하든가 사업을 하는 사람이 많다.

이 명운의 사람은 자력으로 입신하고 성공하려고 하는 것보다 힘이 있는 사람의 도움을 얻어 출세 길을 여는 것이 훨씬 용이하다. 이 사람은 세상살이에 부침이 심하여 작은 성공으로는 만족하지 않는다.

운   세

이 명운의 사람 중 자(子)년 생은 중년운은 좋으나 만년운은 침체가 심하기에 중년부터 만년을 대비해야 한다.

묘(卯)년 생은 중년기의 호운이 왔을 때 만년의 침체운을 생각하지 않으면 후회 막급이다.

오(午)년 생은 47, 48세경부터 52, 53세까지의 호운을 잘 잡아야 한다.

유(酉)년 생은 47, 48세경부터 53, 54세경까지의 행운을 잘 잡아야 한다.

1978(戊午)년 생의 총괄적 궁합

1978년 생의 남자가 원하는 여성	
최길궁합	1981(辛酉)년생, 1990(庚午)년생의 여성으로 상생 최길 궁합이다.
중길궁합	1982(壬戌)년생, 1991(辛未)년생의 여성으로 상생 차길 궁합이다.
보통궁합	1978(戊午)년생, 1979(己未)년생, 1987(丁卯)년생, 1988(戊辰)년생의 여성으로 무해 무덕의 궁합이다.

1978년생 여자가 원하는 남성	
최길궁합	1972(壬子)년생, 1963(癸卯)년생의 남성으로 상생 최길 궁합이다.
중길궁합	1973(癸丑)년생, 1964(甲辰)년생의 남성으로 차길 상생의 궁합이다.
보통궁합	1979(己未)년생, 1978(戊午)년생, 1970(庚戌)년생, 1969(己酉)년생
상극궁합	1971(辛亥)년생, 1974(甲寅)년생, 1975(乙卯)년생, 1976(丙辰)년생, 1980(庚申)년생, 1983(癸亥)년생, 1984(甲子)년생, 1985(乙丑)년생

※ 상극 궁합은 남녀 불문하고 피하는 것이 좋다.

1978년 생의 생월별 궁합

1978년 1월(甲寅)생의 성격과 운세

이 명운의 사람은 사물을 살피는 관찰력이 부족하여 우지한 성품이나 남의 일을 돕는 데는 친절하고 힘을 다하는 사람이다.

온순하고 정직하며 인내심이 강하여 일에 대한 열성은 남이 따르지 못한다.

심중은 투쟁력이 강해서 도리에 맞지 않는 말을 잘하며 항거하려는 성질이 강하다. 매사에 경계심이 강히 걱정이 많은 사람이라 무슨 일이든 타인에게 맡기지 않는다.

이 사람은 만년에 가서는 운기가 침체하는 고로 40, 50대의 성운기에 노후의 일을 생각하고 대비하는 계획을 세워야 한다.

직업은 미술가, 음악가, 외교관, 종교가 등.

궁 합

1월생의 남자가 원하는 여성	
최길궁합	1981(辛酉) 9월생, 1990(庚午) 9월생
중길궁합	1982(壬戌) 8월생, 1991(辛未) 8월생
보통궁합	1980(庚申) 1, 10월생, 1983(癸亥) 4월생, 1986(丙寅) 7월생
1월생의 여자가 원하는 남성	
최길궁합	1972(壬子) 9월생, 1963(癸卯) 9월생
중길궁합	1973(癸丑) 9월생, 1964(甲辰) 9월생
보통궁합	1974(甲寅) 4월생, 1971(辛亥) 1, 10월생, 1977(丁巳) 7월생

※ 이외의 궁합은 상극궁합으로 피하는 것이 좋다.

1978년 2월(乙卯)생의 성격과 운세

이 명운의 사람은 일반적으로 말을 많이 하는 재변가이다. 사람을 말로 위압하는 구변이 좋다. 자기가 직접 행동으로 옮기는 것은 싫어하고 말로써 사람을 제압하고 움직이는 교묘한 능력을 가지고 있다.

외모로 보기에는 쾌활하고 유순하며 부드럽고 애교가 있어 친구나 기타 주위 사람의 인기가 있으며 그들의 도움으로 입신 출세도 한다.

중년기에 행운을 맞이하나 실패하고, 57, 58세경의 대 행운을 놓치지 말아야 만년의 안락한 생활을 누릴 수 있다.

지나친 의혹심과 질투심 때문에 부부간에 불화가 생기는 것을 경계해야 한다. 직업은 농업, 철공업, 법률가, 경찰관 등.

궁 합

2월생의 남자가 원하는 여성	
최길궁합	1981(辛酉) 10월생, 1990(庚午) 10월생
중길궁합	1982(壬戌) 5월생, 1991(辛未) 5월생
보통궁합	1984(甲子) 2, 11월생, 1985(乙丑) 9월생
2월생의 여자가 원하는 남성	
최길궁합	1972(壬子) 8월생, 1963(癸卯) 8월생
중길궁합	1973(癸丑) 5월생, 1964(甲辰) 5월생
보통궁합	1976(丙辰) 9월생, 1975(乙卯) 2, 11월생

※ 이외의 궁합은 상극궁합으로 피하는 것이 좋다.

1978년 3월(丙辰)생의 성격과 운세

이 명운의 사람은 분별력, 사려심이 심중하여 경솔한 행동을 하는 일은 극히 드물다. 그러나 지나치게 세심하기 때문에 호기를 놓치는 수가 많다.

원래 이 명운은 높은 기품을 가지고 있어서 비천한 일을 싫어하기 때문에 주위 사람의 오해를 사기도 한다.

이 사람은 정직하기는 하나 교제술이나 애교가 없기에 인망이 박하다.

중년기에 자주 행운을 맞이할 운이 있으나 그 행운은 본래의 기질 때문에 놓치는 수가 많다. 때문에 50대 말기부터 60세 후에 오는 행운만이 만년을 행복하게 누릴 수 있다. 직업은 교육자, 의사, 금은상, 문학가 등.

궁 합

3월생의 남자가 원하는 여성	
최길궁합	1981(辛酉) 4월생, 1990(庚午) 4월생
중길궁합	1982(壬戌) 5월생, 1991(辛未) 5월생
보통궁합	1984(甲子) 2, 11월생, 1985(乙丑) 9월생
3월생의 여자가 원하는 남성	
최길궁합	1972(壬子) 4월생, 1963(癸卯) 4월생, 1973(癸丑) 5월생, 1964(甲辰) 5월생
중길궁합	1981(辛酉) 8월생, 1972(壬子) 8월생
보통궁합	1976(丙辰) 9월생, 1975(乙卯) 2, 11월생

※ 이외의 궁합은 상극궁합으로 피하는 것이 좋다.

1978년 4월(丁巳)생의 성격과 운세

이 명운의 사람은 팔괘(八卦)의 중앙 위에 자리잡고 있어서 주성이라고 한다. 그러므로 이 명운은 뭇사람의 두령으로 유덕함을 뜻한다.

옛부터 이 명운은 위인, 걸사, 열사, 영웅 호걸로 칭하는 사람들이 많이 배출되었다.

이 명운은 관대하고 인망높은 사람도 있으나 자기의 재능만을 과신하고 남을 경시하는 까다로운 성격을 가진 사람도 있다. 이 사람은 사려 분별심이 깊어 여러 가지 일을 기획하는 수완이 있으나 너무 꼼꼼하여 무엇이나 관여하지 않으면 마음을 놓치 못한다. 57, 58세경에 호운이 찾아올 때 만년을 대비해야 한다. 직업은 철공업, 잡화상, 변호사, 외교관 등.

궁 합

4월생의 남자가 원하는 여성	
최길궁합	1981(辛酉) 9월생, 1990(庚午) 9월생
중길궁합	1982(壬戌) 9월생, 1991(辛未) 9월생
보통궁합	1983(癸亥) 4월생, 1986(丙寅) 7월생, 1989(己巳) 1, 10월생
4월생의 여자가 원하는 남성	
최길궁합	1972(壬子) 9월생, 1963(癸卯) 9월생
중길궁합	1973(癸丑) 9월생, 1964(甲辰) 9월생
보통궁합	1980(庚申) 1, 10월생, 1977(丁巳) 7월생, 1974(甲寅) 4월생

※ 이외의 궁합은 상극궁합으로 피하는 것이 좋다.

1978년 5월(戊午)생의 성격과 운세

　이 명운의 사람은 성격이 내유 외강하여 보기에는 강정하게 보이나 내심은 유순하며, 사계절과 융화가 잘되는 명운을 타고 난 사람이기 때문에 언제나 곤궁하게 되지는 않는다.

　무슨 일이나 억지로 밀어대는 성질이 있어서 우직하게 보이기도 한다.

　일단 노하면 그 정도가 극심하지만 쉽게 누그러진다.

　이 사람은 스스로의 힘으로 출세하려는 것보다는 유력인의 도움으로 출세하는 것이 더 낫다. 운세는 47, 48세경부터 53, 54세까지의 사이에 행운을 맞이하나 이 행운을 잘 잡아야 노년이 안락하다. 직업은 정치가, 신문기자, 전기기계업, 인쇄업 등.

궁　합

5월생의 남자가 원하는 여성	
최길궁합	1981(辛酉) 9월생, 1990(庚午) 8월생
중길궁합	1982(壬戌) 6월생, 1991(辛未) 6월생
보통궁합	1987(丁卯) 5월생, 1988(戊辰) 3월생, 1979(己未) 3, 12월생, 1978(戊午) 5월생
5월생의 여자가 원하는 남성	
최길궁합	1972(壬子) 8월생, 1963(癸卯) 8월생
중길궁합	1973(癸丑) 6월생, 1964(甲辰) 6월생
보통궁합	1979(己未) 3, 12월생, 1978(戊午) 5월생, 1970(庚戌) 3, 12월생, 1969(己酉) 5월생

※ 이외의 궁합은 상극궁합으로 피하는 것이 좋다.

1978년 6월(己未)생의 성격과 운세

이 사람은 태어나면서부터 만물의 소금과 같은 역할을 하므로 남에게 도움을 주거나 받아도 좋은 성질을 가지고 있다. 기토(己土)는 만물을 생산하는 오곡의 신이다.

이 명운은 사교에 능하며 무슨 일이든 남보다 앞서 하려는 성질이 있다.

자진하여 남을 도와주기를 좋아하지만 자신감이나 자만심이 너무 강해서 남에게 도움을 주고도 원망을 듣기도 한다.

일찍이 소년시절 고향이나 집을 떠나 사는 사람도 있다. 42, 43세경에는 친척이나 친구 때문에 적지 않은 손실을 보는 수가 있다. 적은 재산이나 자손의 덕으로 안락한 여생을 보낸다. 직업은 목재상, 농업, 사법관, 법률가 등.

궁 합

6월생의 남자가 원하는 여성	
최길궁합	1981(辛酉) 8월생, 1990(庚午) 8월생
중길궁합	1982(壬戌) 6월생, 1991(辛未) 6월생
보통궁합	1987(丁卯) 5월생, 1988(戊辰) 3, 12월생, 1978(戊午) 5월생, 1979(己未) 3, 12월생
6월생의 여자가 원하는 남성	
최길궁합	1972(壬子) 8월생, 1963(癸卯) 8월생
중길궁합	1973(癸丑) 6월생, 1964(甲辰) 6월생
보통궁합	1979(己未) 3, 12월생, 1978(戊午) 5월생, 1970(庚戌) 3, 12월생, 1969(己酉) 5월생

※ 이외의 궁합은 상극궁합으로 피하는 것이 좋다.

1978년 7월(庚申)생의 성격과 운세

이 명운의 사람은 시(時)를 얻으면 전제(專制)적이어서 사람에게 굴하지 않고 시를 얻지 못하면 권위가 없다.

순음(純陰)의 지덕(地德)을 보유하고 있기 때문에 중후한 성질이 있다.

사람에 따라서는 큰 사업을 도모하고 호언 장담도 잘 하지만 실속은 별로 없다.

남의 경멸을 받아도 별로 개의치 않고 자기 몸도 돌보지 않는 헌신가다. 교제 수단이 능하여 타인의 도움으로 청년기에 출세의 행운이 따른다. 32, 33세경 명성을 떨칠 기회가 찾아오고 56, 57세경에는 일대 행운이 찾아오는데 이 행운을 잘 잡아야 한다. 직업은 금속상, 외교관, 회사원 등.

궁 합

7월생의 남자가 원하는 여성	
최길궁합	1981(辛酉) 9월생, 1990(庚午) 6월생
중길궁합	1982(壬戌) 9월생, 1991(辛未) 9월생
보통궁합	1983(癸亥) 4월생, 1986(丙寅) 7월생, 1989(己巳) 1, 10월생, 1992(壬申) 4월생
7월생의 여자가 원하는 남성	
최길궁합	1972(壬子) 9월생, 1963(癸卯) 9월생
중길궁합	1973(癸丑) 9월생, 1964(甲辰) 9월생, 1980(庚申) 1, 10월생, 1977(丁巳) 7월생
보통궁합	1974(甲寅) 4월생, 1971(辛亥) 1, 10월생

※ 이외의 궁합은 상극궁합으로 피하는 것이 좋다.

1978년 8월(辛酉)생의 성격과 운세

이 명운의 사람은 역괘(易卦)상 한 개의 양이 두 개의 음 사이에 끼어있는 상이기 때문에 밖으로 보기에 유순하고 온화한 듯이 보이나 내심은 기가 강하여 교만하며 남을 내려다보는 성품이다.

때로는 기회 포착을 잘하여 일을 추진하는 수단이 대단하다.

내심은 양기여서 보기보다는 명쾌한 것을 좋아하지만 완고한 기질이 있어서 남의 충고나 도움을 바라지 않는 사람이다. 자기의 심정을 좀처럼 털어놓지 않기 때문에 친구가 적으며 홀로 번민하는 성질이다.

초·중년의 행운을 오래 유지하기는 어렵고 60세 이후의 행운이 만년의 발판이 될 것이니 주의가 필요하다. 직업은 정치가, 문인, 신문기자, 연예인 등.

궁 합

8월생의 남자가 원하는 여성	
최길궁합	1981(辛酉) 11월생, 1990(庚午) 11월생
중길궁합	1982(壬戌) 11월생, 1991(辛未) 11월생
보통궁합	1981(辛酉) 8월생, 1990(庚午) 8월생
8월생의 여자가 원하는 남성	
최길궁합	1972(壬子) 11월생, 1963(癸卯) 11월생
중길궁합	1973(癸丑) 11월생, 1964(甲辰) 11월생, 1970(庚戌) 3, 12월생, 1969(己酉) 5월생
보통궁합	1972(壬子) 8월생, 1963(癸卯) 8월생

※ 이외의 궁합은 상극궁합으로 피하는 것이 좋다.

1978년 9월(壬戌)생의 성격과 운세

이 명운은 두 양(陽) 사이에 음(陰)이 위치한 화(火)괘에 속한다. 따라서 외모는 영리하고 현명하게 보이나 내면은 의외로 쾌활하지 못하다.

지상에 염열이 심할 때 지중은 싸늘한 법이다. 이 사람은 강정한 성품이기에 무엇이나 자기 멋대로 하기를 좋아해서 경솔하고 무엇이든 잘 바꾸는 이변의 기질이 있다. 사치를 좋아하며 주택, 소유물 등의 장식을 좋아한다.

35, 36세경에 행운이 찾아오나 이 운은 색정 때문에 신용이 떨어지고 실패하는 사람이 많다. 52, 53세경의 행운을 포착하면 행복한 만년의 기초가 될 것이다. 직업은 경찰관, 미술상, 인쇄업 등.

궁 합

9월생의 남자가 원하는 여성	
최길궁합	1981(辛酉) 8월생, 1990(庚午) 8월생
중길궁합	1982(壬戌) 7월생, 1991(辛未) 7월생
보통궁합	1982(壬戌) 6월생, 1991(辛未) 6월생
9월생의 여자가 원하는 남성	
최길궁합	1972(壬子) 5월생, 1963(癸卯) 5월생
중길궁합	1973(癸丑) 7월생, 1964(甲辰) 7월생, 1974(甲寅) 4월생, 1971(辛亥) 1, 10월생
보통궁합	1973(癸丑) 6월생, 1964(甲辰) 6월생

※ 이외의 궁합은 상극궁합으로 피하는 것이 좋다.

1978년 10월(癸亥)생의 성격과 운세

이 명운은 산괘로서 일 양(陽)이 두 음(陰) 위에 멈춘 상(象)이다. 이 괘의 성질은 침착하나 의혹심이 많아서 스스로 고민하는 성질이다. 관찰력이나 사물을 살피는 능력이 부족한 면이 있으나 남의 일을 돕는 데는 친절하고 힘을 다하는 사람이다.

온순하고 정직하며 인내심이 강하여 일에 대한 열성은 남이 따르지 못하며, 항상 그 심중에는 투쟁력이 강해서 도리에 맞지 않는 말을 잘 하며 항거하는 성질이 있지만 청죽(靑竹)을 쪼갠 듯한 아주 담백한 성질이다.

중년시대 몇 번 행운이 찾아오나 오래 지니기는 극히 어렵고 50세 후에 오는 행운이 진운이니 이 운을 잡아야 한다.

직업은 건축, 미술, 여관, 농업 등.

궁 합

10월생의 남자가 원하는 여성	
최길궁합	1981(辛酉) 9월생, 1990(庚午) 9월생
중길궁합	1982(壬戌) 6월생, 1991(辛未) 8월생
보통궁합	1980(庚申) 1, 10월생, 1983(癸亥) 4월생, 1986(丙寅) 7월생
10월생의 여자가 원하는 남성	
최길궁합	1972(壬子) 9월생, 1963(癸卯) 9월생
중길궁합	1973(癸丑) 8월생, 1964(甲辰) 8월생
보통궁합	1974(甲寅) 4월생, 1971(辛亥) 1, 10월생, 1977(丁巳) 7월생

※ 이외의 궁합은 상극궁합으로 피하는 것이 좋다.

1978년 11월(甲子)생의 성격과 운세

이 명운의 역괘(易卦)는 일 음(陰)이 두 양(陽) 상에 있으니 입의 형상이다. 그래서 대개 말이 많으며·변설로써 사람을 다루 든가 또는 위엄과 위압적인 말을 가지고 농을 하든가 하면서 다변한 것이다.

쾌활하고 유순하며 부드러운 분위기에 애교가 있어 친구나 기타 주위 사람들의 도움으로 입신 출세도 한다.

중년기에는 몇 번 행운이 오기는 하나 주색 때문에 실패할 염려가 있다. 또 50세 전후에 오는 행운을 주의심과 노력이 없 어서 놓치고 만년에는 극심한 곤란에 빠질 수가 있으니 세심한 노력과 주의가 긴요하다. 직업은 농업, 철공업, 법률가, 경찰관 등.

궁 합

11월생의 남자가 원하는 여성	
최길궁합	1981(辛酉) 7월생, 1990(庚午) 7월생
중길궁합	1982(壬戌) 5월생, 1991(辛未) 5월생
보통궁합	1984(甲子) 2, 11월생, 1985(乙丑) 9월생
11월생의 여자가 원하는 남성	
최길궁합	1972(壬子) 7월생, 1963(癸卯) 7월생
중길궁합	1973(癸丑) 5월생, 1964(甲辰) 5월생
보통궁합	1976(丙辰) 9월생, 1975(乙卯) 2, 11월생

※ 이외의 궁합은 상극궁합으로 피하는 것이 좋다.

1978년 12월(乙丑)생의 성격과 운세

이 명운은 기품이 높으므로 비천한 일을 싫어하기 때문에 주위 사람들의 오해를 사기도 한다.

원래 사려깊고 심중한 성품으로 경솔한 행동을 하는 일은 극히 드물지만 너무 세심하기 때문에 행운이 와도 놓치는 수가 있다.

이 사람에게 지식이 없다면 극히 완고하거나 편굴해서 마음이 비뚤어질 염려가 있고 지식이 있다면 영리하고 친절미가 있어서 인망이 높다.

28. 29세경부터 35, 36세경에 행운이 찾아드나 실패 수가 있고 60세 후의 행운이라야 안락한 여생을 보낼 것이니 성운 때 만년을 대비해야 한다. 직업은 교육자, 법률가, 광산업, 농업 등.

궁 합

12월생의 남자가 원하는 여성	
최길궁합	1981(辛酉) 7월생, 1990(庚午) 7월생
중길궁합	1982(壬戌) 5월생, 1991(辛未) 5월생
보통궁합	1984(甲子) 2, 11월생, 1985(乙丑) 9월생
12월생의 여자가 원하는 남성	
최길궁합	1972(壬子) 7월생, 1963(癸卯) 7월생
중길궁합	1973(癸丑) 5월생, 1964(甲辰) 5월생
보통궁합	1976(丙辰) 9월생, 1975(乙卯) 2, 11월생

※ 이외의 궁합은 상극궁합으로 피하는 것이 좋다.

◆ *1979*(己未)년생

성 격

이 명운의 사람은 진(震)괘의 사람으로 노하기를 잘하는 성미이나 친절미가 있다. 화려한 것을 즐기며 무슨 일이든 남보다 앞서 하려는 다동 정소(多動靜少)의 성질 때문에 딴 사람의 손가락질을 받기도 한다. 한편 비상한 사교가이면서 남에게 지지 않으려는 승벽 때문에 자기의 잘못인 줄 알면서도 구태여 관철시키려 하는 성질이 있다.

이 명운은 만물의 발동과 생동을 시작한다는 뜻이 있기에 활동의 뜻이 있다.

사소한 일이라도 자기 뜻대로 되지 않으면 큰 소란을 피우나 그 본심은 별다르지 않다.

무슨 일이나 시작은 빨리하나 그 일에 바로 지쳐버리는 편이여서 소위 이열 이냉(易熱易冷)의 성질이다.

밖으로 보기에는 강하게 보이나 보기보다는 겁이 많아서 상대방이 강력하게 나오면 소금물에 숨 죽은 야채같다.

평소의 행동은 정직하고 악의는 아니나 경우에 따라서는 마음에 없는 허무 맹랑한 소리로 남의 호감을 사기도 하나 결국 후에는 남의 비난을 받기도 한다. 그 본성이 쉽게 지치는 고로 장기간을 요하는 일을 기획한다거나 지속적인 상행위 등은 실패하는 수가 많다.

고요하게 머물러 있지 못하여 여기저기 남의 일에 간섭하다 경원시된다.

운　세

이 명운의 사람 중 축(丑)년 생은 21~22세경 선배, 손윗사람의 도움으로 출세하는 수가 있다. 그러나 50세 후는 침체기가 온다.

진(辰)년 생은 50세 후에 오는 운이 참된 운이다.

미(未)년 생은 20대에 중병의 위험이 있고, 42, 43세경 친척 때문에 손해를 본다.

술(戌)년 생은 33, 34세경에 행운이 오나 50세 후에 오는 참된 행운을 잡아야 한다.

1979(己未)년 생의 총괄적 궁합

1979년생 남자가 원하는 여성	
최길궁합	1981(辛酉)년생, 1990(庚午)년생으로 상생 최길궁합이다.
중길궁합	1982(壬戌)년생, 1991(辛未)년생으로 상생 차길궁합이다.
보통궁합	1979(己未)년생, 1978(戊午)년생, 1987(丁卯)년생, 1988(戊辰)년생의 여성

1979년생 여자가 원하는 남성	
최길궁합	1972(壬子)년생, 1963(癸卯)년생으로 상생 최길궁합이다.
중길궁합	1973(癸丑)년생, 1964(甲辰)년생으로 상생 차길궁합이다.
보통궁합	1979(己未)년생, 1978(戊午)년생, 1970(庚戌)년생, 1969(己酉)년생, 1961(辛丑)년생, 1960(庚子)년생
상극궁합	1962(壬寅)년생, 1965(乙巳)년생, 1977(丁巳)년생, 1966(丙午)년생, 1967(丁未)년생, 1980(庚申)년생, 1968(戊申)년생, 1971(辛亥)년생, 1983(癸亥)년생, 1974(甲寅)년생, 1975(乙卯)년생, 1985(乙丑)년생, 1986(丙寅)생

※ 상극 궁합은 남녀 불문하고 피함이 좋다.

1979년 생의 생월별 궁합

1979년 1월(丙寅)생의 성격과 운세

이 명운의 사람은 대중의 두령격에 해당하는 명운을 타고났다. 때문에 이런 사람 중에는 영웅 호걸이나 걸사, 열사 등이 많이 배출되었다. 이 사람은 사려가 깊으며 일면 강정하여 자기의 의지만을 고집한다.

관대하고 인망높은 사람도 있으나 자기의 재능만을 과신하고 남을 경시하는 까다로운 성격을 가진 사람도 있다.

이 사람은 중년에는 자주 직업을 바꾸는 수가 있다. 57, 58세 경에 오는 행운을 놓치지 않도록 힘써야 만년이 안락하다. 직업은 금은세공, 잡화상, 외교관, 전기업 등.

궁 합

1월생의 남자가 원하는 여성	
최길궁합	1981(辛酉) 9월생, 1990(庚午) 9월생
중길궁합	1982(壬戌) 9월생, 1991(辛未) 9월생
보통궁합	1983(癸亥) 4월생, 1986(丙寅) 7월생, 1989(己巳) 1, 10월생
1월생의 여자가 원하는 남성	
최길궁합	1972(壬子) 9월생, 1963(癸卯) 9월생
중길궁합	1973(癸丑) 9월생, 1964(甲辰) 9월생
보통궁합	1980(庚申) 1, 10월생, 1977(丁巳) 7월생, 1974(甲寅) 4월생

※ 이외의 궁합은 상극궁합으로 피하는 것이 좋다.

1979년 2월(丁卯)생의 성격과 운세

이 명운의 사람은 성격이 내유 외강하여 운기가 높으면서 발달성이 있고 지려성(智慮性)이 있어 용이 주도한 성질로 실패가 적은 천복이 있다.

이 사람은 주변 환경과 융화가 잘되는 상이므로 언제나 곤궁에 처해지는 일이 없다. 무슨 일이나 무리하게 억지로 밀고간다면 역운이 되어 실패하기 쉽다.

이 사람은 처세술이 좋아 혼자의 힘으로 입신 출세는 하겠으나 다른 유력인의 도움을 받는 것이 유망하다. 조용하고 침착한 성품이나 그 반면 결단력이 약하기 때문에 무슨 일이나 착수 시기를 놓쳐서 실수를 잘 한다. 40대 중년기에 행운이 있으나 이때 만년의 행운을 계산하지 않으면 궁지에 빠지게 된다.

직업은 의사, 교육자, 전기, 건축업, 인쇄업 등.

궁 합

2월생의 남자가 원하는 여성	
최길궁합	1981(辛酉) 8월생, 1990(庚午) 8월생
중길궁합	1982(壬戌) 6월생, 1991(辛未) 6월생
보통궁합	1987(丁卯) 5월생, 1988(戊辰) 3월생
2월생의 여자가 원하는 남성	
최길궁합	1972(壬子) 8월생, 1963(癸卯) 8월생
중길궁합	1973(癸丑) 6월생, 1964(甲辰) 6월생
보통궁합	1961(辛丑) 3월생, 1960(庚子) 5월생

※ 이외의 궁합은 상극궁합으로 피하는 것이 좋다.

1979년 3월(戊辰)생의 성격과 운세

이 명운의 사람은 성격이 내유 외강하여 밖으로 보기에 상당히 강정하게 보이나 내심은 유순한 성격이다.

이 사람은 남의 말을 듣지않고 고집 때문에 열려가는 운세를 역전시키는 일이 있을 수 있다. 무슨 일이라도 무리하게 밀고가려는 기질이 있으므로 실패를 자초하기도 한다.

이 사람은 혼자의 힘으로 출세하려는 것보다는 유력 인사의 도움을 받아 입신하는 것이 훨씬 쉽다. 호걸풍의 사람으로 재물을 가볍게 여기고 대의 명분을 중히 여기는 성품이기에 처세술에 대한 세련미가 요구된다. 47, 48세경부터 53, 54세까지 호운이 있으나 53, 54세의 운이 진운이다.

직업은 정치가, 중개업, 기자, 연예인 등.

궁 합

3월생의 남자가 원하는 여성	
최길궁합	1981(辛酉) 8월생, 1963(癸卯) 8월생
중길궁합	1982(壬戌) 6월생, 1991(辛未) 6월생
보통궁합	1987(丁卯) 5월생, 1988(戊辰) 3월생
3월생의 여자가 원하는 남성	
최길궁합	1972(壬子) 8월생, 1963(癸卯) 8월생
중길궁합	1973(癸丑) 6월생, 1964(甲辰) 6월생
보통궁합	1961(辛丑) 3월생, 1960(庚子) 5월생

※ 이외의 궁합은 상극궁합으로 피하는 것이 좋다.

1979년 4월(己巳)생의 성격과 운세

이 명운의 사람은 명운상 타인에게 도움을 주거나 받아도 그 은혜를 받는 운이다. 순음(純陰)의 지덕(地德)을 간직하고 있기 때문에 중후한 성질의 사람이다.

사람에 따라서는 큰 사업을 기획하고 호언 장담도 잘 하지만 실속은 별로없지만 어떠한 어려움도 충분히 성취시킬 수 있는 능력이 있다.

이 사람은 청년기에 출세의 호운이 있으나 47, 48세경의 행운을 확실히 잡아야 노후가 안락하다.

직업은 골동품상, 금은세공, 교사 등.

궁 합

4월생의 남자가 원하는 여성	
최길궁합	1981(辛酉) 9월생, 1990(庚午) 9월생
중길궁합	1982(壬戌) 9월생, 1991(辛未) 9월생
보통궁합	1983(癸亥) 4월생, 1986(丙寅) 7월생
	1989(己巳) 1, 10월생, 1992(壬申) 4월생
4월생의 여자가 원하는 남성	
최길궁합	1972(壬子) 9월생, 1963(癸卯) 2월생
중길궁합	1973(癸丑) 9월생, 1964(甲辰) 9월생
보통궁합	1980(庚申) 1, 10월생, 1977(丁巳) 7월생,
	1974(甲寅) 4월생, 1971(辛亥) 1, 10월생

※ 이외의 궁합은 상극궁합으로 피하는 것이 좋다.

1979년 5월(庚午)생의 성격과 운세

이 명운의 사람은 외모로 보아 온화하고 유순하나 기질 내심에 있어서는 교만하며 남을 눈아래로 내려다보는 경향이 있다.

때로는 기회 포착을 잘하여 일을 추진하는 수단이 대단하다. 또한 내심은 양기(陽氣)가 있어서 보기보다는 명쾌한 것을 좋아하며, 자기의 심정을 좀처럼 털어놓지 않으므로 친구가 적으며 홀로 번민하고 고심하는 성질이다.

청년시기에 일찍이 고향을 떠나 의외의 행운을 만나지만 지키기는 어렵다.

이 사람의 참다운 행운은 50세 이후에 오는 운이 진운이다.

직업은 수출입업, 은행원, 건축업, 서적업 등.

궁 합

5월생의 남자가 원하는 여성	
최길궁합	1981(辛酉) 11월생, 1990(庚午) 12월생
중길궁합	1982(壬戌) 2월생, 1991(辛未) 2월생
보통궁합	1981(辛酉) 8월생, 1990(庚午) 8월생
5월생의 여자가 원하는 남성	
최길궁합	1972(壬子) 2월생, 1963(癸卯) 2월생
중길궁합	1973(癸丑) 2월생, 1964(甲辰) 2월생
보통궁합	1972(壬子) 8월생, 1963(癸卯) 8월생

※ 이외의 궁합은 상극궁합으로 피하는 것이 좋다.

1979년 6월(辛未)생의 성격과 운세

이 명운의 사람은 보기에는 영리하고 현명해 보이나 내심은 의외로 우지하여 사상이 고루하다.

이 사람은 강정한 성격이어서 무엇이나 자기 멋대로 해치우는 성격이기에 경솔하고 앞뒤를 가려서 행동으로 옮기는 면이 부족하다.

말을 잘하는 변재가이기에 교제가 능하여 사람을 사로잡는 기술이 있다.

30대부터 행운이 있으나 실패하기 쉽고 57, 58세경의 행운 최성기를 놓치지 말아야 노후가 평안하다.

직업은 종교가, 의사, 약사, 농업 등.

궁 합

6월생의 남자가 원하는 여성	
최길궁합	1981(辛酉) 5월생, 1990(庚午) 6월생
중길궁합	1982(壬戌) 7월생, 1983(癸亥) 4월생, 1991(辛未) 7월생
보통궁합	1982(壬戌) 6월생, 1991(辛未) 6월생
6월생의 여자가 원하는 남성	
최길궁합	1972(壬子) 6월생, 1963(癸卯) 6월생
중길궁합	1973(癸丑) 4월생, 1964(甲辰) 7월생
보통궁합	1973(癸丑) 6월생, 1964(甲辰) 6월생

※ 이외의 궁합은 상극궁합으로 피하는 것이 좋다.

1979년 7월(壬申)생의 성격과 운세

이 사람의 성격은 관찰력이나 사물을 살피는 능력이 부족한 면은 있으나 남의 일을 돕는 데는 친절하고 힘을 다하는 사람이다.

양기(陽氣)의 사람이지만 의혹심이 많아서 고민하는 성질이다. 온순하고 정직하며 인내심이 강하여 일에 열심인 점은 남이 따르지 못한다.

생활은 검소하고 절약가이나 그 정도가 지나쳐서 인색하다는 말을 듣기도 한다. 중년시대는 왕성한 운이나 만년에 접어들면 극심한 쇠운을 맞는다. 그러므로 만년을 대비해야 한다.

직업은 농업, 철공업, 종교가 등.

궁 합

7월생의 남자가 원하는 여성	
최길궁합	1981(辛酉) 9월생, 1990(庚午) 9월생
중길궁합	1982(壬戌) 9월생, 1991(辛未) 10월생
보통궁합	1980(庚申) 1, 10월생, 1986(丙寅) 7월생
7월생의 여자가 원하는 남성	
최길궁합	1972(壬子) 9월생, 1963(癸卯) 9월생
중길궁합	1973(癸丑) 9월생, 1964(甲辰) 9월생
보통궁합	1974(甲寅) 4월생, 1971(辛亥) 1, 10월생, 1968(戊申) 7월생

※ 이외의 궁합은 상극궁합으로 피하는 것이 좋다.

1979년 8월(癸酉)생의 성격과 운세

이 명운의 사람은 대체로 재지 우수하고 비범한 결단력이 있는 천성이다. 남의 우두머리가 되려하기에 말을 많이 하는 재변가이다. 사람을 위협하는 말로서 자기가 직접 행동으로 옮기는 것보다 사람을 움직이는 교묘한 능력을 가지고 있다.

겸양지심을 잊지말고 쾌활하고 유순하게 부드러운 분위기에 애교있는 태도로 친구나 기타 주위 사람들을 대한다면 그들의 도움으로 입신 출세도 한다.

중년기에는 행운이 찾아와도 호기를 놓치는 수가 많다. 57, 58세경의 대 행운이 오는 것을 놓치지 말고 포착해야만 안락한 만년의 유지가 가능하다.

의혹심과 질투심 때문에 부부간에 불화가 있을 수 있으니 각별한 조심이 필요하다. 직업은 농업, 철공업, 법률가, 경찰관 등.

궁 합

8월생의 남자가 원하는 여성	
최길궁합	1981(辛酉) 10월생, 1990(庚午) 10월생
중길궁합	1982(壬戌) 5월생, 1991(辛未) 5월생
보통궁합	1984(甲子) 2, 11월생, 1985(乙丑) 9월생
8월생의 여자가 원하는 남성	
최길궁합	1972(壬子) 10월생, 1963(癸卯) 10월생
중길궁합	1973(癸丑) 5월생, 1964(甲辰) 5월생
보통궁합	1976(丙辰) 9월생, 1975(乙卯) 2, 11월생

※ 이외의 궁합은 상극궁합으로 피하는 것이 좋다.

1979년 9월(甲戌)생의 성격과 운세

이 명운의 사람은 사려깊고 심중한 성품으로 외면상으로는 용기가 있어 보이나 실은 그렇지 못하다. 정의감이 박하고 분방성이 있어 운기나 복운이 열리기 어렵다.

이 사람은 교육을 많이 받고 정신 수양을 길러 나간다면 높은 기품을 가지고 있어 앞으로 대성할 수는 있다. 다만 교제술이 부족하기 때문에 주위에 사람이 별로 없다.

중년 시기에 몇 번 행운이 찾아오나 손실의 우려가 많고, 50세 후에 오는 행운을 놓치지 말고 포착하면 만년은 안락하게 여생을 보낸다.

직업은 출판업, 인쇄업, 교육가 등.

궁 합

9월생의 남자가 원하는 여성	
최길궁합	1981(辛酉) 4월생, 1990(庚午) 4월생
중길궁합	1982(壬戌) 5월생, 1991(辛未) 5월생
보통궁합	1984(甲子) 2, 11월생, 1985(乙丑) 9월생
9월생의 여자가 원하는 남성	
최길궁합	1972(壬子) 4월생, 1963(癸卯) 4월생
중길궁합	1973(癸丑) 5월생, 1964(甲辰) 5월생
보통궁합	1976(丙辰) 9월생, 1975(乙卯) 2, 11월생

※ 이외의 궁합은 상극궁합으로 피하는 것이 좋다.

1979년 10월(乙亥)생의 성격과 운세

이 명운의 사람은 뭇사람들의 두령에 속하는 사람이다.

그렇기에 이 명운을 타고난 사람들 중에는 영웅 호걸도 많고 열사나 걸사도 많이 배출되었다.

이 사람은 사려가 깊으면서도 일면 강정하여 자기의 의사만을 관철하려는 결점이 있다.

이 사람은 사려 분별이 깊어 여러 가지 일을 기획하는 수완이 있으나 세심한 주의를 기울이지 않으면 실패한다.

중년기에 자주 실패 운이 있으나 능히 만회시킬 수 있다. 34, 35세경에 큰 재액을 만나지만 56, 57세의 호운이 진운이다.

직업은 선원, 무역업, 광산업, 인쇄업 등.

궁 합

10월생의 남자가 원하는 여성	
최길궁합	1981(辛酉) 6월생, 1990(庚午) 6월생
중길궁합	1982(壬戌) 2, 11월생, 1991(辛未) 9월생
보통궁합	1983(癸亥)4월생, 1986(丙寅)7월생, 1989(己巳)1, 10월생
10월생 여자가 원하는 남성	
최길궁합	1972(壬子) 9월생, 1963(癸卯) 9월생
중길궁합	1973(癸丑) 8월생, 1964(甲辰) 8월생
보통궁합	1980(庚申)1, 10월생, 1977(丁巳)7월생, 1974(甲寅)4월생

※ 이외의 궁합은 상극궁합으로 피하는 것이 좋다.

1979년 11월(丙子)생의 성격과 운세

이 명운의 사람은 내유 외강한 성격이다. 외모는 상당히 강정하게 보이지만 성격의 변화가 심하고 일을 끝까지 관철시키지 못하는 약함이 있으나 운기는 대단히 좋다.

이 사람은 남과 융화가 잘되는 상으로 언제나 적극적으로 노력함이 필요하다.

무슨 일이라도 무리하지말고 인내심을 가지고 차근히 밀고가면 운세는 열린다. 혼자의 힘으로 자수 성가 할 것이나 남의 도움을 얻게 된다. 침착한 성품이나 그 반면 결단력이 약해서 무슨 일이나 실기하기 쉬우므로 경계해야 한다.

중년 운기는 왕성하나 침체하게 된다. 그 왕성한 운기 때에 만년을 대비함이 중요하다. 직업은 농업, 목재상, 문필가 등.

궁 합

11월생의 남자가 원하는 여성		
최길궁합	1981(辛酉) 8월생, 1990(庚午) 8월생	
중길궁합	1982(壬戌) 9월생, 1991(辛未) 6월생	
보통궁합	1987(丁卯) 5월생, 1988(戊辰) 3월생	
11월생의 여자가 원하는 남성		
최길궁합	1972(壬子) 8월생, 1963(癸卯) 8월생	
중길궁합	1973(癸丑) 6월생, 1964(甲辰) 6월생	
보통궁합	1961(辛丑) 3월생, 1960(庚子) 5월생	

※ 이외의 궁합은 상극궁합으로 피하는 것이 좋다.

1979년 12월(丁丑)생의 성격과 운세

이 명운은 만물이 생동하는 시기에 해당하므로 활동의 뜻이 강하여 무슨 일이라도 남보다 앞서서 하려는 성질이 있으며 화려한 것을 좋아하며 사교에 대단히 능한 사람이다.

따라서 남의 사랑을 받아 점차 발달하는 운기의 사람으로 천복이 많은 사람이다. 좀 고지식하면서도 마음에 때가 있어 스스로 자기 복을 잃게도 된다.

21, 22세경 윗사람의 도움으로 입신 출세하는 사람도 있다. 50세 후는 침체운이 오기 때문에 노후를 대비해야 한다. 직업은 승려, 의사, 농업, 문학자, 약사, 은행원, 요식업 등.

궁 합

12월생의 남자가 원하는 여성		
최길궁합	1981(辛酉) 8월생, 1990(庚午) 8월생	
중길궁합	1982(壬戌) 6월생, 1991(辛未) 6월생	
보통궁합	1987(丁卯) 5월생, 1988(戊辰) 3, 12월생, 1978(戊午) 5월생, 1979(己未) 3, 12월생	
12월생의 여자가 원하는 남성		
최길궁합	1972(壬子) 8월생, 1963(癸卯) 8월생	
중길궁합	1973(癸丑) 6월생, 1964(甲辰) 6월생	
보통궁합	1979(己未) 3, 12월생, 1978(戊午) 5월생, 1970(庚戌) 3, 12월생, 1969(己酉) 5월생	

※ 이외의 궁합은 상극궁합으로 피하는 것이 좋다.

◈ *1980(* 庚申 *)년생*

성   격

이 명운의 사람은 곤(坤)괘의 사람으로 지덕(地德)을 지니고 있기 때문에 중후한 성품의 사람이다.

그 반면 사람을 무시하는 기질이 있으면서 큰 사업이나 일을 기획하는 듯 큰 소리를 하는 좋지 못한 성벽의 사람도 있다.

사람에 따라서는 친절하고 온화하게 보이나 속은 완고하면서 독단만을 행하는 자기 만이 잘난 체하는 면이 있다. 자기의 이익을 생각하고 타산적이기 때문에 끝에 가서는 절교하든가 끝이 좋지 못하다.

무슨 일에나 이해하는 것은 빠르나 잊어버리는 것도 빠르다.

결벽증이 있어서 모든 일을 정리 정돈하기를 좋아하며 신상에 일이나 주변을 깨끗이 한다.

남에 대한 의타심이 있어서 도와주는 사람이 없으면 안심하지 못하고 홀로 서지 못하는 약점이 있다.

내일 하여도 무방한 일을 조급하게 오늘 해버려야 마음을 놓는 성질이라서 실수하는 일은 거의 없다.

이 사람은 청년이면서도 노인 행세하기를 좋아한다. 그러므로 손아랫사람이나 같은 연배의 사람과는 서로 어울려 교제하지 않는다.

본래 성질이 무슨 일이나 자신이 직접하기는 싫어하고 불로 취득을 하려 하기 때문에 성공은 거의 못한다.

운   세

이 명운의 사람 중 인(寅)년 생은 청년기에 고생이 많고 35, 36세경에야 행운이 오나 52, 53세경에 오는 행운을 잡아야 한다.

사(巳)년 생은 47, 48세경에 행운이 온다.

신(申)년 생은 청년기에 출세운이 오고 32, 33세경에 명성을 떨칠 기회가 온다.

해(亥)년 생은 중도 좌절운이 종종있고, 20세 전후에 출세운이 있으나 50세 후에 오는 행운을 확실히 잡아야 한다.

1980(庚申)년 생의 총괄적 궁합

1980년생의 남자가 원하는 여성	
최길궁합	1982(壬戌)년생, 1991(辛未)년생의 여성으로 상생 최길궁합이다.
중길궁합	1984(甲子)년생, 1985(乙丑)년생, 1993(癸酉)년생으로 상생 차길궁합이다.
보통궁합	1980(庚申)년생, 1983(癸亥)년생, 1986(丙寅)년생, 1989(己巳)년생

1980년생의 여자가 원하는 남성	
최길궁합	1973(癸丑)년생, 1964(甲辰)년생으로 상생 최길궁합이다.
중길궁합	1976(丙辰)년생, 1975(乙卯)년생, 1967(丁未)년생, 1966(丙午)년생으로 상생 차길궁합이다.
보통궁합	1965(乙巳)년생, 1962(壬寅)년생, 1956(丙申)년생
상극궁합	1987(丁卯)년생, 1988(戊辰)년생, 1990(庚午)년생, 1979(己未)년생, 1978(戊午)년생, 1972(壬子)년생, 1970(庚戌)년생, 1969(己酉)년생의 남성

※ 상극 궁합은 남녀 불문하고 피하는 것이 좋다.

1980년 생의 생월별 궁합

1980년 1월(戊寅)생의 성격과 운세

이 명운의 사람은 명운상 남에게 도움을 주거나 받아도 그 은혜를 받는 좋은 격이라고 할 수 있다.

순음(純陰)의 지덕(地德)을 간직하고 있기에 중후한 성격이다. 사람에 따라서는 대 사업을 기획하고 또 호언 장담도 잘 하지만 실속은 별로 없는 편이다.

이 사람은 아무리 어려운 난관도 충분히 뚫고 나가는 능력이 있다. 20세 전후에 손윗사람이나 친구 등의 덕으로 입신 출세하는 수도 있으나 진운은 50세 후에 오는 행운이다.

직업은 예술가, 조각가, 건축기사, 의사 등.

궁 합

1월생의 남자가 원하는 여성	
최길궁합	1982(壬戌) 6월생, 1991(辛未) 6월생
중길궁합	1984(甲子) 2, 11월생, 1985(乙丑) 9월생
보통궁합	1980(庚申) 1, 10월생, 1983(癸亥) 4월생, 1986(丙寅) 7월생, 1989(己巳) 1, 10월생
1월생의 여자가 원하는 남성	
최길궁합	1973(癸丑) 6월생, 1964(甲辰) 6월생
중길궁합	1976(丙辰) 9월생, 1975(乙卯) 2, 11월생,
보통궁합	1980(庚申) 1, 10월생, 1977(丁巳) 7월생, 1974(甲寅) 4월생, 1968(戊申) 7월생

※ 이외의 궁합은 상극궁합으로 피하는 것이 좋다.

1980년 2월(己卯)생의 성격과 운세

이 명운의 사람은 밖으로 보기에는 온화하고 유순하게 보이나 사실 내심의 기는 대단히 강정하여 교만하며 남을 무시하는 경향이 있다.

때로는 기회를 이용하여 그 일을 강행하는 수단이 대단하다. 또한 내심으로는 양기(陽氣)가 있어서 보기보다는 명쾌한 것을 좋아한다.

한편으로는 자기의 심정을 좀처럼 털어놓지 않기 때문에 친구가 적으며 홀로 번민하고 고심하는 성질이다.

주거나 직업의 변동이 많은 운세이다. 60세 이후의 행운을 잘 잡아야 한다. 직업은 연예인, 문필가, 정치가, 요리업 등.

궁 합

2월생의 남자가 원하는 여성	
최길궁합	1984(甲子) 2, 11월생, 1985(乙丑) 9월생
중길궁합	1987(丁卯) 5월생, 1988(戊辰) 3월생
보통궁합	1981(辛酉) 8월생, 1990(庚午) 8월생
2월생의 여자가 원하는 남성	
최길궁합	1976(丙辰) 9월생, 1975(乙卯) 2, 11월생
중길궁합	1979(己未) 3월생, 1978(戊午) 5월생, 1970(庚戌) 3월생, 1969(己酉) 5월생
보통궁합	1972(壬子) 8월생, 1963(癸卯) 8월생

※ 이외의 궁합은 상극궁합으로 피하는 것이 좋다.

1980년 3월(庚辰)생의 성격과 운세

이 명운의 사람은 외모로 봐서는 영리하고 현명하게 보이나 내면은 의외로 우둔한 편이다.

이 사람은 강정하기 때문에 무슨 일이나 자기 멋대로 하기를 좋아해서 행동이 좀 경솔하고 앞뒤를 잘 따져본 후 시작하고 보는 형이다. 무엇이든 잘 바꾸는 기질이 있으며 사치를 좋아하고 주변의 물건들을 장식하기를 좋아한다.

말을 잘하는 달변가이기에 교제가 능하면서 사람을 사로잡는 기술이 있다.

35, 36세경 행운이 오지만 실패수가 많다. 52, 53세부터 60세 이후에 오는 행운을 잡아야 노후를 편히 보낼 수 있다.

직업은 연예인, 은행원, 변호사, 문필가, 농업 등.

궁 합

3월생의 남자가 원하는 여성	
최길궁합	1982(壬戌) 4월생, 1991(辛未) 3월생
중길궁합	1984(甲子) 4월생, 1985(乙丑) 4월생, 1993(癸酉) 4월생
보통궁합	1982(壬戌) 6월생, 1991(辛未) 6월생
3월생 여자가 원하는 남성	
최길궁합	1973(癸丑) 3월생, 1964(甲辰) 3월생
중길궁합	1976(丙辰) 4월생, 1975(乙卯) 4월생
보통궁합	1973(癸丑) 6월생, 1964(甲辰) 6월생

※ 이외의 궁합은 상극궁합으로 피하는 것이 좋다.

1980년 4월(辛巳)생의 성격과 운세

이 명운의 사람은 성격이 외강 내유하여 밖으로 보기에는 상당히 강하게 보이나 내심은 사지(邪智)에 능하여 남을 도모하는 성질 때문에 오히려 실패하기 쉽다. 따라서 운을 파하게 된다. 그러나 남과 화합하는 면이 있기에 선행 적덕하면 행운을 얻게 된다.

이 사람은 초년에는 혼자의 힘으로 일을 추진하는 것보다 딴 유력인의 도움을 받음이 좋다. 조용하고 침착한 성품이나 그 반면 무슨 일이나 계획을 잘하고 시기를 놓치지 않는 기민성이 있다. 이 사람은 47, 48세경부터 53, 54세까지 호운이 찾아오나 이 운을 잘 잡아야 노후를 편히 보낼 수 있다.

직업은 정치가, 교육자, 중개업, 기자, 연예인 등.

궁 합

4월생의 남자가 원하는 여성		
최길궁합	1982(壬戌) 6월생, 1991(辛未) 6월생
중길궁합	1984(甲子) 2월생, 1985(乙丑) 9월생
보통궁합	1987(丁卯) 5월생, 1988(戊辰) 3월생
4월생의 여자가 원하는 남성	
최길궁합	1973(癸丑) 6월생, 1964(甲辰) 6월생
중길궁합	1976(丙辰) 9월생, 1975(乙卯) 9월생
보통궁합	1961(辛丑) 3월생, 1960(庚子) 5월생

※ 이외의 궁합은 상극궁합으로 피하는 것이 좋다.

1980년 5월(壬午)생의 성격과 운세

이 명운의 사람은 일반적으로 무슨 일에나 손을 대고 싶어하여 필요없는 일에 참견하다 실패한다. 사람을 위압하는 기질이 있으면서도 자기가 직접하는 것은 싫어하고 말로서 사람을 움직이는 교묘한 능력을 가지고 있다.

외모로 보기에는 쾌활하고 유순하며 접촉하기에 부드럽고 애교가 있어 친구나 기타 주위 사람으로부터 인기가 있다. 한편 다변가로 말이 많기에 거짓을 쉽게 이야기 하기도 하여 실수를 한다.

중년기에 행운이 있으나 호기를 놓치는 수가 많다. 57, 58세 경의 대 행운이 오는 것을 놓치지 말고 포착해야만 안락한 만년의 기초가 된다는 것을 명심해야 한다. 의혹심이나 질투심 때문에 부부간에 불화가 계속된다. 말조심 하기를.

직업은 농업, 철공업, 법률가, 경찰관 등.

궁 합

5월생의 남자가 원하는 여성	
최길궁합	1982(壬戌) 1월생, 1991(辛未) 1월생
중길궁합	1984(甲子) 8월생, 1985(乙丑) 5월생
보통궁합	1984(甲子) 2, 11월생, 1985(乙丑) 9월생
5월생의 여자가 원하는 남성	
최길궁합	1973(癸丑) 1월생, 1964(甲辰) 1월생
중길궁합	1976(丙辰) 5월생, 1975(乙卯) 8월생
보통궁합	1976(丙辰) 9월생, 1975(乙卯) 2, 11월생

※ 이외의 궁합은 상극궁합으로 피하는 것이 좋다.

1980년 6월(癸未)생의 성격과 운세

이 명운의 사람은 사려 분별이 심중하여 경솔한 행동을 하는 일은 극히 드무나 너무 사양심이 깊기 때문에 호기를 놓치는 수가 많은 성격이다. 동시에 모든 일에 신경과민하여 실패수가 있다.

원래 이 명운은 높은 기품을 가지고 있어서 비천한 일을 싫어하기 때문에 주위 사람의 오해를 사기도 한다.

만약 이 사람이 교육이나 교양이 없는 사람이면 완고하거나 편굴해져서 마음이 비뚤어질 염려가 있다.

중년시기에 여러 번 행운이 찾아오나 그 행운은 본래의 기질 때문에 놓치는 수가 많다. 때문에 50대 말기부터 60세를 지난 다음에 오는 행운만이 만년을 지켜줄 운세라고 본다.

직업은 교육가, 의사, 금은상, 문학가 등.

궁 합

6월생의 남자가 원하는 여성	
최길궁합	1982(壬戌) 4월생, 1991(辛未) 4월생
중길궁합	1984(甲子) 8월생, 1985(乙丑) 5월생
보통궁합	1984(甲子) 2, 11월생, 1985(乙丑) 9월생
6월생의 여자가 원하는 남성	
최길궁합	1973(癸丑) 7월생, 1964(甲辰) 7월생
중길궁합	1976(丙辰) 5월생, 1975(乙卯) 8월생
보통궁합	1976(丙辰) 9월생, 1975(乙卯) 2, 11월생

※ 이외의 궁합은 상극궁합으로 피하는 것이 좋다.

1980년 7월(甲申)생의 성격과 운세

이 명운의 사람은 뭇사람들의 두령격에 해당하는 명운을 타고난 사람이다.

때문에 이 명운을 타고난 사람 중에는 영웅 호걸이나 열사, 걸사들이 많이 배출되었다. 이 사람은 사려가 깊으면서도 일면 강정하여 자기의 의사만을 관철하려 한다.

관대하고 인망 높은 사람도 있으나 자기의 재능만을 과신하고 남을 경시하는 까다로운 성격을 가진 사람도 있다.

이 사람은 사려 분별이 깊어 여러 가지 일을 기획하는데 수완이 있으나 세심한 주의를 하지 않으면 실패를 한다.

57, 58세경에 호운이 찾아 오겠으나 이 운을 놓치면 만년을 안락하게 보낼 수가 없다. 2남, 3남이라도 장남의 역할을 할 덕을 갖추고 있다. 직업은 철공업, 잡화상, 변호사, 외교관 등.

궁 합

7월생의 남자가 원하는 여성	
최길궁합	1982(壬戌) 6월생, 1991(辛未) 6월생
중길궁합	1984(甲子) 2, 11월생, 1985(乙丑) 9월생
보통궁합	1983(癸亥) 4월생, 1986(丙寅) 7월생, 1989(己巳) 1, 10월생
7월생의 여자가 원하는 남성	
최길궁합	1973(癸丑) 6월생, 1964(甲辰) 6월생
중길궁합	1976(丙辰) 9월생, 1975(乙卯) 2, 11월생
보통궁합	1980(庚申) 1, 10월생, 1977(丁巳) 7월생, 1974(甲寅) 4월생

※ 이외의 궁합은 상극궁합으로 피하는 것이 좋다.

1980년 8월(乙酉)생의 성격과 운세

이 명운의 사람은 성격이 외강 내유하여 외모로 보기에는 강정하게 보이나 내심은 유순하다. 이 사람은 인화가 좋으며 처세술이 탁월하여 운기도 중위에 속한다고 본다.

무슨 일이나 진취의 기상이 약하고 태만하여 천복을 지니기 어렵다.

작은 일이라도 헛되이 여기지 말고 근면하게 전력을 다한다면 개운 될 것이다.

운세는 47, 48세경부터 53, 54세까지 행운을 맞이하나 이 운을 잘 포착하여 만년을 안락하게 보낼 수 있는 기초를 마련해야 한다. 직업은 정치가, 신문기자, 변호사, 미술가 등.

궁 합

8월생의 남자가 원하는 여성	
최길궁합	1982(壬戌) 5월생, 1991(辛未) 5월생
중길궁합	1984(甲子) 9월생, 1985(乙丑) 6월생
보통궁합	1987(丁卯) 5월생, 1988(戊辰) 3월생
8월생의 여자가 원하는 남성	
최길궁합	1973(癸丑) 5월생, 1964(甲辰) 5월생
중길궁합	1976(丙辰) 6월생, 1975(乙卯) 9월생
보통궁합	1979(己未) 3, 12월생, 1978(戊午) 5월생, 1970(庚戌) 3, 12월생, 1969(己酉) 5월생

※ 이외의 궁합은 상극궁합으로 피하는 것이 좋다.

1980년 9월(丙午)생의 성격과 운세

이 명운의 사람은 대단히 사교에 능한 사람으로 남과 친화하기 쉬운 반면 헤어지기 쉬운 천성으로 산만한 기질이다. 따라서 주위의 비난을 사기도 한다.

본성이 양기(陽氣)의 성질이기 때문에 용기가 있으나 움직임이 경솔한 면도 있다.

자진하여 남을 도와 주기를 좋아하지만 자신감과 자만심이 강하기 때문에 남에게 은혜를 베풀고도 오히려 원망을 듣기도 한다.

일찍이 소년시절에 고향이나 집을 떠나서 고생하는 사람이 많다. 33, 34세경에 행운이 오나 대체로 50세 후의 진정한 행운을 잡아야 한다. 직업은 승려, 교육자, 의사, 요리사, 건축가 등.

궁 합

9월생의 남자가 원하는 여성	
최길궁합	1982(壬戌) 5월생, 1991(辛未) 5월생
중길궁합	1984(甲子) 9월생, 1985(乙丑) 6월생
보통궁합	1987(丁卯) 5월생, 1988(戊辰) 3월생
9월생의 여자가 원하는 남성	
최길궁합	1973(癸丑) 5월생, 1964(甲辰) 5월생
중길궁합	1976(丙辰) 6월생, 1972(乙卯) 9월생
보통궁합	1979(己未) 3, 12월생, 1978(戊午) 5월생, 1970(庚戌) 3, 12월생, 1969(己酉) 5월생

※ 이외의 궁합은 상극궁합으로 피하는 것이 좋다.

1980년 10월(丁亥)생의 성격과 운세

이 명운의 사람은 명운상 타인에게 도움을 주거나 받아도 좋은 명운이다. 순음(純陰)의 지덕(地德)을 간직하고 있기 때문에 중후한 성질의 사람이다.

사람에 따라서는 큰 사업을 기획하고 호언 장담도 잘 하지만 실속은 별로 없다.

남의 경멸을 받아도 별로 개의치 않고 자기 몸도 돌보지 않기 때문에 어떠한 어려운 일이라도 충분히 성취시킬 수 있는 능력을 가지고 있다.

20세 전후에 윗사람의 도움으로 출세운이 있으나 실패하고 50세 후의 운이 진운이다. 직업은 서화가, 건축가. 의사 등.

궁 합

10월생의 남자가 원하는 여성	
최길궁합	1982(壬戌) 6월생, 1991(辛未) 6월생
중길궁합	1984(甲子) 2, 11월생, 1985(乙丑) 9월생
보통궁합	1983(癸亥) 4월생, 1986(丙寅) 7월생, 1989(己巳) 1, 10월생, 1992(壬申) 4월생
10월생의 여자가 원하는 남성	
최길궁합	1973(癸丑) 6월생, 1964(甲辰) 6월생
중길궁합	1976(丙辰) 9월생, 1975(乙卯) 2, 11월생
보통궁합	1980(庚申) 1, 10월생, 1977(丁巳) 7월생, 1974(甲寅) 4월생, 1971(辛亥) 1, 10월생

※ 이외의 궁합은 상극궁합으로 피하는 것이 좋다.

1980년 11월(戊子)생의 성격과 운세

이 명운의 사람은 외모가 유순하고 온화한 듯이 보이나 내심은 대단히 강정하여 교만하며 남을 무시하는 성품이다.

때로는 기회 포착을 잘하여 일을 밀고 나가는 수단이 대단하다.

내심은 양기(陽氣)여서 보기보다는 명쾌한 것을 좋아한다.

한편 편굴하고 완고한 기질이 있어서 남의 충고나 도움도 바라지 않는 사람이 있다. 자기의 심정을 좀처럼 털어 놓지 않기 때문에 친구가 적으며 홀로 번민하는 성질이다.

중년기에는 더러 주거와 직업을 변동한다. 27, 28세경에 운기가 쇠퇴하기도 하나 34세경에 가장 좋은 대 호운이 온다. 이 기회를 실기하지 말아야 한다.

직업은 의사, 식료품상회, 목재상, 은행원, 전기업 등.

궁   합

11월생의 남자가 원하는 여성	
최길궁합	1982(壬戌) 8월생, 1991(辛未) 8월생
중길궁합	1984(甲子) 6월생, 1985(乙丑) 2월생
보통궁합	1981(辛酉) 8월생, 1990(庚午) 8월생
11월생의 여자가 원하는 남성	
최길궁합	1973(癸丑) 8월생, 1964(甲辰) 8월생
중길궁합	1976(丙辰) 2월생, 1975(乙卯) 6월생
보통궁합	1972(壬子) 8월생, 1963(癸卯) 8월생

※ 이외의 궁합은 상극궁합으로 피하는 것이 좋다.

1980년 12월(乙丑)생의 성격과 운세

이 명운의 사람은 외모로 봐서는 영리하고 현명하게 보이나 내면은 의외로 우둔한 사상을 갖고 있다.

지상에 염열이 심할 때 지중은 의외로 싸늘한 법이다.

이 사람은 강정한 성품이기에 무엇이나 자기 멋대로 하기를 좋아해서 경솔하고 무엇이든 잘 바꾸는 이변의 기질이 있다.

사치를 좋아하여 주택을 비롯한 주변을 장식하기를 좋아한다. 또한 말을 잘하여 교제가 능하면서 사람을 사로 잡는 기술이 교묘하다. 47, 48세경부터 53, 54세경 사이에 색정 때문에 실패하는 수가 있기에 조심해야 한다. 60세 후의 행운이 진짜 행운이기에 그 호기를 포착해야 만년을 안락하게 보내게 된다.

직업은 농업, 직물업, 문사, 음식업, 기자 등.

궁 합

12월생의 남자가 원하는 여성	
최길궁합	1982(壬戌) 3월생, 1991(辛未) 3월생
중길궁합	1984(甲子) 4월생, 1985(乙丑) 4월생
보통궁합	1982(壬戌) 6월생, 1991(辛未) 6월생
12월생의 여자가 원하는 남성	
최길궁합	1973(癸丑) 3월생, 1964(甲辰) 4월생
중길궁합	1976(丙辰) 7월생, 1975(乙卯) 7월생
보통궁합	1973(癸丑) 6월생, 1964(甲辰) 6월생

※ 이외의 궁합은 상극궁합으로 피하는 것이 좋다.

★신개념 한국명리학총서(전15권)★　(금액 194,000원)

① 행복을 찾고 불행을 막는 점성술
정용빈 편저/신국판 204쪽/정가 12,000원
자연학의 원리를 이용하여 모순을 만나게 되는
것을 알 수 있게 하여 불운을 쫓아내는 것이 육
갑법 점성술이다.

② 손금으로 자기운명 알 수 있다
백준기 역/신국판 252쪽/정가 12,000원
뇌의 中樞神經의 작용이 손에 집중되어 표현되
는 사실을 도해로 설명하면서, 장래의 예지 등을
제시한다.

③ 얼굴은 이래야 환영받는다
백준기 역/신국판 240쪽/정가 12,000원
관상의 기본이 되는 三質論의 상세한 해설을 비
롯, 인상의 연령 변화, 복합관상 등, 결과에 따
른 원인을 구명했다.

④ 사주팔자 보면 내운명 알 수 있다
정용빈 편저/신국판 380쪽/정가 18,000원
12천성과 음양 오행의 심오한 이치를 누구나 알
기 쉽게 재정립한 사주 명리학의 결정판

⑤ 꿈해몽은 이렇게 한다
정용빈 편저/신국판 250쪽/정가 14,000원
꿈에는 자신의 희미한 성패의 비밀이 숨겨져 있
어 이를 풀이하고, 역사적 인물들이 남긴 꿈들을
수록했다.

⑥ 여성사주로 여성운명을 알 수 있다
진옥숙 저/정용빈 역/신국판 254쪽/정가 12,000원
연애·결혼·건강·사업 등, 동양의 별의 비법이 밝히
는 여성의 운명, 너무도 정확해서 겁이 날 정도
다.

⑦ 풍수지리와 좋은 산소터 보기
정용빈 편저/신국판 262쪽/정가 12,000원
산소 자리를 가려서 육체와 혼백을 잘 모시면
신령(神靈)이 편안하고 자손 또한 편안하다.

※ 출판할 원고나 자료 가지고 계신 분
출판하여 드립니다.
문의 ☎ 02-2636-2911번으로 연락

⑧ 이름감정과 이름짓는 법
성명철학연구회 편/신국판 260쪽/정가 12,000원
기초 지식부터 이름 짓는 방법, 성명감정 방법,
이름으로 身數를 아는 방법 등을 자세히 설명했
다.

⑨ 나이로 본 궁합법
김용호 지음/신국판 334쪽/정가 14,000원
생년·월·일만 알면 생년의 구성을 주로 하여 생월
을 가미시켜 조심자도 알기 쉽게 했다.

⑩ 십이지(띠)로 내 평생 운세를 본다
김용호 편저/신국판 290쪽/정가 14,000원
동양철학의 정수인 간지(干支)와 구성(九星)학을
통하여 스스로의 찬성, 천운, 길흉을 예지하기
쉽게 기술했다.

⑪ 이런 이름이 출세하는 이름
정용빈 편저/신국판 227쪽/정가 12,000원
성명 철리(哲理)의 문헌을 토대로하여 누구나 좋
은 이름을 지을 수 있도록 쉽게 정리했다.

⑫ 오감에서 여성 운세 능력 개발할 수 있다
김진태 편저/신국판 260쪽/정가 12,000원
미각·촉각·후각·청각·시각을 이용하여 교제 능력을
키우고, 자신의 운세를 개발할 수 있도록 했다.

⑬ 신랑신부 행복한 궁합
김용호 편저/신국판 250쪽/정가 12,000원
역리학적인 사주명리의 방법 외에 첫 인상, 관
상, 수상, 구성학, 납음오행 등을 기호에 맞게
기술했다.

⑭ 택일을 잘해야 행복하다
정용빈 편저/신국판 260쪽/정가 12,000원

⑮ 달점으로 미래운명 보기
문(moon)무라모또 저/사공혜선 역/신국판 280쪽/
정가 14,000원

신개념한국명리학총서 9

나이로 본 궁합법	定價 14,000원

2011年 4月 25日 1판 인쇄
2011年 4月 30日 1판 발행

편 저 : 김 용 호
(松 園 版)
발행인 : 김 현 호
발행처 : 법문 북스
공급처 : 법률미디어

1 5 2 - 0 5 0
서울 구로구 구로동 636-62

TEL : 2636-2911~3, FAX : 2636~3012

등록 : 1979년 8월 27일 제5-22호

Home : www.lawb.co.kr

▋ISBN 978-89-7535-206-5 04150